O PRINCÍPIO CONSTITUCIONAL DA PRECAUÇÃO COMO INSTRUMENTO DE TUTELA DO MEIO AMBIENTE E DA SAÚDE PÚBLICA

(DE ACORDO COM O DIREITO DAS MUDANÇAS CLIMÁTICAS E O DIREITO DOS DESASTRES)

GABRIEL WEDY

Prefácio
Vladimir Passos de Freitas

Apresentação
José Rubens Morato Leite

Posfácio
Lenio Luiz Streck

O PRINCÍPIO CONSTITUCIONAL DA PRECAUÇÃO COMO INSTRUMENTO DE TUTELA DO MEIO AMBIENTE E DA SAÚDE PÚBLICA

(DE ACORDO COM O DIREITO DAS MUDANÇAS CLIMÁTICAS E O DIREITO DOS DESASTRES)

3ª edição revista, ampliada e atualizada

Belo Horizonte

FÓRUM
CONHECIMENTO JURÍDICO

2020

© 2009 Editora Fórum Ltda.
2017 2ª edição
2020 3ª edição

É proibida a reprodução total ou parcial desta obra, por qualquer meio eletrônico, inclusive por processos xerográficos, sem autorização expressa do Editor.

Conselho Editorial

Adilson Abreu Dallari
Alécia Paolucci Nogueira Bicalho
Alexandre Coutinho Pagliarini
André Ramos Tavares
Carlos Ayres Britto
Carlos Mário da Silva Velloso
Cármen Lúcia Antunes Rocha
Cesar Augusto Guimarães Pereira
Clovis Beznos
Cristiana Fortini
Dinorá Adelaide Musetti Grotti
Diogo de Figueiredo Moreira Neto (in memoriam)
Egon Bockmann Moreira
Emerson Gabardo
Fabrício Motta
Fernando Rossi
Flávio Henrique Unes Pereira

Floriano de Azevedo Marques Neto
Gustavo Justino de Oliveira
Inês Virgínia Prado Soares
Jorge Ulisses Jacoby Fernandes
Juarez Freitas
Luciano Ferraz
Lúcio Delfino
Marcia Carla Pereira Ribeiro
Márcio Cammarosano
Marcos Ehrhardt Jr.
Maria Sylvia Zanella Di Pietro
Ney José de Freitas
Oswaldo Othon de Pontes Saraiva Filho
Paulo Modesto
Romeu Felipe Bacellar Filho
Sérgio Guerra
Walber de Moura Agra

CONHECIMENTO JURÍDICO

Luís Cláudio Rodrigues Ferreira
Presidente e Editor

Coordenação editorial: Leonardo Eustáquio Siqueira Araújo
Aline Sobreira de Oliveira

Av. Afonso Pena, 2770 – 15º andar – Savassi – CEP 30130-012
Belo Horizonte – Minas Gerais – Tel.: (31) 2121.4900 / 2121.4949
www.editoraforum.com.br – editoraforum@editoraforum.com.br

Técnica. Empenho. Zelo. Esses foram alguns dos cuidados aplicados na edição desta obra. No entanto, podem ocorrer erros de impressão, digitação ou mesmo restar alguma dúvida conceitual. Caso se constate algo assim, solicitamos a gentileza de nos comunicar através do *e-mail* editorial@editoraforum.com.br para que possamos esclarecer, no que couber. A sua contribuição é muito importante para mantermos a excelência editorial. A Editora Fórum agradece a sua contribuição.

Dados Internacionais de Catalogação na Publicação (CIP) de acordo com a AACR2

W393p	Wedy, Gabriel
	O princípio constitucional da precaução como instrumento de tutela do meio ambiente e da saúde pública: de acordo com o Direito das Mudanças Climáticas e o Direito dos Desastres / Gabriel Wedy. 3. ed.– Belo Horizonte : Fórum, 2020.
	255 p.; 14,5x21,5cm
	ISBN: 978-85-450-0768-5
	1. Direito Ambiental. 2. Direito das Mudanças Climáticas. 3. Direito Constitucional. I. Título.
	CDD 44.046
	CDU 349.6

Elaborado por Daniela Lopes Duarte - CRB-6/3500

Informação bibliográfica deste livro, conforme a NBR 6023:2018 da Associação Brasileira de Normas Técnicas (ABNT):

WEDY, Gabriel. *O princípio constitucional da precaução como instrumento de tutela do meio ambiente e da saúde pública*: de acordo com o Direito das Mudanças Climáticas e o Direito dos Desastres. 3. ed. rev. ampl. e atual. Belo Horizonte: Fórum, 2020. 255 p. ISBN 978-85-450-0768-5.

Dedico este livro a meu filho, Leonel, minha esposa, Ana Paula, meus pais, Delio e Irumar, irmãos, Miguel e Ângelo, sobrinhos, Antonio, Maria e Francisco, e meu avô, Garibaldi (in memoriam).

AGRADECIMENTOS

Ao Professor Juarez Freitas, meu orientador na época do mestrado da PUCRS, que redundou na publicação da primeira edição do presente livro, e ao meu coorientador da tese de doutorado, e na pesquisa pós-doutoral, na *Columbia Law School*, no *Sabin Center for Climate Change Law*, Professor Michael B. Gerrard, por me passar a visão norte-americana do direito ambiental e, em especial, do princípio da precaução, o que, por certo, muito contribuiu para a terceira edição revista, ampliada e atualizada desta obra, meus sinceros agradecimentos.

How do human beings and their governments approach worst-case scenarios? Do they tend to neglect them or do they give them excessive weight? Whatever we actually do, how should we deal with unlikely risks of catastrophe?

(SUNSTEIN, Cass. *Worst-case scenarios*. Cambridge: Harvard University Press, 2007)

SUMÁRIO

PREFÁCIO DA PRIMEIRA EDIÇÃO
VLADIMIR PASSOS DE FREITAS 13

APRESENTAÇÃO DA SEGUNDA EDIÇÃO
JOSÉ RUBENS MORATO LEITE 17

INTRODUÇÃO 21

CAPÍTULO 1
PRINCÍPIO DA PRECAUÇÃO: HISTÓRICO, EVOLUÇÃO
LEGISLATIVA E CONCEITO 25

1.1 O princípio da precaução no plano legislativo internacional 25
1.2 O princípio da precaução na Constituição Federal de 1988
    e no plano infraconstitucional 34
1.3 Conceito 39
1.4 Distinção entre o princípio da precaução e o princípio da
    prevenção 48
1.5 Elementos do princípio da precaução 61
1.5.1 Incerteza científica 61
1.5.2 Risco de dano 67
1.5.3 Inversão do ônus da prova 73

CAPÍTULO 2
PRINCÍPIO DA PRECAUÇÃO: CAUSALIDADE E CRÍTICA 81

2.1 Causalidade e o princípio da precaução 81
2.1.1 Causalidade natural e o princípio da precaução 82
2.1.2 Causalidade jurídica e o princípio da precaução 88
2.2 Análise da crítica ao princípio da precaução 102
2.3 A evolução de Sunstein: o procedimento da análise do
    custo-benefício humanizado e ecologicamente responsável
    e a aplicação do princípio da precaução 113

CAPÍTULO 3
O PRINCÍPIO DA PRECAUÇÃO E A SUA IMPLEMENTAÇÃO 121

3.1 O princípio da precaução e direitos socioambientais: princípio da proporcionalidade (vedação de excesso e de inoperância) 121

3.2 Responsabilidade civil do Estado por dano ambiental em face da aplicação excessiva ou inoperante do princípio da precaução 133

3.3 Aplicação do princípio da precaução pelo Poder Judiciário brasileiro 145

3.3.1 Análise de *leading case* do Supremo Tribunal Federal e posição atual em relação ao princípio da precaução 146

3.3.2 Aplicação do princípio da precaução no âmbito do STJ 172

3.3.3 Aplicação do princípio da precaução no âmbito do TRF da 4ª Região 177

CAPÍTULO 4
O PRINCÍPIO DA PRECAUÇÃO NO MERCOSUL 185

CAPÍTULO 5
O PRINCÍPIO CONSTITUCIONAL DA PRECAUÇÃO E A ATIVIDADE DE MINERAÇÃO NO BRASIL SOB A ÓTICA DO DIREITO DOS DESASTRES 199

5.1 Princípio da precaução e o desastre de Brumadinho 199

5.2 Da Política Nacional de Segurança de Barragens 205

5.3 A Agência Nacional de Mineração e a nova lei 207

5.4 Princípios constitucionais da educação ambiental e da precaução como norteadores da segurança das barragens 210

5.5 Desastre de Brumadinho e a responsabilidade ambiental civil, penal e administrativa 212

CAPÍTULO 6
O PRINCÍPIO CONSTITUCIONAL DA PRECAUÇÃO E A POLÍTICA NACIONAL DA MUDANÇA DO CLIMA 217

CONCLUSÃO 227

À GUISA DE POSFÁCIO: O DEVER FUNDAMENTAL DE PRECAUÇÃO
LENIO LUIZ STRECK 233

REFERÊNCIAS 239

PREFÁCIO DA PRIMEIRA EDIÇÃO

É para mim razão de alegria e orgulho atender ao convite do autor, Gabriel Wedy, para apresentar sua obra *O princípio constitucional da precaução como instrumento de tutela do meio ambiente e da saúde pública*.

A alegria vem do fato de ser testemunha do sucesso e da ascensão cultural do magistrado Gabriel Wedy. Conheci-o em Novo Hamburgo/RS, no início dos anos 2000. Era eu Corregedor da Justiça Federal da 4ª Região e fui à referida cidade para algum ato do ofício. De pronto, pude ver o inusitado interesse daquele jovem Juiz Federal Substituto. Era algo a apontar um caminho destacado, pois o interesse é que tudo move e motiva as pessoas.

Mas a alegria vai além. Gabriel representa a terceira geração de magistrados da família Wedy. Seu avô Garibaldi e seu pai Delio, ambos desembargadores aposentados, dignificaram a magistratura do estado do Rio Grande do Sul.

Finalmente, alegria ainda me dá o fato de ver materializada em um livro a dissertação de mestrado de Gabriel Wedy, de cuja banca tive o prazer de participar, apresentada junto à Pontifícia Universidade Católica do Rio Grande do Sul, sob a orientação segura do Professor Doutor Juarez Freitas.

Como já afirmado, a alegria vem acompanhada de orgulho. Sim, porque não se trata de apresentar uma obra comum, despida de maiores atrativos e que se limite a comentar as normas que regem a matéria. Não. Cuida-se, isto sim, de livro a tratar de tema de grande interesse, pouco discutido no Brasil, ainda que bastante citado. Vejamos.

O princípio da precaução, junto com os da prevenção e do poluidor-pagador, é um dos três mais importantes princípios do direito ambiental. Bem por isso, ele é aceito pela legislação dos mais diversos e diferentes países e citado por reconhecidos doutrinadores (*v.g.*, na França, Michel Prieur,[1] e na Argentina, Néstor Cafferatta).[2]

---

[1] PRIEUR, Michel. *Droit de l'environnement*. Paris: Dalloz, [s.d.]. p. 71.
[2] CAFFERATTA, Néstor. Princípio precautório em el derecho argentino y brasileño. *Revista de Derecho Ambiental*, Buenos Aires, n. 5, p. 68-97, jan./mar. 2006.

A relevância do princípio fica evidente quando o autor registra no Capítulo 1, item 1.1:

> O respeito a este direito de proteção à vida humana e à família deve ser observado, principalmente nas economias planificadas, quando o Estado assume diretamente atividades empreendedoras, seja diretamente, por ele próprio e por suas autarquias, seja indiretamente, pelas empresas públicas ou privadas concessionárias e permissionárias.

Partindo desse reconhecimento, o autor desenvolve sua linha de raciocínio indo do internacional para o nacional, estabelecendo a divisão entre o princípio da precaução e o da prevenção, tantas vezes confundidos na jurisprudência de nossos Tribunais. Não se omite na mais complexa das questões, a respeito da aplicação do princípio da precaução, ou seja, a dúvida científica. Com razão. Aqui está o centro de todas as disputas, eis que, muitas vezes, cientistas respeitados e com currículos invejáveis colocam-se em posições opostas, criando perplexidade ao administrador e ao juiz. Propõe Gabriel Wedy para tais casos a aplicação analógica do art. 9 da Convenção-Quadro sobre Mudanças Climáticas da ONU, ou seja, a criação de uma comissão específica, plural e especializada para tal desiderato.

Após tecer comentários sobre a causalidade do princípio da precaução, o autor discorre sobre a sua efetividade. E o faz com acerto. Com efeito, além de analisar a questão dos problemas socioambientais, que são sempre um desafio aos que atuam na área do direito ambiental, trata da responsabilidade do Estado por excessos ou omissão na sua atuação.

Em seguida, analisa a jurisprudência, partindo do *leading case* do Supremo Tribunal Federal, na medida cautelar em ação direta de inconstitucionalidade proposta pelo Ministério Público Federal, de nº 3.540-1/DF, que teve como relator o Ministro Celso de Mello. Partindo de 10 (dez) premissas de hermenêutica jurídica, com ênfase no princípio da precaução, escorado em boa doutrina, em especial Emilio Betti, concluiu o autor pelo acerto da decisão colegiada (tomada por maioria de votos), ao concluir pela constitucionalidade, eficácia e aplicabilidade do art. 1º da Medida Provisória nº 2.166-67, de 24.08.2001, na parte em que alterou o art. 4º, *caput* e §§1º, 2º, 3º, 4º, 5º, 6º e 7º do Código Florestal.

Partindo desse julgamento histórico para o reconhecimento do princípio da precaução, o autor comentou a jurisprudência do Tribunal Regional Federal da 4ª Região. Mas por que a escolha desta

Corte Federal? Por razões óbvias. Primeiro, seria impossível comentar a jurisprudência de todos os Tribunais brasileiros (só na Justiça Estadual são 27). Segundo, reconhecidamente, o TRF da 4ª Região sempre foi pioneiro.

Sobre a preocupação ambiental do TRF da 4ª Região, basta citar três exemplos: a) no distante 22.08.1991, promoveu o seminário "Meio Ambiente e Qualidade de Vida"; b) foi o primeiro Tribunal da América Latina a reconhecer a responsabilidade penal das pessoas jurídicas (Ap. Crim. nº 2001.72.04.002225-0/SC, 8ª Turma, Rel. Pinheiro de Castro, j. 6.8.2003); c) foi o primeiro Tribunal Federal a implantar varas ambientais (2005, nas capitais dos três Estados que o compõem). Portanto, comentar os seus acórdãos é não apenas a consequência de sua postura pró-ambiente, como também uma questão de fazer Justiça.

Por derradeiro, tendo presente que o meio ambiente não conhece fronteiras, Gabriel Wedy fez análise da legislação, doutrina e jurisprudência no âmbito dos países do Mercosul. Com todo o acerto. De fato, cada vez mais a legislação deve buscar uniformidade e as ações devem ser integradas. Em um mundo globalizado, não mais se justifica um nacionalismo isolacionista e atrasado. A ordem é "pensar global e agir local". Mas este agir local deve vir sempre acompanhado da análise das consequências para os que estão ao nosso redor. Estejam ou não dentro de nosso território.

Oportuno o tema, presentes teoria e prática, sem receio de errar é possível concluir que se trata de estudo que preenche uma lacuna na área do direito ambiental brasileiro. Em poucas palavras, a presente obra revela-se de grande utilidade prática, que vai muito além do interesse dos operadores do direito. Destina-se, também, aos profissionais e estudantes de áreas interdisciplinares, como biologia, engenharia, administração, e aos servidores públicos dos órgãos ambientais.

Por tudo o que foi dito – repito – apresentá-la, para mim, é motivo de alegria e justo orgulho.

Curitiba, 8 de março de 2009.

Vladimir Passos de Freitas

Professor-Doutor de Direito Ambiental na Pós-Graduação da PUCPR. Diretor da Escola da Magistratura Federal do Paraná. *Chair* do "Grupo de Especialistas em Judiciário", da Comissão de Direito Ambiental da União Internacional para Conservação da Natureza (IUCN). Presidente do Instituto Brasileiro de Administração do Sistema Judiciário (Ibrajus). Desembargador Federal aposentado. Ex-Presidente do Tribunal Regional Federal da 4ª Região.

APRESENTAÇÃO DA SEGUNDA EDIÇÃO

Apraz-me apresentar o livro publicado, já na sua segunda edição, de autoria do competente, brilhante pesquisador e juiz federal Gabriel Wedy, intitulado *O princípio constitucional da precaução como instrumento de tutela do meio ambiente e da saúde pública*, fruto de sua investigação de mestrado do Programa de Pós-Graduação em Direito da PUCRS.

O autor procurou trazer como problema central de sua pesquisa um debate crítico, aberto, minucioso e aprofundado sobre pressupostos, elementos, fundamentos e interpretação do princípio constitucional da precaução nos conflitos jusambientais e na tutela da saúde.

A base bibliográfica do livro é robusta e os elementos dos problemas são bem equacionados e recortados metodologicamente pelo autor, visando trazer a seu leitor uma visão consistente e sistemática do tema central, bem como reflexos interpretativos da aplicabilidade concreta desse importante princípio constitucional da precaução, voltado, principalmente, a dar maior efetividade aos interesses primários e intangíveis da sociedade atual, pós-moderna e de risco em que vivemos.

Gabriel Wedy dividiu sua obra em quatro capítulos, procurando uma abordagem ampla em sua investigação aos que se importam com tema de alta complexidade que lida com a máxima da prudência antecipatória e que redimensiona o próprio direito. O autor procurou e justificou a necessidade desse instrumento privilegiado da precaução, com vistas a dar mais eficácia no sentido de inibir danos ambientais futuros, os riscos abstratos, face os direitos intergeracionais da coletividade e do planeta.

No primeiro capítulo, o autor fez uma detalhada e bem fundada evolução histórica do surgimento do princípio da precaução, iniciando no plano legislativo internacional. Na sequência, entrou no exame no plano constitucional brasileiro, procurando dar sua estrutura conceitual, atualizada, bem como seus elementos essenciais, como o risco de dano, a incerteza científica e a inversão do ônus da prova.

Fundado em excelente referencial teórico, Gabriel Wedy fez em seu capítulo segundo uma investigação crítica e detalhada sobre a causalidade na sociedade de risco, que é o fio condutor necessário para dar importante fundamento e boa interpretação jurídica face à aplicação do princípio da precaução, demostrando os percursos evolutivos do nexo de causalidade no direito ambiental e na tutela da saúde.

No capítulo terceiro, o autor fez uma investigação, sob as óticas constitucional, comparada e jurisprudencial, referente à aplicabilidade do princípio da precaução. Tratou, ainda, da questão complexa da reponsabilidade do Estado face ao dano ambiental, vertendo seu argumento ao problema central de sua investigação. Fundado na hermenêutica da técnica de ponderação de valores, o autor debateu sua aplicação ao princípio da precaução face à colisão de direitos. Importante mencionar que Gabriel Wedy elaborou em seu livro, de forma ilustrativa, comentários reflexivos de alguns casos jurídicos concretos, para demonstrar os elementos da interpretação do princípio da precaução, principalmente, através de precedentes importantes do STF, STJ e do TRF da 4ª Região.

No último capítulo, o autor se dedicou a tratar da regulação do Mercosul dentro do foco dos efeitos transfronteiriços do dano ambiental em âmbito regional, sempre conectados com o tema central da precaução, bem como apresentou estudos críticos da aplicabilidade da precaução dos casos jurídicos concretos do Mercosul das *papeleras* e dos *pneus utilizados*.

Parabenizo Gabriel Wedy e a Editora Fórum por proporcionarem a seus leitores um importante livro para os operadores do jusambiental e áreas afins, contribuindo para busca de uma regulamentação jurídica mais eficaz e eficiente face à proteção do direito fundamental ao meio ambiente, visando à salvaguarda do planeta e dos direitos intergeracionais.

Florianópolis, 31 de março de 2017.

José Rubens Morato Leite

Professor Titular dos Cursos de Graduação e Pós-Graduação em Direito da Universidade Federal de Santa Catarina (UFSC). Pós-Doutor pela Universidad Alicante, Espanha (2013/2014). Pós-Doutor pelo Centre of Environmental Law, Macquarie University, Sydney – Austrália (2005/2006). Doutor em Direito Ambiental pela UFSC, com estágio de doutoramento na Faculdade de Direito da Universidade de Coimbra. Mestre em Direito pela University College London. Presidente do Instituto "O Direito por um Planeta Verde". Coordenador do Grupo de Pesquisa

Direito Ambiental e Ecologia Política na Sociedade de Risco, do CNPq. Publicou e organizou várias obras e artigos em periódicos nacionais e estrangeiros. É membro do Conselho Científico da *Revista de Direito Ambiental* da Editora Revista dos Tribunais. Recebeu o Prêmio Pesquisador Destaque da Universidade Federal de Santa Catarina, 2011. Membro eleito do Governing Board (Conselho Administrativo) da IUCN Academy of Environmental Law (2015/2018). Consultor e pesquisador de Produtividade do CNPq 1 C.

INTRODUÇÃO

O presente livro tem como objetivo a análise do princípio constitucional da precaução como instrumento de tutela do meio ambiente e da saúde pública. Buscar-se-á abordar o princípio por meio de exemplos oferecidos pela doutrina, pela jurisprudência e por hipóteses criadas que demonstrem quando e em que situações esse princípio deverá ser aplicado.

Pretende-se encontrar a base legal do princípio da precaução mediante estudo de fontes legislativas no plano internacional e interno. A investigação no plano legal se fará dentro de uma perspectiva histórico-evolutiva, para que se possibilite uma melhor compreensão jurídica e política do processo de construção do princípio, sem ignorar a sua faceta econômica, o que facilitará uma abordagem otimizada da matéria.

A partir do estudo acerca do arcabouço legislativo, far-se-á a busca de um conceito razoável do princípio da precaução, analisando a compilação de conceitos formulados pela doutrina nacional e estrangeira. A busca de um conceito razoável desse princípio possui o especial significado de facilitar a sua aplicação.

Procurar-se-á apresentar a distinção existente entre o princípio da precaução e o princípio da prevenção, que muitas vezes são apresentados como sinônimos pela doutrina e pela jurisprudência. Os efeitos práticos dessa distinção serão demonstrados pelo estudo da doutrina e de casos concretos.

Far-se-á abordagem dos elementos que compõem o princípio da precaução: risco de dano, incerteza científica e inversão do ônus da prova. Esses elementos necessitam ser sindicados, pois possibilitam não apenas a identificação e definição precisa do princípio, como viabilizam a sua aplicação. Quanto à inversão do ônus da prova, essa foi inserida entre os elementos do princípio, porque inicialmente não se pode conceber a sua aplicação, a fim de tutelar a saúde pública e o meio ambiente, sem a adoção desse mecanismo, em uma sociedade de riscos em que a desinformação é uma constante.

Será procedida a análise da causalidade em cotejo com o princípio da precaução, porque, em casos de aplicação equivocada, a causalidade deverá ser analisada para que os danos ao meio ambiente e à saúde pública sejam reparados de forma célere e ampla. Neste ponto, será analisada a causalidade natural sob o enfoque do fenômeno físico, da ação e reação, existentes nas leis naturais. A causalidade jurídica será abordada sob o enfoque do nexo causal e das doutrinas acerca desse princípio, oportunidade em que se pretende eleger a teoria do nexo causal que esteja mais de acordo com a reparação de danos ao meio ambiente e à saúde pública.

Serão expostas as críticas formuladas em doutrina contra o princípio da precaução, que serão analisadas também criticamente, de modo dialético, sem desconsiderar: as probabilidades do dano, a dimensão do dano – incluindo o risco de catástrofe –, a melhor tecnologia disponível e, fundamentalmente, a relação de custo-benefício entre a medida que implementa o princípio da precaução e os seus resultados concretos.

O princípio da precaução, que será avaliado em cotejo com o princípio da proporcionalidade e os seus vetores da vedação de excesso e de inoperância, será abordado, sob a ótica do direito constitucional, como um instrumento de tutela de direitos socioambientais. Neste ponto, avaliar-se-á, por um prisma técnico de ponderação de valores, o conflito entre bens e valores tutelados constitucionalmente, como o meio ambiente e a saúde pública, *vs.* a livre iniciativa, o desenvolvimento econômico e a propriedade privada.

A responsabilidade estatal, em face da aplicação excessiva ou inoperante do princípio da precaução, será analisada no caso dos danos ambientais especificamente. O estudo abordará a legislação e a doutrina acerca da matéria, inclusive, levando em consideração a evolução da teoria da responsabilidade civil do Estado. Procurar-se-á demonstrar que, nos casos de violação aos vetores do princípio da proporcionalidade, da vedação de excesso e de inoperância, o Estado poderá ser condenado a reparar danos ao meio ambiente e à saúde pública, sob a ótica da teoria da responsabilidade civil objetiva, portanto, sem a necessidade de comprovação de culpa.

O Poder Judiciário brasileiro, provocado por ação, constantemente, utiliza juízos de ponderação entre valores aparentemente em conflito, quando da aplicação do princípio da precaução, para se evitarem danos ao meio ambiente ou à saúde pública. Portanto, serão analisados, de forma crítica, *leading cases* do Supremo Tribunal Federal,

Superior Tribunal de Justiça e precedentes do Tribunal Regional Federal da 4ª Região, em que a aplicação do princípio da precaução foi abordada. É de se ressaltar a importância da análise dos casos de aplicação do princípio da precaução, pelo Tribunal Regional Federal da 4ª Região, tendo em vista que ele possui forte tradição no trato do direito ambiental no Brasil e, também, caracteriza-se como a primeira Corte Federal que instalou uma vara ambiental com competência para processar e julgar ações envolvendo o Direito Ambiental na América Latina.

O princípio da precaução será analisado no âmbito do Mercosul, que constantemente se depara com danos ambientais transfronteiriços. O livre comércio perseguido pelo bloco, ainda que um tanto desarticulado, também se depara com riscos de danos ao meio ambiente e à saúde pública dos países-membros, o que torna forçosa a análise da legislação de regência do Mercosul, da doutrina e de célebres casos práticos como o das "papeleras" e da "guerra dos pneus" que envolveram a aplicação do princípio da precaução.

O Brasil tem enfrentado, igualmente, uma onda de má gestão estatal e privada nas atividades de mineração, como demonstrado nas catástrofes ocorridas em virtude do rompimento de barragens em Mariana e Brumadinho. Certamente, o princípio da precaução pode ser utilizado, também no âmbito do chamado direito dos desastres, como importante instrumento para evitar riscos de dano e de catástrofes, como pretende-se demonstrar com base, especialmente, em doutrina norte-americana.

Nesta era de mudanças climáticas em que o mundo, em face das metas estipuladas em Paris, pretende limitar as emissões de gases de efeito estufa, o princípio da precaução desempenha um importante papel no combate ao aquecimento global e a suas já conhecidas consequências. No âmbito doméstico, a Política Nacional da Mudança do Clima (PNMC), instituída pela Lei nº 12.187/2009, elencou como seu princípio norteador, de modo expresso, o princípio da precaução, que pode e deve, sem dúvida alguma, ser aplicado em decisões judiciais nos chamados litígios climáticos, como será defendido na obra no capítulo 6.

A abordagem do princípio da precaução, de forma crítica, será enfocada a fim de se evitar ao máximo os riscos de dano à saúde pública e ao meio ambiente, sem apego a uma defesa radical do princípio. De outra banda, embora neste livro acate-se alguns dos elementos da análise econômica do direito, como a adoção do procedimento da análise de custo-benefício, não se a utilizará como norte nas investigações e abordagens. Objetiva-se, assim, colocar o princípio constitucional da precaução como instrumento efetivo de tutela do meio ambiente e da saúde pública, sem que para isso seja necessário paralisar empreendimentos econômicos, estudos científicos e atividades estatais benéficas à humanidade.

CAPÍTULO 1

PRINCÍPIO DA PRECAUÇÃO: HISTÓRICO, EVOLUÇÃO LEGISLATIVA E CONCEITO

1.1 O princípio da precaução no plano legislativo internacional

Por um enfoque formal, como refere Sadeleer, no momento em que um princípio é enunciado por um tratado ou uma convenção internacional, deve adquirir o valor normativo que é fixado por seus instrumentos. De acordo com um enfoque material, por outro lado, convém verificar, caso a caso, se os termos empregados para descrever o princípio são suficientemente cogentes para decidir se é passível de ser aplicado diretamente no que diz respeito aos Estados, sem o intermédio de eventuais normas de execução.[1]

Por seu turno, Silva refere que textos como a Rio 92 constituem "a *chamada soft law* ou *soft norm* (declarações de código de conduta, etc.) que representam um instrumento precursor da adoção de regras jurídicas obrigatórias" e, desse modo, "estabelecem princípios diretores da ordem jurídica internacional que adquirem com o tempo a força de costume internacional, ou ainda propugnam pela adoção de princípios diretores, no ordenamento jurídico dos estados".[2]

---

[1] SADELEER, Nicolas de. O estatuto do princípio da precaução no direito internacional. *In:* PLATIAU, Ana Flávia Barros; VARELLA, Marcelo Dias (Org.). *Princípio da precaução.* Belo Horizonte: Del Rey, 2004, p. 47-74.

[2] SILVA, Solange Teles da. Princípio da precaução: uma nova postura em face dos riscos e incertezas científicas. *In:* PLATIAU, Ana Flávia Barros; VARELLA, Marcelo Dias (Org.). *Princípio da precaução.* Belo Horizonte: Del Rey, 2004, p. 75-92.

No plano legislativo internacional, o princípio da precaução encontra a sua justificação inicial em um conjunto de diplomas legais, que, embora não o definam exatamente, enfocam um conceito de precaução. A Declaração Universal dos Direitos do Homem da Organização das Nações Unidas, de 1948, dispõe em seu art. 3º que "todo homem tem direito à vida, à liberdade e à segurança pessoal".

O direito à vida e à segurança pessoal está relacionado com um dever do Estado de proteger a vida dos seres humanos e a sua incolumidade física. O Estado neste caso é o destinatário da norma que tutela um direito fundamental de primeira geração. Os indivíduos, todavia, também estão obrigados a respeitar a vida e a segurança pessoal dos seus semelhantes e, tal qual o Estado, têm o dever de precaução e de não violação desses direitos fundamentais.

O Pacto Internacional dos Direitos Econômicos, Sociais e Culturais da ONU, datado de 1966, já se preocupava com a vida humana e sua preservação pela sociedade e pelo Estado.[3] O respeito, no plano internacional, à vida do ser humano e à integridade da família, a ser observado por toda sociedade e pelo Estado, deve estar presente no momento em que a iniciativa privada realiza, e o Estado autoriza, empreendimentos potencialmente lesivos.

O respeito a esse direito de proteção à vida humana e à família deve ser observado, principalmente nas economias planificadas, quando o Estado assume diretamente atividades empreendedoras, seja diretamente, por ele próprio e por suas autarquias, seja indiretamente, pelas empresas públicas ou privadas concessionárias e permissionárias.

Também é importante diploma legal no plano internacional a Declaração de Estocolmo, de 1972, sobre o Meio Ambiente Humano.[4]

---

[3] "Art. 6º O direito à vida é inerente à pessoa humana. Este direito deverá ser protegido. Ninguém poderá ser arbitrariamente privado de sua vida. [...] Art. 23. A família é o elemento natural e fundamental da sociedade e terá o direito a ser protegida pela sociedade e pelo Estado" (BRASIL. *Constituição*. Brasília: Senado Federal, 1988).

[4] "Art. 2. A proteção e o melhoramento do meio ambiente humano é uma questão fundamental que afeta o bem-estar do homem e o desenvolvimento econômico do mundo inteiro, um desejo urgente dos povos de todo o mundo e de todos os governos. Princípio 1 – O homem tem o direito fundamental à liberdade, à igualdade e ao desfrute de coisas da vida adequadas em um meio ambiente de qualidade tal que lhe permita levar uma vida saudável e gozar de bem-estar, tendo a solene obrigação de proteger e melhorar o meio ambiente para as gerações presentes e futuras. A este respeito, as políticas que promovem ou perpetuam o *apartheid*, a desagregação social, a discriminação, a opressão colonial e outras formas de opressão e de dominação estrangeira são condenadas e devem ser eliminadas. [...] Princípio 6 – Deve-se por fim à descarga de substâncias tóxicas ou de outros materiais que gerem calor, em quantidades ou concentrações tais que o meio ambiente não possa neutralizá-los, de forma que não causem danos graves e irreparáveis

Na Alemanha, o gesto positivo da Administração Pública mais característico da implantação do princípio da precaução foi a Lei do Ar Limpo, de 1974. Nessa lei, estipula-se que o possuidor de uma planta técnica é obrigado a tomar medidas de precaução, para evitar o dano ambiental, com a ajuda de instrumentos ou mecanismos que correspondam às técnicas avançadas disponíveis para a limitação da emissão de poluentes.[5]

Em 1976, a Convenção de Barcelona, sobre a proteção do nordeste do Oceano Atlântico, previu que "as partes apliquem o princípio da precaução". No ano de 1979, o princípio foi consagrado a fim de combater a poluição atmosférica na Convenção sobre Poluição Atmosférica de Longa Distância, realizada em Genebra, pela Comissão Econômica das Nações Unidas para a Europa. Sadeleer refere que "o segundo protocolo dessa convenção reconhece explicitamente o princípio da precaução".[6]

No ano de 1982, o princípio da precaução restou expresso na Comunidade Europeia pela Carta Mundial da Natureza, no sentido de que "as atividades que podem trazer um risco significativo à natureza não deveriam continuar quando os efeitos adversos e potenciais não são completamente compreendidos".[7] A Convenção de Viena, de 1985, e o Protocolo de Montreal, em 1987, referem que "devem ser adotadas medidas de precaução quando da emissão de poluentes que possam afetar a camada de ozônio".[8]

---

aos ecossistemas. Deve-se apoiar a justa luta dos povos de todos os países contra a poluição. Princípio 7 – Os Estados deverão tomar todas as medidas possíveis para impedir a poluição do mar por substâncias que possam pôr em perigo a saúde do homem, os recursos vivos e a vida marinha sem menosprezar as possibilidades de derramamento ou impedir outras utilizações ilegítimas do mar" (Disponível em: http://www.greenpeace.org.br/toxicos/?conteudo_id=1183&sub_campanha=0-27k. Acesso em: 20 fev. 2008).

[5] HEY, Elen. The Precautionary Concept in Environmental Policy and Law: Institutionalizing Caution. *Georgetown International Environmental Law Review*, Washington, n. 4, p. 303-12, 1992.

[6] SADELEER, Nicolas de. O estatuto do princípio da precaução no direito internacional. *In*: PLATIAU, Ana Flávia Barros; VARELLA, Marcelo Dias (Org.). *Princípio da precaução*. Belo Horizonte: Del Rey, 2004, p. 53.

[7] ORGANIZAÇÃO DAS NAÇÕES UNIDAS. *Resolução n. 37/7, de 28 out. 1986*. Segundo Sunstein, "In the 1982, the United Nations World Charter for Nature apparently gave the first international recognition to the principle, suggesting that when potential adverse effects are not fully understood, the activities should not proceed" (SUNSTEIN, Cass. *Laws of Fear*: beyond the precautionary principle. New York: Cambridge Press, 2005, p. 17).

[8] SADELEER, Nicolas de. O estatuto do princípio da precaução no direito internacional. *In*: PLATIAU, Ana Flávia Barros; VARELLA, Marcelo Dias (Org.). *Princípio da precaução*. Belo Horizonte: Del Rey, 2004, p. 53.

Em 1987, a Comissão Brundtland divulgou relatório denominado "Nosso Futuro Comum" e conceituou a base do desenvolvimento sustentável como "[...] a capacidade de satisfazer as necessidades do presente, sem comprometer os estoques ambientais para as futuras gerações". Posteriormente, pode-se registrar a Declaração Ministerial da Segunda Conferência do Mar do Norte (*London Declaration*, 1987). No art. 7º da referida Conferência, consta que, de modo a proteger o Mar do Norte de efeitos possivelmente danosos das substâncias mais perigosas, é necessária uma abordagem precautória "o que pode requerer o controle da entrada de tais substâncias mesmo antes de uma relação causal ter sido estabelecida por evidências científicas absolutamente claras".[9]

O princípio da precaução também foi previsto na Conferência Internacional do Conselho Nórdico sobre Poluição dos Mares, no ano de 1989, e deve ser aplicado para salvaguardar o ecossistema marinho mediante a eliminação e a prevenção de emissões de poluição, quando houver razão para acreditar que os danos ou efeitos prejudiciais sejam prováveis de serem causados, mesmo que haja evidência científica inadequada ou inconclusiva, para provar uma relação causal entre emissões e efeitos nocivos.[10] Ainda, em 1989, o princípio foi consagrado pelo Conselho Executivo das Nações Unidas para o Meio Ambiente (Pnuma).[11]

O princípio foi reconhecido em Adis-Abeba, em 1990, pelo Conselho dos Ministros da Organização da Unidade Africana (OUA) e, também, pela Comissão Econômica e Social para a Ásia e Pacífico (Escap)[12] e pelo Conselho dos Ministros da Organização para a Cooperação e Desenvolvimento Econômico (OCDE). Neste ano se pode citar a Convenção de Londres sobre a poluição causada

---

[9] LONDON DECLARATION, 1987. Disponível em: http://www.dep.no/md/nsc/declaration/022001-990245/index-dok000-b-na.html. Acesso em: 7 nov. 2006. Disponível também em: http://www.dep.no/md/nsc/declaration/022001-990245/index-dok000-b-na.html. Acesso em: 7 nov. 2006.

[10] White paper on the precautionary approach to safety *American Plastics Council*. Disponível em: http://www.plasticsinfo.org/riskassessment/white_paper.html#1f. Acesso em: 02 abr. 2006.

[11] ORGANIZAÇÃO DAS NAÇÕES UNIDAS. Programa das Nações Unidas pelo Meio Ambiente. *Decisão do Conselho Executivo do Programa das Nações Unidas para o Meio Ambiente 15/27, 1989*. Disponível em: http://www.sia.cv/documentos/perfil_ccd.pdf. Acesso em: 20 fev. 2006. Esse documento trata sobre abordagem de precaução em matéria de poluição marinha.

[12] Declaração de Bangcoc de 1990 sobre o meio ambiente e desenvolvimento sustentável na Ásia e Pacífico.

por hidrocarburetos.[13] A Declaração Ministerial de Bergen sobre o Desenvolvimento Sustentável da Região da Comunidade Europeia (1990) foi o primeiro instrumento internacional que considerou o princípio como de aplicação geral, ligado ao desenvolvimento sustentável. Nestes termos:

> A fim de obter o desenvolvimento sustentável, as políticas devem ser baseadas no princípio da precaução. Medidas ambientais devem antecipar, impedir e atacar as causas de degradação ambiental. Onde existirem ameaças de danos sérios ou irreversíveis, a falta de total certeza científica não deve ser usada como razão para retardar a tomada de medidas que visam a impedir a degradação ambiental.[14]

O princípio da precaução também veio definido na Convenção de Bamako, de 1991, para controle do transporte e do manejo de resíduos perigosos na África. Consequentemente, cada grupo deve se esforçar para adotar e implementar a abordagem preventiva e precautória para os problemas de poluição que implica, *inter alia,* prevenir a liberação no meio ambiente de substâncias que podem causar danos a seres humanos ou ao ambiente, sem esperar por provas científicas sobre esses danos.[15]

O princípio da precaução, tal como é entendido hoje, tem como marco no direito ambiental a Conferência sobre o Meio Ambiente e o Desenvolvimento, a chamada Rio 92. O princípio 15 desta conferência ficou estabelecido de maneira a afastar aquela máxima utilizada pelos grandes grupos empresariais de que os fatos e atividades que não forem cabalmente demonstradas como nocivas ao meio ambiente devem ser permitidas.

Está previsto no princípio 15:

> Com o fim de proteger o meio ambiente, o princípio da precaução deve ser amplamente observado pelos Estados, de acordo com suas capacidades. Quando houver ameaça de danos graves ou irreversíveis, a ausência de certeza científica absoluta não será utilizada como razão para o adiamento de medidas economicamente viáveis para prevenir a degradação ambiental.[16]

---

[13] Segunda consideração da Convenção de Londres.
[14] NORUEGA. Declaração Ministerial BERGEN. *Declaração Ministerial de Bergen sobre o Desenvolvimento Sustentável da Região da Comunidade Européia.* Parágrafo 7; I.P.E. 16 maio 1990.
[15] Disponível em: http://www.ban.org/Library/bamako_treaty.html. Acesso em: 5 set. 2006.
[16] Disponível em: http://www.un.org/documents/ga/conf151/aconfl5126-1annex1.htm. Acesso em: 2 mar. 2006.

A Declaração da Rio 92 é citada como a mais importante expressão legislativa do princípio da precaução no artigo *The Precautinary Principle in Action*, de autoria de Tikner, Raffensperger e Myers.[17] Como referido por Sadeleer, o princípio da precaução, tal como conceituado na Declaração da Rio 92, foi consagrado como princípio de direito consuetudinário pela Corte Internacional de Justiça no caso Gabcikovo-Nagymaros.[18]

No ano de 1992, ainda ocorreu a Convenção-Quadro das Nações Unidas sobre a Mudança do Clima, em Nova York, em que foi acordado, no art. 3º, que os países signatários deveriam adotar "medidas de precaução para prever, evitar ou minimizar as causas de mudanças climáticas quando surgirem ameaças de danos sérios ou irreversíveis" e que "a falta de plena certeza científica não deve ser usada como razão para postergar essas medidas", levando em conta que as políticas e medidas adotadas para enfrentar a mudança do clima devem ser eficazes em função dos custos, de modo a assegurar benefícios mundiais ao menor custo possível.[19]

Nesse ano de 1992, também se pode mencionar, entre os documentos internacionais que previram expressamente o princípio da precaução: a Convenção de Paris sobre a proteção do meio ambiente marinho do Atlântico;[20] a Convenção de Helsinque sobre a proteção e a utilização de cursos de água transfronteiriços e de lagos internacionais e a Convenção de Helsinque sobre a proteção do meio marinho na zona do mar báltico.[21]

Em 1994, o Protocolo de Oslo, na Convenção sobre a poluição atmosférica de longa distância, relativo a uma nova redução de emissões de enxofre, trouxe em seu preâmbulo o princípio da precaução.

---

[17] "One of the most important expressions of the precautionary principle internationally is the Rio Declaration from the 1992 United Nations Conference on Environment and Development, also known as Agenda 21. The declaration stated: 'In order to protect the environment, the precautionary approach shall be widely applied by States according to their capatibilities.Where there are threats of serious or irreversible damage, lack of full scientific certainty shall not be used as a reason for postponing cost-effective measures to prevent environmental degradation'". Disponível em: http://www.biotech-info.net/handbook.pdf. Acesso em: 20 fev. 2008.

[18] SADELEER, Nicolas de. O estatuto do princípio da precaução no direito internacional. In: PLATIAU, Ana Flávia Barros; VARELLA, Marcelo Dias (Org.). *Princípio da precaução*. Belo Horizonte: Del Rey, 2004, p. 47.

[19] Disponível em: http://www.mct.gov.br/clima/convenção/texto3.htm. Acesso em: 5 jun. 2006.

[20] Art. 2, a.

[21] Art. 3, alínea 2.

No mesmo ano é possível citar a Convenção de Sofia, sobre a cooperação para a proteção sustentável do rio Danúbio que fez constar em seu texto o princípio da precaução.[22] E, no mesmo sentido: a Convenção CITES de Forte Lauderdale;[23] a Convenção de Charleville-Mezière, sobre a proteção do rio Escaut e do rio Meuse[24] e a Convenção sobre Conservação e Gestão dos Recursos de Bering que, embasada no princípio da precaução, decidiu que "os Estados-parte se encontrarão anualmente para decidir os níveis de pesca permissíveis e estabelecer quotas".[25]

No ano de 1995, o princípio da precaução também constou no Protocolo de Barcelona.[26] Sadeleer refere que "o Protocolo Adicional de Montreal foi emendado várias vezes para, numa preocupação de precaução, suprimir totalmente o uso de gases CFC, em 1995".[27] Nesse ano, realizou-se o Tratado de Haia, acerca da Convenção sobre Pássaros Aquáticos e Migratórios Africanos, em que o princípio também foi previsto.[28]

O Tratado de Maastricht emendou o art. 130 r (2) do Tratado da Comunidade Europeia, de modo que a ação da Comunidade, no meio ambiente, fosse "baseada no princípio da precaução", e o Tratado de Amsterdã, de 1997, posteriormente, emendou o Tratado da Comunidade Europeia para aplicar o princípio à política da Comunidade no meio ambiente. A Comissão Europeia publicou um comunicado sobre o princípio da precaução que resume o enfoque da Comissão a respeito do uso do princípio, estabelece normas de procedimento para sua aplicação e tem como propósito desenvolver a compreensão sobre levantamentos, avaliação e manejo de risco quando não há certeza científica.[29]

---

[22] Art. 2.4.
[23] SADELEER, Nicolas de. O estatuto do princípio da precaução no direito internacional. *In:* PLATIAU, Ana Flávia Barros; VARELLA, Marcelo Dias (Org.). *Princípio da precaução.* Belo Horizonte: Del Rey, 2004, p. 54.
[24] Arts. 2, a e 3,2 a.
[25] A esse respeito, ver: FREESTONE, D.; MAKUCH, Z. The New International Environmental Law of Fisheries: The 1995 United Nations Straddling Stocks Agreement. *Yearbook of International Environmental Law*, v. 7, p. 30, 1996.
[26] Preâmbulo do Protocolo de Barcelona. Disponível em: http://eur-lex.europa.eu/LexUriServ/LexUriServ.do?uri=CELEX:31999D0800:PT:NOT. Acesso em: 20 fev. 2008.
[27] SADELEER, Nicolas de. O estatuto do princípio da precaução no direito internacional. *In:* PLATIAU, Ana Flávia Barros; VARELLA, Marcelo Dias (Org.). *Princípio da precaução.* Belo Horizonte: Del Rey, 2004, p. 53.
[28] Art. 2, alínea 2, e, Tratado de Haia.
[29] SANDS, Philippe. O princípio da precaução. *In:* PLATIAU, Ana Flávia Barros; VARELLA, Marcelo Dias (Org.). *Princípio da precaução.* Belo Horizonte: Del Rey, 2004, p. 35. Ver também: COM (1), 2 fev. 2000. Disponível em: http://www.Europa.eu.int/comm/dgs/health_consumer/library/pub/pub07_en.pdf. Acesso em: 20 fev. 2008.

No mesmo sentido, a Declaração de Wingspread, de 1998, nos Estados Unidos da América, consagrou o princípio da precaução.[30] Essa Declaração[31] definiu o princípio da precaução nos seguintes termos:

> Portanto, faz-se necessário implantar o Princípio da Precaução quando uma atividade representa ameaças de danos à saúde humana ou ao meio ambiente, medidas de precaução devem ser tomadas, mesmo se as relações de causa e efeito não forem plenamente estabelecidas cientificamente [...]. Neste contexto, ao proponente de uma atividade, e não ao público, deve caber o ônus da prova [...]. O processo de aplicação do Princípio da Precaução deve ser aberto, informado e democrático, com a participação das partes potencialmente afetadas. Deve também promover um exame de todo o espectro de alternativas, inclusive a da não-ação.[32]

Esse texto traz uma importante característica do princípio da precaução ao determinar que ao proponente da atividade potencialmente lesiva é que cabe o ônus de provar que sua atividade não causará danos ao meio ambiente. Traz, ainda, a necessidade de participação democrática e informada no processo de aplicação do princípio da precaução.

Com efeito, o ônus da prova deve caber sempre a quem propõe a atividade de risco que, na maioria das vezes, é quem obtém benefícios pecuniários decorrentes da implementação dessa atividade em detrimento da coletividade. A informação da coletividade acerca da atividade de risco e a possibilidade de sua participação na gestão dos riscos é fundamental para que danos possam ser evitados, e a atividade proposta seja executada com maior grau de segurança.[33]

---

[30] "When an activity raises threats of harm to human health or the environment, precautionary measures should be taken even if some cause-and-effect relationships are not fully established scientifically" (Disponível em: http://www.fgaia.org.br/texts/t-precau.html. Acesso em: 20 fev. 2008).

[31] Segundo Cezar e Abrantes, a Declaração de Wingspread comporta quatro elementos: "I – ameaça de dano; II – inversão do ônus da prova; III- incerteza científica e IV- medidas de precaução" (CEZAR, Frederico Gonçalves; ABRANTES, Paulo César Coelho. Princípio da precaução: considerações epistemológicas sobre o princípio e sua relação com o processo de análise de risco. *Cadernos de Ciência e Tecnologia*, v. 20, n. 2, p. 225-262, maio/ ago. 2003).

[32] Disponível em: http://www.acpo.org.br/princ_precaucao.htm. Acesso em: 20 fev. 2008.

[33] A respeito da relação da quantidade de informação suficiente para o exercício seguro do princípio da precaução (DURNIL, Gordon K. How Much Information do We Need Before Exercising Precaution? *In:* RAFFENSPERGER, Carolyn; TICKNER, Joel (Org.). *Protecting Public Health and the Environment*: Implementing the Precautionary Principle. Washington: Island Press, 1999, p. 266-76).

Em 1998, foi celebrada na Comunidade Europeia a Convenção sobre a Proteção do Ambiente Marinho no Nordeste do Atlântico (Ospar). De acordo com Rocha,[34] diferentemente da Declaração do Rio, a Ospar não exige a ameaça de dano grave e irreversível. Segundo o referido autor, enquanto a Declaração do Rio faz referência à ausência de certeza científica, a definição adotada na Ospar centra-se na ausência de evidência conclusiva sobre a relação de causalidade. Assim, os requisitos para a aplicação do princípio da precaução no âmbito europeu parecem menos restritivos do que aqueles enunciados na Rio 92. Nesse ano, ainda, o princípio da precaução constou na Convenção de Roterdã, sobre a proteção do rio Reno.[35]

Em 1999, o princípio da precaução veio previsto no art. 10 do Protocolo de Cartagena sobre Biossegurança.[36] No ano 2000, foi realizada a Convenção sobre Diversidade Biológica no Brasil, restando assente que, "quando existir ameaça de sensível redução ou perda da diversidade biológica, a falta de certeza científica não deve ser usada como razão para postergar medidas para evitar ou minimizar essa atividade".[37]

No ano de 2004, passou a vigorar a Convenção de Estocolmo sobre Poluentes Orgânicos Persistentes em que ficou estabelecido, já em seu art. 1º, que a ideia de precaução é o fundamento das preocupações de todos os países participantes no intuito de proteger a saúde humana e o meio ambiente dos poluentes orgânicos persistentes. O princípio da precaução vem previsto, também, no art. 5º da *La Charte de L'Environment*, redigida na França, no ano de 2005.[38]

---

[34] ROCHA, João Carlos de Oliveira. *Os organismos geneticamente modificados e a proteção constitucional do meio ambiente*. Dissertação (Mestrado em Direito) – Faculdade de Direito, Pontifícia Universidade Católica do Rio Grande do Sul, 2007.

[35] Art. 4º da Convenção de Roterdã.

[36] ROCHA, João Carlos de Oliveira. *Os organismos geneticamente modificados e a proteção constitucional do meio ambiente*. Dissertação (Mestrado em Direito) – Faculdade de Direito, Pontifícia Universidade Católica do Rio Grande do Sul, 2007, p. 194.

[37] MMA. *Convenção sobre diversidade ecológica*. Brasília, 2000. Disponível em: http://www.mma.gov.br/biodiversidade/doc/cdbport.pdf. Acesso em: 5 jun. 2006.

[38] Art. 5º: "Lorsque la réalisation d'un dommage, bien qu'incertaine en l'état des connaissances scientifiques, pourrait affecter de manière grave et irréversible l'environnement, les autorités publiques veillent, par application du principe de précaution et dans leurs domaines d'attribution, à la mise en œuvre de procédures d'évaluation des risques et à l'adoption de mesures provisoires et proportionnées afin de parer à la realization du dommage" (Disponível em: http://www.yonne.lautre.net/article.php3?id_article=2375. Acesso em: 20 fev. 2008).

Observa-se que, nessas declarações, tratados e convenções, restou bem delimitado que a incerteza científica é motivo para a aplicação do princípio da precaução sempre que a atividade a ser exercida puder gerar riscos de danos à saúde pública e ao meio ambiente. Infere-se, portanto, que o princípio está voltado para a sua aplicação, no plano internacional, na área da proteção à saúde e ao meio ambiente que são sempre sensíveis à ação humana e quando atingidos levam a consequências graves que atingem interesses coletivos, individuais e individuais homogêneos,[39] que não estão limitados às fronteiras nacionais.[40]

A importância de se antecipar ao dano, evitando as suas consequências muitas vezes irreversíveis foi bem percebida pela comunidade internacional e traduzida nos referidos documentos que consagram o princípio da precaução. Um exemplo claro é que o princípio da precaução foi eleito pelo *New York Times Magazine* como uma das ideias mais importantes de 2001.[41] Beck, por sua vez, refere que os problemas do meio ambiente somente poderão resolver-se mediante discussões e acordos internacionais, e o caminho que leva a isso são as reuniões e pactos entre as nações.[42] Neste sentido, de precaver-se contra o risco de dano ao meio ambiente e à saúde pública, mediante a adoção do princípio da precaução, é que está posicionada firmemente a comunidade internacional.

1.2 O princípio da precaução na Constituição Federal de 1988 e no plano infraconstitucional

Na Constituição Federal de 1988, não existe uma disposição explícita acerca do princípio da precaução, até mesmo em face do precário desenvolvimento doutrinário do princípio, em nosso país, naquela época. Todavia pode-se extrair o referido princípio pela interpretação

---

[39] Acerca do conceito e distinção entre direitos coletivos, difusos e individuais homogêneos, ver: ZAVASCKI, Teori Albino. *Processo coletivo*: tutela de direitos coletivos e tutela coletiva de direitos. São Paulo: Revista dos Tribunais, 2006.
[40] A respeito do tema, ver: FREITAS, Vladimir Passos de. Mercosul e meio ambiente. *In*: FREITAS, Vladimir Passos de (Org.). *Direito ambiental em evolução*. Curitiba: Juruá, 2002, p. 357-367. v. 3.
[41] POLLAN, Michael. The Year in Ideas: A to Z. *The New York Times*, Nova York, dez. 2001.
[42] BECK, Ulrich. *La Sociedad del Riesgo*: Hacia una Nueva Modernidad. Barcelona: Surcos, 2006 p. 67.

do texto constitucional, principalmente quando se observa no Poder Constituinte Originário a intenção de proteger a saúde pública e o meio ambiente de eventuais danos e de impedir a violação dos direitos da criança e do adolescente.

A Carta Magna prevê, em seu art. 196, que a saúde é direito de todos e dever do Estado, "garantido mediante políticas sociais que visem à redução do risco de doença e de outros agravos e ao acesso universal e igualitário às ações e serviços para sua promoção, proteção e recuperação".

Tendo o Estado e toda a sociedade que assegurar a todos os indivíduos o direito à saúde, mediante a redução dos riscos de doença, o princípio da precaução deve sempre ser observado nas políticas sociais. Ou seja, é evidente que a precaução do Estado e da sociedade deve ser levada em conta em projetos e empreendimentos privados potencialmente lesivos à saúde pública. O dano causado à saúde pública pode ser evitado com a adoção de medidas de precaução que norteiem a Administração Pública, as ações empresariais dos entes privados e públicos e todo e qualquer empreendimento gerador de riscos evidentes.

O princípio da precaução também fica evidenciado no texto constitucional quando faz referência à proteção à criança e ao adolescente como dever da família, da sociedade e do Estado. Dispõe a nossa Lei Maior:

> Art. 227. É dever da família, da sociedade e do Estado assegurar à criança e ao adolescente, com absoluta prioridade, o direito à vida, à saúde, à alimentação, à educação, ao lazer, à profissionalização, à cultura, à dignidade, ao respeito, à liberdade, e à convivência familiar e comunitária, além de colocá-los, a salvo de toda a forma de negligência, discriminação, exploração, violência, crueldade e opressão.

Ou seja, o Poder Constituinte Originário impõe deveres de precaução aos protagonistas da sociedade em relação a qualquer situação de risco aos direitos à vida, à saúde, à alimentação, à educação, ao lazer, à profissionalização, à dignidade, à liberdade e à convivência familiar e comunitária da criança e do adolescente. É importante observar no texto constitucional que, quando o Poder Constituinte pretende colocar a criança e o adolescente a salvo de toda forma de negligência, discriminação, exploração, violência, crueldade e opressão, está colocando imposições de precaução a fim de proteger direitos fundamentais das crianças e dos adolescentes, em especial, a vida e a saúde.

A Constituição pretendeu afastar a criança e o adolescente de qualquer risco de mutilação dos direitos constitucionalmente garantidos. É intuitivo que o princípio da precaução está intimamente relacionado com o gerenciamento de riscos, ou seja, em face de atos de entes públicos e privados os riscos oferecidos devem ser analisados sob uma ótica de cautela e de precaução.

Em relação ao meio ambiente a nossa Carta Política prevê:

> Art. 225. Todos têm direito ao meio ambiente ecologicamente equilibrado, bem de uso comum do povo e essencial à sadia qualidade de vida, impondo-se ao Poder Público e à coletividade o dever de defendê-lo e preservá-lo para as presentes e futuras gerações. [...]
>
> V – controlar a produção, a comercialização e o emprego de técnicas, métodos e substâncias que comportem risco para a vida, a qualidade de vida e o meio ambiente.

É de se observar, no direito constitucional, que o dever do Poder Público e de toda a sociedade em preservar o meio ambiente para os dias atuais e para o futuro, a fim de proteger as gerações atuais e futuras, está estritamente ligado à precaução contra atos que possam causar o desequilíbrio do meio ambiente que, consequentemente, podem gerar riscos à vida humana. É dever não apenas do Estado, mas do cidadão, portanto, por meio de medidas de precaução positivas ou omissivas, defender e preservar o meio ambiente de empreendimentos lucrativos, ou até mesmo não lucrativos, lesivos e potencialmente lesivos aos bens naturais que, por força de expressa disposição constitucional, são de uso comum do povo.

No plano infraconstitucional, a Lei nº 6.938/81, que dispõe sobre a "Política Nacional do Meio Ambiente", adotou a seguinte definição de meio ambiente, em seu art. 1º, inc. I: "o conjunto de condições, leis, influências e interações, de ordem física, química e biológica, que permite, abriga e rege a vida em todas as suas formas". A referida legislação ainda definiu o meio ambiente como patrimônio público a ser necessariamente assegurado e protegido, tendo em vista o uso coletivo (art. 2º, inc. I). A Política Nacional do Meio Ambiente está sistematizada no sentido de precaver a sociedade contra possíveis danos que possam ser causados ao meio ambiente e tem como objetivo a preservação e a recuperação da qualidade ambiental propícia à vida.

O princípio da precaução acabou inserido expressamente no ordenamento jurídico infraconstitucional brasileiro pela Conferência sobre Mudanças do Clima, acordada pelo Brasil, no âmbito da Organização das Nações Unidas, por ocasião da Eco 92 e, posteriormente, ratificada pelo Congresso Nacional, pelo Decreto Legislativo nº 1, de 3.2.1994.[43] O Decreto nº 99.280/90 promulgou a Convenção de Viena para a Proteção da Camada de Ozônio e o Protocolo de Montreal sobre as substâncias que destroem a camada de ozônio. O Decreto nº 2.652/98 promulgou a Convenção-Quadro das Nações Unidas sobre Mudanças Climáticas. E, por fim, o Decreto nº 2.519/98 promulgou a Convenção sobre Diversidade Biológica. Todos esses decretos trouxeram em seu bojo o princípio da precaução como corolário, integrando-o ao direito infraconstitucional pátrio.

A Lei de Crimes Ambientais, na seara criminal, também prevê pena privativa de liberdade e multa às pessoas físicas ou jurídicas que com suas ações ou omissões causarem poluição de qualquer natureza em níveis tais que resultem ou possam resultar em riscos à vida humana, ou que provoquem a mortandade de animais ou a destruição significativa da flora (art. 54, da Lei nº 9.605/98). No §3º, a referida legislação prevê como crime a violação a deveres de precaução ao dispor:

> §3º Incorre nas mesmas penas previstas no parágrafo anterior quem deixar de adotar, quando assim determinar a autoridade competente, medidas de precaução em caso de risco de dano ambiental grave ou irreversível.

O sentido da lei penal é que, quando a autoridade competente determinar por uma resolução, portaria ou qualquer outra determinação alguma medida de precaução em caso de risco de dano ambiental grave ou irreversível, será crime a não observância desse dever de precaução. Em complementação, Leme Machado refere que "a conceituação de medidas de precaução não é dada pela lei penal, devendo-se procurá-la nos entendimentos referidos nos textos internacionais e na doutrina".[44] Observa-se que o próprio legislador de nossas leis penais adota o princípio da precaução a fim de tutelar o meio ambiente como bem de

---

[43] "Art. 3º. [...] 3: As partes devem adotar medidas de precaução para prever, evitar ou minimizar as causas da mudança do clima e mitigar os seus efeitos negativos. Quando surgirem ameaças de danos sérios ou irreversíveis, a falta de plena certeza científica não deve ser usada como razão para postergar essas medidas, levando em conta que as políticas e medidas adotadas para enfrentar a mudança do clima devem ser eficazes em função dos custos, de modo a assegurar benefícios mundiais ao menor custo possível".

[44] MACHADO, Paulo Afonso Leme. O princípio da precaução e o direito ambiental. *Revista de Direitos Difusos*, São Paulo, v. 8, p. 1092, ago. 2001.

uso comum do povo e direito socioambiental. E, mais recentemente, a jurisprudência tem reconhecido crimes de poluição pela ausência de adoção de medidas de precaução.[45]

A violação ao princípio da precaução também pode ocasionar uma infração administrativa. O art. 70 da Lei nº 9.605/98 prevê: "Considera-se infração administrativa ambiental toda ação ou omissão que violar normas jurídicas de uso, gozo, promoção, proteção e recuperação do meio ambiente".

Assim, se uma norma jurídica previr expressamente algum dever de precaução, a fim de proteger o meio ambiente, e for violada, estará configurada uma infração administrativa. Ou seja, se uma pessoa física ou jurídica agir sem observar uma regra de precaução estará cometendo infração administrativa ambiental.

Mais recentemente, a Lei nº 11.105, de 24.3.2005, que se refere à biossegurança; a Lei nº 11.428, de 22.12.2006, que dispõe sobre a utilização e proteção da vegetação nativa do Bioma Mata Atlântica; a Lei nº 12.187, de 29.12.2009, que institui a Política Nacional sobre o Meio Ambiente e Mudança Climática; a Lei nº 11.934 de 2009, sobre exposição humana a campos elétricos, magnéticos e eletromagnéticos; e a Lei nº 12.305, de 2.8.2010, que institui a Política Nacional de Resíduos Sólidos e altera a Lei nº 9.605, adotaram o princípio da precaução.

---

[45] De acordo com precedente do egrégio Superior Tribunal de Justiça: "No caso em exame, a denúncia narra as condutas omissivas dos acusados, que deixaram de cumprir as ordens emanadas do órgão ambiental estadual (INEA), no sentido de adotar medidas de controle para evitar o carreamento de contaminantes para os corpos d'água, especialmente para o rio Paraíba do Sul, para a ampliação da área investigada, bem como para a proteção imediata da vida e da saúde pública dos moradores da região, as quais podem evitar danos graves e irreversíveis ao meio ambiente. 5. Hipótese em que a denúncia descreve a conduta do recorrente que" deixou reiterada e deliberadamente de adotar, quando assim o exigiu a autoridade competente, medidas de precaução em caso de risco de dano ambiental grave ou irreversível, deixando de fazê-los por anos a fio", o que demonstra a conduta, em tese, ilícita do recorrente, a qual se amolda ao tipo penal tipificado no §3º do art. 54 da Lei n. 9.605/1998, razão pela qual não há falar em responsabilização objetiva, pelo fato de ele ocupar cargo de diretoria da empresa. 6. "De acordo com o entendimento deste Tribunal, a Lei de Crimes Ambientais deve ser interpretada à luz dos princípios do desenvolvimento sustentável e da prevenção, indicando o acerto da análise que a doutrina e a jurisprudência têm conferido à parte inicial do art. 54 da Lei n. 9.605/1998, de que a mera possibilidade de causar dano à saúde humana é idônea a configurar o crime de poluição, evidenciada sua natureza formal ou, ainda, de perigo abstrato" (RHC 62.119/SP, Rel. Ministro GURGEL DE FARIA, QUINTA TURMA, DJe 5/2/2016). 7. Nesse momento processual, o delito em questão dispensa resultado naturalístico e a potencialidade de dano da atividade descrita na denúncia é suficiente para caracterizar o crime de poluição ambiental, independentemente de laudo específico para a comprovação do dano grave e irreversível ao meio ambiente. 8. Recurso desprovido." (RHC nº 91358/RJ no REsp nº 1.356.449/TO. Rel. Min. Ribeiro Dantas. Quinta Turma. Julg. 12.2.2019. DJe, 1 março 2019).

Não resta dúvida que a legislação constitucional e infraconstitucional brasileira adotou o princípio da precaução como instrumento de tutela à saúde pública e ao meio ambiente acompanhando uma tendência internacional de implementação do princípio.

1.3 Conceito

O princípio da precaução teve o seu nascedouro no final da década de 60 na Suécia, com a Lei de Proteção Ambiental,[46] e na República Federal Alemã,[47] no início dos anos 70 (século XX) já denominado *Vorsorgeprinzip*,[48] depois se espraiando pelo direito anglo-saxônico como *precautionary principle*, pelo direito francês como *príncipe de précaution* e, no direito espanhol, como *principio de precaución*. O referido princípio é um instrumento para a gestão de riscos e é proposto no sentido de se evitarem danos à saúde e ao meio ambiente não como mera *soft law* – simples recomendação programática de conduta, adotado entre nações no plano internacional por uma conferência ou convenção – mas como princípio imperativo e cogente.

Na obra *A sociedade de risco*, Beck, ressalta que o modo de produção capitalista, baseado na apropriação de recursos naturais, tem utilizado práticas e comportamentos que cada vez mais expõem e submetem o meio ambiente a situações de risco. Dessa forma, se por um lado o avanço tecnológico trouxe ganhos para a sociedade, de outro,

---

[46] Segundo Sunstein "In law, the first use of a general Precautionary Principle appears to be the Swedish Environmental Protection Act of 1969" (SUNSTEIN, Cass. *Laws of Fear*: Beyond the Precautionary Principle. New York: Cambridge Press, 2005, p. 16).

[47] Segundo Carla Amado Gomes, "[...] este princípio ter-se-ia gerado, ao nível interno, na Alemanha, na Bundes-Imissionsschutzgesetz de 1974 (art. 5, parágrafos 1 e 2) e no plano internacional, as suas aparições datam de 1987 – no Protocolo de Montreal à Convenção de Viena para a proteção da camada de ozônio, e na declaração de Londres (Declaração proferida na 2ª Conferência Ministerial do Mar do Norte)" (GOMES, Carla Amado. Dar o duvidoso pelo (in)certo? *In:* JORNADA LUSO-BRASILEIRA DE DIREITO DO AMBIENTE, 1. Anais... Lisboa, 2002, p. 281). Todavia o entendimento mais aceitável da evolução do princípio da precaução no plano internacional entende-se ser o exposto neste capítulo do trabalho, em face da pesquisa legislativa realizada.

[48] Segundo Rocha, "A ideia básica do Vorsorgeprinzip é que a sociedade possa evitar danos ambientais a partir de planejamentos que evitem a instalação e propagação de atividades que potencialmente sejam causadoras de danos ao meio ambiente. Referido princípio inicialmente foi previsto como diretriz do Programa Ambiental do Governo Federal Alemão para 1971 (Umweltprogramm der Bundesregierung)" (ROCHA, João Carlos de Oliveira. *Os organismos geneticamente modificados e a proteção constitucional do meio ambiente*. Dissertação (Mestrado em Direito) – Faculdade de Direito, Pontifícia Universidade Católica do Rio Grande do Sul, 2007, p. 191).

contribuiu para que as situações de risco aumentassem significativamente, tornassem-se mais complexas e muitas vezes não perceptíveis pela sociedade.[49]

Giddens, por sua vez, refere que as questões ecológicas devem ser incluídas na nova faixa de situações de risco, porque hoje o homem deve preocupar-se mais com que ele faz com a natureza e com as suas consequências, isso porque o homem criou riscos que nenhuma outra geração anterior teve de enfrentar.[50]

A análise do risco, sempre presente na abordagem do princípio da precaução, é atitude que deve acompanhar todo o processo de tomada de decisões, que, na maioria das vezes, é problemático. Acerca das decisões no mundo globalizado, Forrester refere que, por causa da cibernética e das tecnologias de ponta, a velocidade se confunde com o imediato em espaços sem interstícios. Dessa forma, a ubiquidade e a simultaneidade são leis. Assim, os detentores da tecnologia não compartilham com o povo este espaço, o tempo e a velocidade.[51] No mesmo sentido, Beck refere que "na sociedade de risco, o Estado de urgência tende a tornar-se o estado normal".[52]

Galbraith, ao propor "a sociedade justa", refere que o conflito entre a motivação econômica básica e os efeitos ambientais contemporâneos, em longo prazo, não podem ser negados. Esse conflito não pode ser resolvido, segundo ele, "com preces ou com a retórica pública, mas o governo deve no interesse da comunidade e para proteção futura dela regulamentar as atividades capazes de causarem efeitos ambientais".[53] Daí a necessidade premente de aplicação do princípio da precaução, pois os benefícios econômicos não podem prevalecer em função de riscos à saúde e ao meio ambiente.

Essas preocupações acerca da velocidade na tomada de decisões sem a análise do impacto sobre a saúde pública e o meio ambiente são, sem dúvida alguma, procedentes, pois muitas vezes o lucro e a acumulação de riquezas dentro de um raciocínio utilitarista falam mais alto que o argumento da proteção de bens juridicamente relevantes.

---

[49] Ver: BECK, Ulrich. *La Sociedad Del Riesgo*: Hacia una Nueva Modernidad. Barcelona: Surcos, 2006.
[50] HUTTON, Will; GIDDENS, Anthony. *Global Capitalism*. New York: The New Press, 2001, p. 17-18.
[51] FORRESTER, Viviane. *L'Horreur Économique*. Paris: Libraire Arthème Fayard, 1996, p. 26.
[52] BECK, Ulrich. *Risk Society*: Towards a New Modernity. London: Sage, 1997, p. 79.
[53] GALBRAITH, John Kenneth. *The Good Society*. New York: Houghton Mifflin Company, 1996, p. 98.

Dentro de um raciocínio a *contrario sensu*, também, não é possível um retardamento de ações importantes como a comercialização, por exemplo, de uma vacina contra a Aids, sem argumentos plausíveis e razoáveis de uma real incerteza científica. De outra banda, o Poder Público deve regulamentar as atividades capazes de causarem danos ao meio ambiente sem paralisá-las por completo. Eis o grande desafio dos governos modernos na implementação das políticas públicas.

Mcintyre e Mosedale referem que o princípio da precaução é uma regra consuetudinária de direito internacional.[54] Pode-se concordar com o afirmado pelos referidos doutrinadores, pois o número de protocolos e de convenções se multiplicam no plano internacional invocando o referido princípio. Ademais, o direito interno dos países vem incorporando o referido princípio em seus ordenamentos e a doutrina cada vez mais se aprofunda no seu estudo. O princípio da precaução tem sido invocado, inclusive, ante a Corte Internacional de Justiça de Haia.[55] É uma demonstração de que o princípio é reconhecido amplamente, podendo ser considerado uma regra consuetudinária de direito internacional.

É de se referir, contudo, que a Corte Internacional de Justiça apreciou o pedido de aplicação do princípio da precaução no caso dos testes nucleares dos mísseis franceses de 1992[56] e no caso Gabcikovo-Nagymaros,[57] e evitou manifestar-se claramente sobre a sua aplicação. No mesmo sentido, a OMC recusou-se a se pronunciar sobre o princípio na sua decisão sobre hormônios,[58] apenas referindo que existe

---

[54] MCINTYRE, Owen; MOSEDALE, Thomas. The Precautionary Principle as a Norm of Customary International Law. *Journal of Environmental Law*, n. 9, v. 2, p. 221, 1997.

[55] Segundo SADELEER: "o Estatuto da Corte Internacional de Justiça prevê que a mesma aplique, além das convenções internacionais e do costume internacional, os princípios gerais de direito reconhecidos pelas nações civilizadas" (SADELEER, Nicolas de. O estatuto do princípio da precaução no direito internacional. *In:* PLATIAU, Ana Flávia Barros; VARELLA, Marcelo Dias (Org.). *Princípio da precaução*. Belo Horizonte: Del Rey, 2004, p. 59).

[56] HAIA. Corte Internacional de Justiça. *Nova Zelândia vs França. 22 de setembro de 1995*. Neste caso a Nova Zelândia invocou o princípio da precaução tendo em vista os riscos impostos pela França ao meio ambiente ao realizar testes nucleares no mar.

[57] HAIA. Corte Internacional de Justiça. *Hungria vs Eslováquia. 25 de setembro de 1997*. Neste caso a Hungria invocou o princípio da precaução para suspender uma obra realizada por ela, de construção de uma barragem sobre o rio Danúbio, na fronteira com a Eslováquia, tendo em vista a possibilidade de riscos de danos ao meio ambiente.

[58] SADELEER, Nicolas de. O estatuto do princípio da precaução no direito internacional. *In:* PLATIAU, Ana Flávia Barros; VARELLA, Marcelo Dias (Org.). *Princípio da precaução*. Belo Horizonte: Del Rey, 2004, p. 70. No caso envolvendo os hormônios a Comunidade Europeia invocou a aplicação do princípio da precaução em face da carne importada dos

a possibilidade de os membros da OMC adotarem medidas a título de precaução. As decisões tomadas pelo Tribunal Internacional do Direito do Mar, nos casos do atum[59] e da usina Mox,[60] também não definiram o que se entende por precaução. Segundo Sadeller "estas opiniões parecem indicar que as referidas Cortes trataram apenas de uma abordagem de precaução e não de um princípio".[61]

A busca de um conceito doutrinário acerca do princípio da precaução pode ser feita a partir do escólio doutrinário de Leme Machado, citando os autores alemães Rehbinder e Winter:

> O princípio da precaução (vorsorgeprinzip) está presente no Direito alemão desde os anos 70, ao lado do princípio da cooperação e do princípio do poluidor-pagador. Eckard Rehbinder acentua que "Política Ambiental não se limita à eliminação ou redução da poluição já existente ou iminente (proteção contra o perigo), mas faz com que a poluição seja combatida desde o início (proteção contra o simples risco) e que o recurso natural seja desfrutado sobre a base de um rendimento duradouro [...] Gerd Winter diferencia perigo ambiental de risco ambiental. Diz que, "se os perigos são geralmente proibidos, o mesmo não acontece com os riscos. Os riscos não podem ser excluídos, porque sempre permanece a probabilidade de um dano menor. Os riscos podem ser minimizados". Se a legislação proíbe ações perigosas, mas possibilita a mitigação dos riscos, aplica-se o "princípio da precaução", o qual requer a redução da extensão, da freqüência ou da incerteza do dano.[62]

Com efeito, o princípio da precaução quando aplicado não será um instrumento de tutela de direitos aceitável, justo e principalmente

---

Estados Unidos e Canadá, onde é permitida a utilização de hormônios para o aumento do peso do gado, ver: Relatório da OMC sobre a questão das medidas comunitárias no que concerne à carne e a seus produtos derivados, WT/DS26/ABR, 1998.

[59] No caso do atum, Nova Zelândia e Austrália invocaram o princípio da precaução ao Tribunal do Direito do Mar, contra o programa de pesca experimental liderado pelo Japão. Ver: SCHIFFMAN, The Southern Bluefin Tuna Case: ITLOS hears its first fishery dispute. *J. Int'l. Wildlife L. and Pol'y*, n. 3, p. 318, 1999.

[60] No caso da Indústria MOX, a Irlanda invocou o princípio contra o Reino Unido para que fosse suspensa a autorização concedida à referida indústria, tendo em vista as consequências irreversíveis do risco de despejo de plutônio no mar. Ver: BEURIER J. P.; NOIVILLE, C. *La Convention Sur Les Droits de la Mer et la Diversité Biologique*. Hommages à C. de Klemm. Estrasburgo: Conselho da Europa, 2001, p. 107.

[61] SADELEER, Nicolas de. O estatuto do princípio da precaução no direito internacional. *In:* PLATIAU, Ana Flávia Barros; VARELLA, Marcelo Dias (Org.). *Princípio da precaução*. Belo Horizonte: Del Rey, 2004, p. 70.

[62] MACHADO, Paulo Afonso Leme. *Direito ambiental brasileiro*. 13. ed. São Paulo: Malheiros, 2005, p. 162.

suficiente se não direcionar a sua abrangência para além da diminuição ou redução da poluição e dos danos ambientais em geral. Esse princípio precisa combater os danos em seu nascedouro, ou seja, combater o simples risco de dano ao meio ambiente. O princípio da precaução visa proteger o bem ambiental[63] não apenas no presente, mas com uma visão de futuro.

Na verdade, quando Winter diferencia riscos e perigos, faz uma sábia distinção, pois o direito em regra cria normas de proteção contra perigos concretos – normas de proteção e restrição em face do exercício de atividades nucleares – mas, corriqueiramente, não produz legislações para mitigação de riscos. Não sendo vedada pelo ordenamento jurídico a diminuição do risco das atividades, o princípio da precaução pode ser aplicado para diminui-lo.

Leme Machado, em frase clássica, refere que "a precaução age no presente para não se ter de chorar e lastimar no futuro".[64] A precaução não só deve estar presente para impedir o prejuízo ambiental, mesmo incerto, que possa resultar das ações ou omissões humanas, como deve atuar para a prevenção oportuna desse prejuízo. Evita-se o dano ambiental, pela prevenção no tempo certo.[65] Com efeito, Prieur, ao abordar o trágico acidente nuclear de Chernobyl, de 1986, referiu que "é uma constante no Direito Ambiental a intervenção após uma catástrofe, quando já é muito tarde para evitá-la",[66] para justificar de forma crítica a edição de duas convenções adotadas de afogadilho pela comunidade internacional logo após o fato.

Sob a ótica do princípio da precaução, o meio ambiente está no coração do processo de globalização e conduz à necessidade de solidariedade, comprometendo os setores públicos e privados. A expressão da solidariedade, quanto ao princípio da precaução, encontra-se estampada justamente no dever gerado à sociedade de intervir, mesmo em caso de incerteza científica, em respeito às gerações futuras. A complexidade

---

[63] Existem autores que questionam a segurança dos bens naturais referindo que as substâncias naturais podem ser perigosas à saúde humana. Neste sentido, COLLMAN, James P. *Naturally Dangerous*: Surprising Facts about Food, Health and Environmental. Sausalito: University Science Book, 2001, p. 29-33.

[64] MACHADO, Paulo Afonso Leme. O princípio da precaução e o direito ambiental. *Revista de Direitos Difusos*, São Paulo, v. 8, p. 1081-84, ago. 2001.

[65] MACHADO, Paulo Afonso Leme. O princípio da precaução e o direito ambiental. *Revista de Direitos Difusos*, São Paulo, v. 8, p. 1081-84, ago. 2001.

[66] PRIEUR, Michel. A política nuclear francesa: aspectos jurídicos. *In*: SEMINÁRIO INTERNACIONAL: O DIREITO AMBIENTAL E OS REJEITOS RADIOATIVOS, 2002. *Anais...* Brasília: Escola Superior do Ministério Público da União, 2002, p. 16-7.

dos fenômenos naturais e o progresso tecnológico impõem que, na hipótese de dúvida científica, redobre-se a prudência. Assim, no sentir de Prieur, "cela implique l'ediction de régles juridiques nouvelles pour anticiper des catastrophes futures au nom de la prudence et de la santé des générations presentes et à venir".[67]

É de se aceitar a máxima do princípio da precaução que "é melhor prevenir do que remediar" (*better safe than sorry*). Deve haver a proteção do meio ambiente, apesar da incerteza científica, e o homem deve preservar os recursos ambientais, não só em nome das gerações presentes, como das futuras, em atenção ao princípio do desenvolvimento sustentável[68] e do princípio da solidariedade intergeracional. É sempre melhor antecipar-se aos danos que podem vir a se revelar irreversíveis.

A abrangência do conceito de princípio da precaução[69] e os efeitos de sua aplicação não atingem apenas o Estado como aplicador da lei no exercício de sua função jurisdicional, ou o Estado como executor na sua função executiva. Esses efeitos de aplicação do princípio atingem também o Estado na sua função de legislar, pois as normas devem ser editadas observando um dever de precaução do Estado legislador. Isso porque, ao se avaliar a possibilidade de edição de uma lei que permita determinada atividade de risco, ante uma incerteza científica acerca dos efeitos danosos deste empreendimento, o Estado legislador não pode editá-la sob pena de violação do referido princípio.

MacDonald faz a advertência de que o Estado é "legislador, administrador e julgador do princípio da precaução e é natural que o conteúdo deste princípio em gestação se molde ao sabor dos seus multifacetados interesses".[70] Todavia o comentário referido é deveras

---

[67] PRIEUR, Michel. Mondialisation et Droit de L'Environnement, Publié Dans "Le Droit Saisi par la Mondialisation". *In:* MORAND, C. A. (Org.). *Colletion de Droit International*. Bruxelles: De L'Université de Bruxelles, Helbing & Lichtenhahn, 2001.

[68] Sobre as imbricações entre o direito fundamental ao desenvolvimento sustentável e a Política Nacional de Mudança do Clima no Brasil, ver: WEDY, Gabriel. *Climate Change and Sustainable Development in Brazilian law*. New York: Columbia University, 2016. Disponível em: https://web.law.columbia.edu/sites/default/files/microsites/climate-change/files/Publications/Collaborations-Visiting-Scholars/wedy_-_cc_sustainable_development_in_brazilian_law.pdf. Acesso em: 20 ago. 2016.

[69] Segundo Julian Morris existe uma definição forte e outra fraca acerca do princípio da precaução, a forte radicaliza na possibilidade de tomada de medidas precautórias. Ver: MORRIS, Julian. Defining the Precautionary Principle. *In:* MORRIS, Julian. *Rethinking Risk and the Precautionary Principle*. Oxford: Butterworth-Heinemann, 2000, p. 1-19.

[70] *Apud* GOMES, Carla Amado. Dar o duvidoso pelo (in)certo? *In:* JORNADA LUSO-BRASILEIRA DE DIREITO DO AMBIENTE, 1. *Anais...* Lisboa, 2002, p. 284.

redundante e marcado por um verdadeiro truísmo, porque o Estado evidentemente possui tendências sociais, multiculturais e político-ideológicas que influenciam a aplicação e interpretação de todo e qualquer princípio de direito e não apenas do princípio da precaução.

O conceito de princípio da precaução que se pode colocar como mais aceitável consiste em um princípio pautado em atitudes estatais e não estatais – e também em não agir.[71] Quanto ao não agir, Prieur refere que na adoção do princípio da precaução muitas vezes o risco e a incerteza são tão grandes, que a decisão mais acertada é de nada fazer em nome do princípio da precaução.[72] O não agir, obviamente, sempre deve ter como finalidade evitar riscos de danos.

Não se pode concordar com aqueles que entendem que o princípio da precaução é passível de diversas definições e conceitos,[73] principalmente após a edição do princípio 15, na Conferência sobre o Meio Ambiente e o Desenvolvimento (Rio 92). A despeito disto, Stewart elabora quatro versões do princípio da precaução.[74] Por sua vez, Morris faz a distinção entre as concepções forte e fraca do princípio da precaução, identificando a concepção forte com o previsto na Declaração

---

[71] Para Niklas Luhmann o não agir também consiste em uma ação. Ver: LUHMANN, Niklas. *Por uma teoria dos sistemas*. Dialética e liberdade. Petrópolis: Vozes/UFGRS, 1993; e, igualmente, sobre o tema, com uma abordagem sociológica, consultar: LUHMANN, Niklas. *Sociologia do direito II*. Tradução Gustavo Bayer. Rio de Janeiro: Tempo Brasileiro, 1985.

[72] PRIEUR, Michel. A política nuclear francesa: aspectos jurídicos. In: SEMINÁRIO INTERNACIONAL: O DIREITO AMBIENTAL E OS REJEITOS RADIOATIVOS, 2002. *Anais*... Brasília: Escola Superior do Ministério Público da União, 2002, p. 28.

[73] Wiener sustenta que não há uma única definição para o princípio da precaução e que as definições existentes são variadas e frequentemente vagas. Ver: WIENER, Jonathan B. Precaution in a Multirisk World. In: PAUSTENBACH, Dennis J. *Human and Ecological Risk Assessment 1509*. New York: John Wiley & Sons, 2002.

[74] Segundo Richard Stewart o princípio da precaução possui quatro versões: "1. Princípio da Precaução de Não Exclusão (Nonpreclusion Precationary Principle): A regulação não deve ser excluída em razão da ausência de incerteza científica sobre atividades que apresentam um risco substancial de dano; 2. Princípio da Precaução da Margem de Segurança (Margin of Safety Precautionary Principle): A regulação deve incluir uma margem de segurança, limitando atividades abaixo do nível ao qual efeitos adversos não tenham sido encontrados ou previstos; 3. Princípio da Precaução da Melhor Tecnologia Disponível (Best Available Technology Precautionary Principle). Deve ser imposta a exigência da melhor tecnologia disponível às atividades que ofereçam um potencial incerto de criar um dano substancial, a menos que aqueles em favor daquelas atividades possam demonstrar que elas não apresentam risco estimável; 4. Princípio da Precaução Proibitivo (Prohibitory Precautionary Principle): devem ser impostas proibições a atividades que têm um potencial incerto de imprimir dano substancial, a menos que aqueles em favor daquelas atividades possam demonstrar que elas não apresentam risco estimável" (*apud* SUNSTEIN, Cass. Para além do princípio da precaução. *Interesse Público*, Sapucaia do Sul, v. 8, n. 37, p. 119-171, maio/jun. 2006).

de Wingspread e a concepção fraca com o previsto no enunciado 15, da Declaração do Rio 92. Morris critica ambas as concepções, sendo mais duro em relação à Declaração de Wingspread que torna mais radical a aplicação do princípio da precaução, pois não permite a emissão de qualquer substância poluente antes que seja provada a sua faceta completamente inofensiva ao meio ambiente.[75]

Referidas diferenciações, entretanto, não se sustentam, pois todas as "versões" do princípio visam impedir o risco de dano em caso de incerteza científica da atividade potencialmente lesiva ao meio ambiente ou à saúde pública. Não obstante, isso não significa conferir uma aplicação restritiva ao princípio, nem o engessar por meio de esquemas subsuntivos, tais como aqueles propostos pelo positivismo formal.

De fato, os princípios constitucionais configuram direito "dúctil", ou elástico, por natureza, demonstrando-se incisivos e flexíveis a um só tempo, demandando uma metodologia interpretativa não eminentemente dedutiva (como a subsunção, própria do positivismo), mas que se paute pela ponderação dos demais princípios e valores envolvidos.[76] Nesse sentido, pronunciam-se Gros e Deharbe,[77] para quem o conceito do princípio da precaução se demonstra de natureza fluida.

Apesar dos atos normativos editados delimitarem textualmente o princípio em tela, conduzindo a doutrina a formular um conceito com base nessa delimitação legislativa, é preciso ter-se presente que, se, por um lado, invoca-se a aplicação das medidas proporcionais para prevenir um risco de dano grave e irreversível ao meio ambiente a um custo aceitável, por outro lado, a definição legislativa não fixa as medidas necessárias para aplicação do princípio. Aí, sim, se pode observar uma margem de discricionariedade na implementação do princípio, mas sempre levando em consideração os seus elementos básicos: risco de dano e incerteza científica da atividade proposta.

De outra banda, as próprias convenções internacionais referem que o princípio da precaução deve ser implementado ao menor custo possível,[78] que deve se compatibilizar com a busca das melhores técnicas

---

[75] MORRIS, Julian. Defining the Precautionary Principle. In: MORRIS, Julian. Rethinking Risk and the Precautionary Principle. Oxford: Butterworth-Heinemann, 2000, p. 3-4.

[76] ZAGREBELSKY, Gustavo. Il Diritto Mite. Torino: Einaudi, 1992, p. 11; 147-173.

[77] GROS, Manuel; DENARBE, Davis. Chronique Administrative. Revue du Droit Public, Tome cent six-huit, n. 3, p. 821-845, maio/jun. 2002.

[78] Segundo o art. 3º da Convenção Quadro das Nações Unidas, "Quando surgirem ameaças de danos sérios ou irreversíveis, a falta de certeza científica não deve ser usada como

disponíveis na sua implementação. Nesse sentido, Gore refere que, nos últimos anos, dezenas de empresas reduziram emissões de gases que retêm o calor da atmosfera e ao mesmo tempo economizaram dinheiro. Algumas das maiores empresas mundiais estão tratando de aproveitar as enormes oportunidades econômicas oferecidas por um futuro com energia mais limpa.[79]

O conceito de princípio da precaução não pode desconsiderar a relação dos custos envolvidos e da tecnologia empregada, que deve ser a melhor disponível. O Reino Unido tem adotado a abordagem "BAT" (*best available technology* – melhor tecnologia disponível) inserida na Lei de Proteção do Meio Ambiente (seção 7, parágrafo 4), se bem que balizada pelas considerações de custo (*best available technology not entailing excessive cost*). Como refere Wolfrum, "a noção de melhor tecnologia disponível requer também que se tomem ações para a proteção ambiental, com o uso dinâmico da tecnologia protetora moderna".[80]

O custo excessivo, segundo Leme Machado, "deve ser ponderado de acordo com a realidade econômica de cada país, pois a realidade ambiental é comum a todos os países, mas diferenciada".[81] É evidente, nesse sentido, que os Estados Unidos, por exemplo, podem empregar maiores recursos na aplicação das medidas de precaução do que a Bolívia ou o Equador. O conceito de princípio da precaução, assim, deve observar o princípio constitucional da reserva do possível.[82]

A aplicação do princípio da precaução, portanto, deve ser feita no sentido de se proteger um bem constitucionalmente tutelado, sem que outro bem objeto de proteção constitucional seja sacrificado desproporcionalmente como, por exemplo, a propriedade privada e a livre

---

razão para postergar medidas regulatórias, levando em conta que as políticas públicas e medidas adotadas para enfrentar a mudança do clima devem ser eficazes em função dos custos, de modo a assegurar os benefícios mundiais ao menor custo possível". Ver: Convenção Quadro das Nações Unidas sobre Mudanças Climáticas, 9 de maio de 1992, art. 3º, princ. 3, S. Treaty Doc. Nº 102-38, 1771 U.N.T.S. 108. Disponível em: http://www.onu-brasil.org.br. Acesso em: 20 fev. 2008.

[79] GORE, Albert. *An Inconvenient Truth*. Emmaus: Rodale Books, 2006, p. 5.

[80] WOLFRUM, Rüdiger. O princípio da precaução. *In*: PLATIAU, Ana Flávia Barros; VARELLA, Marcelo Dias (Org.). *Princípio da precaução*. Belo Horizonte: Del Rey, 2004, p. 23.

[81] MACHADO, Paulo Afonso Leme. O princípio da precaução e o direito ambiental. *Revista de Direitos Difusos*, São Paulo, v. 8, p. 1081-84, ago. 2001.

[82] Sobre a origem e o conceito do princípio da precaução, WEDY, Gabriel. O princípio constitucional da precaução: origem, conceito e análise crítica. *Revista Direito Federal*, Brasília, ano 26, n. 93, p. 223-270, 2013.

iniciativa. O princípio da precaução visa basicamente à proteção da coletividade contra riscos de danos ao meio ambiente e à saúde pública com o intuito, como afirma Kiss, "de preservar o meio ambiente para o futuro".[83]

1.4 Distinção entre o princípio da precaução e o princípio da prevenção

Sands refere que, enquanto o princípio da prevenção pode ser encontrado em tratados internacionais ambientais "e em outros atos internacionais, pelo menos desde os anos 1930, o princípio da precaução começou a constar nos instrumentos legais internacionais em meados dos anos 80 do século passado".[84]

O princípio da precaução, definitivamente, não se confunde com o princípio da prevenção. Autores como Fiorillo[85] e Sirvinkas[86] referem-se apenas ao princípio da prevenção. Milaré, embora não discorde dos que adotam a nomenclatura de princípio da precaução, por razões semânticas e terminológicas, adota o princípio da prevenção, por ser mais amplo e abarcar o princípio da precaução.[87]

---

[83] KISS, Alexandre. Os direitos e interesses das gerações futuras e o princípio da precaução. In: PLATIAU, Ana Flávia Barros; VARELLA, Marcelo Dias (Org.). Princípio da precaução. Belo Horizonte: Del Rey, 2004, p. 11.

[84] SANDS, Philippe. O princípio da precaução. In: PLATIAU, Ana Flávia Barros; VARELLA, Marcelo Dias (Org.). Princípio da precaução. Belo Horizonte: Del Rey, 2004, p. 29.

[85] Para Celso Antônio Pacheco Fiorillo: "A nossa Constituição Federal de 1988 expressamente adotou o princípio da prevenção, ao preceituar, no caput do art. 225, o dever do Poder Público e da coletividade de proteger e preservar o meio ambiente para as presentes e futuras gerações. A prevenção e a preservação devem ser concretizadas por meio de uma consciência ecológica, a qual deve ser desenvolvida por uma política de educação ambiental. De fato, é a consciência ecológica que propiciará o sucesso no combate preventivo do dano ambiental. Todavia, deve-se ter em vista que a nossa realidade ainda não contempla aludida consciência, de modo que outros instrumentos tornam-se relevantes na realização do princípio da prevenção. Para tanto, observamos instrumentos como o estudo prévio de impacto ambiental (EIA/RIMA), o manejo ecológico, o tombamento, as liminares, as sanções administrativas etc. Importante refletir que o denominado Fundo de Recuperação do Meio Ambiente passa a ser um mal necessário, porquanto a certeza de destinação de uma condenação para ele mostra-nos que o princípio da prevenção do meio ambiente não foi respeitado" (FIORILLO, Celso Antônio Pacheco. Curso de direito ambiental brasileiro. 7. ed. atual. e ampl. São Paulo: Saraiva, 2006, p. 39-40).

[86] SIRVINSKAS, Luís Paulo. Manual de direito ambiental. 4. ed. rev. e ampl. São Paulo: Saraiva, 2006, p. 35-36.

[87] Para Milaré: "Com efeito, há cambiantes semânticos entre essas expressões, ao menos no que se refere à etimologia. Prevenção é substantivo do verbo prevenir, e significa ato ou efeito de antecipar-se, chegar antes; induz uma conotação de generalidade, simples antecipação no tempo, é verdade, mas com intuito conhecido. Precaução é substantivo

A distinção entre o princípio da precaução e prevenção, todavia, deve avançar das distinções semânticas e linguísticas para o campo da prática e da efetividade. A diferenciação inicia pelo fato de que o princípio da precaução, quando aplicado, trata-se de uma medida para evitar o mero risco, e o princípio da prevenção é aplicado para evitar diretamente o dano. O risco pode ser entendido como a possibilidade de ocorrência de uma situação de perigo. Já o perigo nada mais é do que a possibilidade de ocorrência de dano.

Assim colocados em uma reta, a qual será denominada de reta causal, a situação de aplicação do princípio da precaução estaria antes da situação de aplicação do princípio da prevenção em face do hipotético dano. Para melhor se compreender a situação, teríamos: a reta, representada pelo nexo causal (nc); a situação de aplicação do princípio da precaução (pp); a situação de aplicação do princípio da prevenção (pprev), e o hipotético dano (hd). Assim:

(nc)-------------(pp)------------(pprev)-------------------------------(hd)

De acordo com a reta causal, o princípio da precaução estaria sempre mais próximo do início do nexo causal e mais longe do hipotético dano. Estaria o princípio da precaução próximo ao princípio da prevenção, o que não impediria em determinadas situações[88] a sua aplicação conjunta, como refere Tessler.[89] Estaria, porém, o princípio da precaução, no que tange à sua aplicação, em regra, mais distante do

---

do verbo precaver-se (do Latim *prae* = antes e *cavere* = tomar cuidado), e sugere cuidados antecipados, cautela para que uma atitude ou ação não venha a concretizar-se ou a resultar em efeitos indesejáveis. A diferença etimológica e semântica (estabelecida pelo uso) sugere que prevenção é mais ampla do que precaução e que, por seu turno, precaução é atitude ou medida antecipatória voltada preferencialmente para casos concretos. Não descartamos a diferença possível entre as duas expressões nem discordamos dos que reconhecem dois princípios distintos. Todavia preferimos adotar princípio da prevenção como fórmula simplificadora, uma vez que prevenção, pelo seu caráter genérico, engloba precaução, de caráter possivelmente específico" (MILARÉ, Edis. *Direito do ambiente*. 4. ed. rev. e ampl. São Paulo: Revista dos Tribunais, 2005, p. 165-166).

[88] Segundo Solange Teles da Silva, "o risco representa uma possibilidade de perigo, quer dizer, há um perigo mais ou menos previsível. O perigo pode ser definido como uma situação de fato da qual decorre o temor de uma lesão física ou moral a uma pessoa ou uma ofensa aos direitos dela" (SILVA, Solange Teles da. Princípio da precaução: uma nova postura em face dos riscos e incertezas científicas. *In*: PLATIAU, Ana Flávia Barros; VARELLA, Marcelo Dias (Org.). *Princípio da precaução*. Belo Horizonte: Del Rey, 2004, p. 83).

[89] TESSLER, Marga Barth. O juiz e a tutela jurisdicional sanitária. *Interesse Público*, Sapucaia do Sul, v. 25, p. 51-65, jan./fev. 2005.

hipotético dano. Isso porque o princípio da precaução deve ser aplicado quando não houver certeza científica de que a atividade sindicada não oferece risco de dano, e o princípio da prevenção deve ser aplicado, após, ou seja, quando a atividade sindicada causar danos com prévia comprovação científica.

Podem surgir perguntas sobre por que (pp) e (pprev) estão mais próximas de (nc) do que do ponto (hd). Isto porque no momento da aplicação do princípio seja pelo Estado-Juiz, Estado-Administrador, Estado-Legislador ou por mero empreendedor, com a (pp) e (pprev) objetiva-se se afastar de todas as formas de (hd) que podem ter efeitos irreversíveis, como em um acidente nuclear, destruição de extensa área de Mata Atlântica ou contaminação de pacientes com Aids, portanto, quanto mais próximos de (nc) estiverem mais próximos estarão de evitar o (hd). Ou seja, precaução ou prevenção tardias nada mais são do que não precaução ou não prevenção.

Quanto ao momento de invocação do princípio da precaução, Wolfrum, refere que, "quanto mais sério for o dano, é provável que mais cedo o princípio da precaução tenha que ser invocado".[90] Referida afirmação perde consistência, tendo em vista que dentro de um juízo de probabilidade, e dos limites que são impostos pelo próprio desenvolvimento científico, é muito difícil se verificar a intensidade do risco de dano. A Comunicação da Comissão da Comunidade Europeia, por exemplo, refere que é possível se saber qual o momento de se invocar o princípio da precaução, estando isso condicionado a uma avaliação do risco, permitindo concluir que há possibilidade de impacto de um perigo sobre o meio ambiente ou sobre a saúde humana.[91]

Pode ser referido, ainda, que o princípio da prevenção tem a finalidade de se evitar o perigo concreto (comprovado cientificamente), e o princípio da precaução objetiva evitar o perigo abstrato (não comprovado cientificamente, mas que seja verossímil a sua ocorrência). O princípio da prevenção, por sua vez, pode ser aplicado para impedir que sejam praticadas atividades que já se sabem causadoras de danos, por fontes de informações científicas reconhecidas.

---

[90] WOLFRUM, Rüdiger. O princípio da precaução. *In:* PLATIAU, Ana Flávia Barros; VARELLA, Marcelo Dias (Org.). *Princípio da precaução.* Belo Horizonte: Del Rey, 2004, p. 18.

[91] Commission des Communautés Européennes. Communication de la Commission Sur le Recours au Principe de Precaution. Bruxelles 2.2.2000, COM (2000) 1 final, p. 13. Disponível em: http://www.ec.europa.eu/environment/docum/20001_fr.htm. Acesso em: 20 fev. 2008.

Já o princípio da precaução pode ser aplicado quando os dados científicos do risco da atividade a ser realizada são insuficientes ou contraditórios. O risco de perigo, nesse caso, pode ser meramente potencial, ou seja, configura-se com a possibilidade verossímil de nocividade da atividade, embora não se possa qualificar nem quantificar os efeitos do risco. Assim, o princípio da prevenção visa a evitar o risco conhecido, e o princípio da precaução visa a evitar o risco potencial.

O princípio da prevenção tem por finalidade a adoção de ações ou de inações para evitar eventos previsíveis; já o princípio da precaução visa a gerir riscos em princípio não prováveis por completo. O princípio da prevenção visa a inibir o dano potencial sempre indesejável, e o princípio da precaução visa a impedir o risco de perigo abstrato. Quando se aborda o princípio da prevenção, deve-se passar da avaliação de risco de perigo – utilizada na análise do princípio da precaução – para a avaliação de concreto e forte risco de dano.

Outra diferença substancial entre os dois princípios é que o princípio da prevenção está calcado em uma certeza científica de que determinada atividade causará danos. A ciência e o conhecimento por ela produzidos são indispensáveis para a aplicação da prevenção. Assim, os conhecimentos, empírico e popular, são completamente desprezados, quando se invoca o princípio da prevenção. Já o princípio da precaução parte de uma incerteza científica e, para ser implementado, deve partir de dados e fatos compreendidos e analisados pela ciência ainda que não conclusivos, mas também pode ser analisado em complementação através do prisma empírico, popular e holístico, o que demanda maior participação do povo na gestão do risco e na tomada de decisões pelo Poder Público.

Isso já ocorre nos estudos de impacto ambiental[92] em que os possíveis afetados pelo empreendimento são ouvidos pela Administração.[93] Refere Prieur, acerca dos estudos de impacto, auditoria e licenciamento ambiental, que a Convenção de Aarhus, de 1998, instaurou. O princípio 10, da Declaração do Rio, outrossim, dispõe sobre a informação, a participação e o acesso à Justiça, em matéria ambiental.[94]

---

[92] Segundo Paulo Afonso Leme Machado "no caso de aplicação do princípio da precaução, é imprescindível que se use um procedimento de prévia avaliação, diante da incerteza do dano, sendo este procedimento o já referido estudo de impacto ambiental" (MACHADO, Paulo Afonso Leme. O princípio da precaução e o direito ambiental. *Revista de Direitos Difusos*, São Paulo, v. 8, p. 1081-1084, ago. 2001).

[93] Ver: MACHADO, Paulo Afonso Leme. O princípio da precaução e a avaliação dos riscos. *Revista dos Tribunais*, São Paulo, v. 856, p. 37-50, fev. 2007.

[94] Segundo Prieur: "Bien qu'elle ait été initiée para la Commission Economique pour l' Europe dês Nations Unies, cette convention de 1998 est une convention dês Nations

Para Hammerschimdt, o princípio da prevenção é uma conduta racional ante um mal que a ciência pode objetivar e mensurar, que se move dentro das certezas da ciência. A precaução pelo contrário enfrenta a outra natureza, a da incerteza: a incerteza dos saberes científicos em si mesmos.[95] Kourislky e Viney utilizam o perigo para caracterizar a essência do princípio da prevenção, e referem que é aquilo que ameaça ou compromete a segurança, a existência de uma pessoa ou de uma coisa e o risco, utilizado por eles para caracterizar o princípio da precaução, é a concretização de um perigo eventual mais ou menos previsível.[96]

Gomes refere que "a inovação do princípio da precaução relativamente ao princípio da prevenção – que obriga a uma antecipação da ação protetora perante a iminência de perigos para o meio ambiente – é a da extensão da atitude cautelar a riscos".[97] Enquanto o princípio da prevenção lida com uma probabilidade concreta, a precaução vai além, cobrindo a mera possibilidade – mesmo a descoberto de base científica.

Acerca do princípio da prevenção, discorre Freitas:

> Eis – sem tirar nem acrescentar – o princípio da prevenção, nos seus elementos de fundo: (a) altíssima e intensa probabilidade (certeza) de dano especial e anômalo; (b) atribuição e possibilidade de o Poder Público evitá-lo; e (c) o ônus estatal de produzir a prova da excludente reserva do possível ou outra excludente de causalidade, no caso da configuração do evento danoso.

Unies, et par conséquent elle est ouverte à la signature de tous les Etats membres dês Nations Unies et pás simplement dês Etats membres européens. En réalité, cette convention de 1998 met en oeuvre, sous forme d'un traité international, le Príncipe X de la Déclaration de Rio sur l'information, la participation et l'accès à la justice em matière d'enviroment" (PRIEUR, Michel. A política nuclear francesa: aspectos jurídicos. *In*: SEMINÁRIO INTERNACIONAL: O DIREITO AMBIENTAL E OS REJEITOS RADIOATIVOS, 2002. *Anais...* Brasília: Escola Superior do Ministério Público da União, 2002, p. 12-5). É importante referir que a Lei nº 10.650/2003 dispõe sobre o acesso público aos dados e às informações existentes nos órgãos e nas entidades integrantes do Sistema Nacional do Meio Ambiente, possibilitando a qualquer pessoa, independentemente de comprovação de interesse específico, ter acesso às informações de que trata a lei.

[95] HAMMERSCHIMDT, Denise. O risco na sociedade contemporânea e o princípio da precaução no direito ambiental. *Revista de Direito Ambiental*, v. 31, ano 8, p. 147-160, jul./set. 2004.

[96] KOURILSKY, Philippe; VINEY, Geneviève. *Le Príncipe de Précaution*: Rapport au Premier Ministre. La Documentation Française. Paris: Odile Jacob, 1999, p. 16.

[97] GOMES, Carla Amado. Dar o duvidoso pelo (in)certo? *In*: JORNADA LUSO-BRASILEIRA DE DIREITO DO AMBIENTE, 1. *Anais...* Lisboa, 2002, p. 280.

Em outras palavras, na hipótese de prevenção, antevê-se, com segurança, o resultado maléfico. Correspondentemente, nos limites das atribuições, nasce à obrigação administrativa de escolher sábias medidas interruptivas da rede causal, de maneira a impedir o dano antevisto.[98]

Freitas cita ainda três casos em que se observa o princípio da prevenção em ação: (1) o caso do combate aos danos trazidos pela prática do tabagismo em ambientes coletivos, tendo em vista que os referidos malefícios são sobejamente conhecidos; (2) o caso em que se faz necessária a remoção de populações carentes pela Administração Pública de áreas que correm sério risco de desabamento e (3) o caso em que a agência reguladora tem o dever de limitar os anúncios publicitários de alimentos com efeitos maléficos à saúde.[99]

Em relação ao princípio da precaução, Freitas, distinguindo-o do princípio da prevenção, refere:

> Já o princípio constitucional da precaução, igualmente dotado de eficácia direta, estabelece, (não apenas no campo ambiental) a obrigação de adotar medidas antecipatórias e proporcionais mesmo nos casos de incerteza quanto à produção de danos fundadamente temidos (juízo de forte verossimilhança). A não-observância do dever configura omissão antijurídica, que, à semelhança do que sucede com a ausência de prevenção cabível, tem o condão de gerar dano (material e/ou moral) injusto e, portanto, indenizável, dispendiosamente absorvido pela castigada massa dos contribuintes.[100]

Cita o referido autor três casos de incidência do princípio da precaução: (1) a impossibilidade de liberação de medicamentos sem a segurança mínima quanto a possíveis efeitos colaterais; (2) o poder geral de cautela que se confere aos Tribunais de Contas, na aplicação da teoria dos poderes implícitos no art. 71 da CF. Isso porque este poder-dever é no sentido de se tomar providências asseguratórias da efetividade da própria decisão final. Nesses casos não há certeza do dano, tampouco com relação ao conteúdo da decisão definitiva, mas

---

[98] FREITAS, Juarez. *Discricionariedade administrativa e o direito fundamental à boa administração pública*. São Paulo: Malheiros, 2007, p. 98.
[99] FREITAS, Juarez. *Discricionariedade administrativa e o direito fundamental à boa administração pública*. São Paulo: Malheiros, 2007, p. 98.
[100] FREITAS, Juarez. *Discricionariedade administrativa e o direito fundamental à boa administração pública*. São Paulo: Malheiros, 2007, p. 98.

forte verossimilhança e (3) a incidência do princípio da precaução no sentido de não se liberar para o consumo um alimento exposto à determinada contaminação nuclear, provavelmente deletéria.[101]

Observa-se que os conceitos referidos sobre os distintos princípios trazem à baila as suas semelhanças e as dessemelhanças. Entre os elementos de fundo do princípio da prevenção observa-se que a certeza, ou quase certeza, de que a atividade praticada causará danos especiais distingue-se da incerteza de produção de danos fundamente temidos no caso do princípio da precaução. Em ambos os casos, contudo, existe a possibilidade de o Poder Público evitar o dano.

O ônus da prova é, tanto em relação ao princípio da precaução quanto ao princípio da prevenção, de a Administração Pública produzir a prova da excludente da reserva do possível ou outra excludente de causalidade, no caso da configuração do evento danoso. Ainda, se analisados os princípios para além da responsabilização do Estado, pode-se concluir que os empreendedores privados que praticaram a atividade causadora do dano também têm ônus de demonstrar as referidas excludentes, em especial, as de causalidade.

Verifica-se que ambos os princípios, como princípios constitucionais e direitos fundamentais, possuem eficácia direta e manifestam-se pela adoção de medidas antecipatórias. Essas medidas antecipatórias, contudo, devem ser proporcionais para que não violem direitos, em face de sua aplicação insuficiente ou excessiva, e não causem danos irreversíveis quer no caso do meio ambiente, quer no caso da saúde pública[102] ou até mesmo do direito penal.[103] Kiss, ampliando o conceito de precaução, defende que "um dos alvos do Direito Internacional deve ser a expansão dos campos de aplicação do princípio da precaução ao campo de proteção da herança cultural".[104]

A não observância dos referidos deveres de proteção ou precaução é uma omissão antijurídica, e pode sempre acabar gerando danos (patrimoniais e extrapatrimoniais) injustos e indenizáveis. O importante

---

[101] FREITAS, Juarez. *Discricionariedade administrativa e o direito fundamental à boa administração pública*. São Paulo: Malheiros, 2007, p. 98.

[102] Ver: VAQUÉ, Luis Gonzáles. La aplicación del principio de precaución en la legislación alimentaria: una nova frontera de la protección del consumidor. *EsC*, n. 50, p. 19-25, 1999.

[103] Ver: CASABONA, Carlos Maria Romeo. Contribuições do princípio da precaução ao direito penal. *Revista de Estudos Criminais*, ano 2, n. 5, p. 37-60, 2002. O referido autor traça um paralelo entre o direito penal e a sociedade de risco e propõe ao legislador a adoção do princípio da precaução como instrumento de política criminal.

[104] KISS, Alexandre. Os direitos e interesses das gerações futuras e o princípio da precaução. In: PLATIAU, Ana Flávia Barros; VARELLA, Marcelo Dias (Org.). *Princípio da precaução*. Belo Horizonte: Del Rey, 2004, p. 12.

em ambos os casos para que os referidos princípios tenham incidência é a interrupção do nexo de causalidade, seja pela prudente ação ou inação do Estado, seja pelo bom senso do empreendedor que pode agir para interromper o nexo causal ou deixar de agir para obter a mesma finalidade.

Os exemplos trazidos também são esclarecedores. Nos casos de incidência do princípio da prevenção, podemos observar que é indiscutível e comprovado pela ciência[105] e até mesmo por experiências empíricas que o tabagismo praticado em ambientes coletivos vitima os presentes como fumantes passivos. É de se discordar de Sunstein que aborda o caso do tabaco como exemplo do princípio da precaução,[106] pois a ciência firmou consolidado entendimento de que o cigarro causa câncer, enfisema pulmonar e problemas cardíacos que levam à morte. Logo, presente a certeza científica, incide o princípio da prevenção para evitar danos à saúde das pessoas.

No caso dos desmoronamentos, estudos simples de engenharia, em face do conhecimento científico e aparelhagem que possuem os profissionais da área hoje, com facilidade podem constar se uma área urbana está sujeita a esse risco seja pela erosão, seja pela fadiga do terreno causada por chuvas. Em face dessa evidência, o princípio da precaução deve ser aplicado e a população deve ser removida do local para que sejam evitadas mortes, ferimentos e danos materiais.

O caso da atuação das agências reguladoras no sentido de limitar os anúncios publicitários de alimentos que de forma cientificamente comprovada podem causar efeitos maléficos à saúde humana também é uma manifestação do princípio da prevenção. Nesse caso pode-se constatar que os fabricantes de bebidas alcoólicas, obedientes ao dever de prevenção, são compelidos a colocar nas tarjetas das bebidas que elas devem ser apreciadas com moderação. Isso porque hoje é voz corrente que o álcool causa efeitos nocivos à saúde humana, se apreciado sem moderação, e também é o responsável por milhões de mortes no trânsito no Brasil[107] e em todo o mundo. Referidos casos de incidência e aplicação

---

[105] O tabagismo é a principal causa de morte evitável no planeta. Dados da Organização Mundial de Saúde (OMS) revelam: o cigarro é o responsável por 10 mil vítimas diárias. Ver no *site* do Ministério da Saúde do Brasil (Disponível em: http://www.saude.gov.br. Acesso em: 7 jan. 2008).

[106] SUNSTEIN, Cass. Para além do princípio da precaução. *Interesse Público*, Sapucaia do Sul, v. 8, n. 37, p. 119-171, maio/jun. 2006.

[107] Segundo dados do Ministério da Saúde do Brasil "o número de acidentes de trânsito no Brasil aumenta, em média, 20% durante as festas de fim de ano, período de maior fluxo

do princípio da prevenção têm em comum a certeza científica de que a atividade é nociva à saúde e que existe altíssima probabilidade (certeza ou quase certeza) de causar dano anômalo.

Nos casos arrolados como de aplicação do princípio da precaução, pode-se observar, ao contrário, o traço distintivo da incerteza científica que a atividade a ser suspensa seja ou não nociva à saúde ou ao meio ambiente. O caso da não liberação de medicamentos, com uma margem mínima de segurança, em virtude do não conhecimento dos seus efeitos colaterais, é elucidativo. É evidente que os medicamentos devem ser testados antes de serem comercializados no vulnerável mercado consumidor.

Os remédios devem ser monitorados em relação a sua lesividade potencial à saúde humana. Aí resta bem demonstrada a faceta do princípio da precaução em ser um instrumento de gestão de riscos. Sabe-se que todo o medicamento gera, além dos esperados benefícios à saúde, algum efeito colateral mais ou menos nefasto, mas neste caso tanto a Administração Pública ao licenciá-lo, como a indústria ao comercializá-lo, devem fazê-lo com riscos mínimos aos consumidores tendo em vista que o risco zero,[108] como é sabido, é uma utopia.

Domenico de Masi refere que a produção de uma macromolécula, da fase inicial em que é programada até a fase final em que é vendida ao público, sob a forma de remédio, pode requerer mais de uma década de estudos e investimentos de milhões. Esse processo teria quatro etapas: (a) invenção, (b) decisão, (c) produção e (d) consumo.[109] O autor refere ainda que, na sociedade pós-industrial, "tudo é programado com antecedência: quando experimentamos as consequências das decisões tomadas pelos fortes, já é muito tarde para impedi-las".[110] Ainda assim, na sociedade programada, os consumidores geralmente não conhecem

---

de veículos e quando há abusos no consumo de álcool. Outro dado preocupante é que o número de mortos no trânsito não para de crescer no país: subiu de 33.288 em 2002 para 36.611 em 2005. Metade dos envolvidos abusou no uso de álcool. Entre 2000 e 2006, o Ministério da Saúde registrou um aumento de 50,36% nos gastos com internação de pessoas envolvidas em acidente" (Disponível em: http://www.saude.gov.br. Acesso em: 7 jan. 2008).

[108] "A utopia do sentimento de risco zero se encontra abalada pela deficiência do sistema de controle de riscos como demonstram os casos de contaminação por Salmonella, doença da vaca louca, dioxina e etc. [...]". Ver: BEARDSWORTH, Alan; KEIL, Teresa. *Sociology on the Menu*: an Invitation to the Study of Food and Society. Londres: Routledge, 1997.

[109] MASI, Domenico di. *Il Futuro del Lavoro*: Fatica e Ozio Nella Societá Postindustriale. Milão: RCS Libri S.p.A, 1999, p. 199-200.

[110] MASI, Domenico di. *Il Futuro del Lavoro*: Fatica e Ozio Nella Societá Postindustriale. Milão: RCS Libri S.p.A, 1999, p. 201.

as decisões que estão sendo tomadas hoje sobre eles, daí a necessidade de maior publicidade na informação ao mercado consumerista que é necessária para uma aplicação eficiente do princípio da precaução em relação aos medicamentos.

Há alguns anos se pôde observar a retirada do mercado do anti-inflamatório Prexige pelo governo australiano em face de danos cardiovasculares e hepáticos causados aos seus consumidores.[111] A utilização do medicamento teria causado ainda a morte de duas vítimas na Austrália. O caso Prexige é elucidativo: o princípio da precaução não foi levado em consideração em face das incertezas científicas que cercavam a segurança da comercialização do produto. A empresa fabricante produziu, e o governo australiano permitiu a sua venda antes que as mortes fossem causadas.

Posteriormente, o nexo causal chegou ao seu fim e culminou em mortes. O referido nexo de causalidade poderia ter sido, mas não foi interrompido. Após, ocorridas as mortes, em virtude da não aplicação do princípio da precaução, conhecida a potencialidade lesiva do medicamento com base em certeza científica, ele deixou de ser comercializado pela empresa fabricante na Austrália, e o governo daquele país passou a proibi-lo.

Esse é o típico caso de não aplicação do princípio da precaução – em um primeiro momento – e posterior aplicação do princípio da prevenção. Alves, ao distinguir o princípio da precaução do princípio da prevenção, refere que, ao se aplicar o princípio da prevenção, "evita-se a repetição ou reiteração do comportamento lesivo".[112]

Após a aplicação do princípio da prevenção pelo governo australiano, novas mortes provavelmente foram evitadas com a interrupção do nexo causal consubstanciado pelo fim da comercialização do Prexige. Quando as medidas de precaução não são aplicadas, falham, ou são adotadas de forma insuficiente, o dano injusto corre grande risco de ocorrer.

No Brasil, a Anvisa cancelou o registro do Prexige, em virtude de possíveis danos cardíacos e hepáticos causados pelo referido medicamento aos seus usuários.[113]

---

[111] *Folha de São Paulo*. Disponível em: http://www1.folha.uol.com.br/folha/cotidiano/ult95u329605.5html. Acesso em: 20 jan. 2008.

[112] ALVES, Wagner Antônio. *Princípios da precaução e da prevenção no direito ambiental brasileiro*. São Paulo: Juarez Oliveira, 2005, p. 119.

[113] A Agência Nacional de Vigilância Sanitária (Anvisa) determinou o cancelamento no Brasil do registro do anti-inflamatório Prexige 100mg e suspendeu por 90 dias a apresentação

No mais das vezes, como no caso Prexige, quando ocorre o dano injusto, observa-se ao longo do seu nexo causal a ausência de tomadas de medidas de precaução. Outras vezes, como referem Cafferatta e Goldenberg, ainda que medidas de precaução sejam tomadas, os efeitos adversos podem superar essas medidas, ocasionando o dano injusto.[114]

Do mesmo modo, o Tribunal de Contas, na aplicação da teoria dos poderes implícitos no art. 71 da CF, pode, mediante medidas cautelares, tomar providências que assegurem a própria eficácia de sua decisão evitando prejuízos aos cofres públicos no mais das vezes bloqueando recursos das administrações desviados ou apropriados supostamente de modo ilícito. Neste caso, mais uma vez, não havendo certeza, mas indícios de improbidade administrativa, ou de má gestão do dinheiro público, pode o Tribunal de Contas evitar o dano por medida cautelar de bloqueio de valores ou bens.[115]

O exemplo de aplicação do princípio da precaução a fim de impedir danos à saúde humana decorrentes da comercialização de alimentos atingidos por radiação nuclear é típico. No caso de Chernobyl (1986), por exemplo, o Poder Judiciário[116] impediu a comercialização de carne bovina proveniente daquela região. Muito embora o princípio da precaução não fosse manejado, naquela época, com uma noção conceitual no direito brasileiro, as decisões na prática foram no sentido de sua aplicação. Isso porque não havia como se saber com absoluta certeza se a carne importada pelo Brasil causaria danos à saúde da população. Talvez até não causasse, pois não se sabia ao certo se a

---

de 400mg do mesmo medicamento. A agência informou que medida foi provocada por incertezas sobre a segurança do medicamento que causaria problemas hepáticos e cardíacos nos consumidores da droga (*O Globo*. Disponível em: http://www.oglobo. globo.com/economia/mat/2008/07/23/apos_tres_anos_anvisa_cancela_registro_de_ prexige-547370325.asp. Acesso em: 2 jan. 2008). No Brasil a Anvisa aplicou o princípio da precaução, pois motivou a sua decisão administrativa com base em incertezas científicas acerca da segurança da comercialização do medicamento.

[114] Segundo Goldenberg e Cafferatta: "aun cuando se adopten medidas precautorias los efectos del inquinamiento las superan, ocasionando um daño injusto o situaciones de agravio generalizado para la población, la calidad de vida, la salud pública o de los particulares, más allá del limite de la normal tolerância, de las incomodidades ordinárias propias de la convivencia, del progreso o del riesgo permitido" (CAFFERATTA, Néstor; GOLDENBERG, Isidoro. *Daño Ambiental*: Problemática de su Determinanción Causal. Buenos Aires: Abeledo-Perrot, 2003, p. 73).

[115] Este exemplo pode ser aceito se for levado em consideração o conceito fluido do princípio da precaução, como fazem a maioria dos autores, conforme já referido neste livro.

[116] Texto base para a palestra proferida pela Des. Federal Marga Inge Barth Tessler, do TRF da 4ª Região, no IV Encontro Internacional dos Profissionais em Vigilância Sanitária-ABPVS, em 1º de outubro de 2004, em Foz do Iguaçu/PR.

radiação havia atingido, e em que extensão, o rebanho abatido. Todavia, por cautela, se preferiu não expor a população ao risco de ocorrência de danos à saúde em face de possível contaminação da carne bovina proveniente da extinta URSS.

Por outro lado, um exemplo de obrigatória aplicação do princípio da prevenção por toda a humanidade, embora não seja afastada logicamente a aplicação do princípio da precaução, na análise das peculiaridades de cada situação, é o caso da emissão de gases de efeito estufa,[117] responsáveis pelo aquecimento global, que, como comprovado cientificamente, é o causador de inúmeros danos irreversíveis ao meio ambiente e à saúde pública.[118] Gore, para exemplificar, refere que um mês antes de o furacão Katrina atingir os Estados Unidos, causando milhares de mortes e desabrigados em New Orleans, e um prejuízo de bilhões de dólares, uma pesquisa do Massachussets Institute Technology – MIT deu respaldo ao consenso científico de que o aquecimento global está tornando os furacões mais poderosos e destrutivos.[119]

A COP 21, com efeitos legais vinculantes, por sua vez, estipulou como meta reduções nas emissões de gases de efeito estufa, entre outras medidas de resiliência e de adaptação, que possibilitem um aumento da temperatura global abaixo de 2 °C, com o objetivo de alcançar 1,5 °C até 2100, tendo como marco inicial o período pré-industrial. A COP 22, em Marraquexe, foi um facilitador na concretização dos objetivos da

---

[117] Refere Albert Gore que "o que todos gases estufa têm em comum é que eles permitem a entrada de luz solar na atmosfera, mas absorvem parte da radiação infravermelha que deveria sair do planeta. Com isso, o ar se aquece... Por conta da concentração das concentrações cada vez maiores de gases-estufa produzidos pelo homem na era moderna, estamos elevando a temperatura média do planeta e criando perigosas mudanças climáticas que vemos ao nosso redor. O gás carbônico é considerado, em geral, o maior culpado, pois responde por 80% do total de emissões de gases-estufa. Quando queimamos combustíveis fósseis (petróleo, gás natural, e carvão), seja em casa, nos carros, fábricas ou usinas elétricas, quando cortamos ou queimamos florestas, ou ainda quando produzimos cimento, liberamos gás carbônico na atmosfera" (GORE, Albert. *An Inconvenient Truth*. Emmaus: Rodale Books, 2006, p. 28). Sobre mudanças do clima e medidas de resiliência, ver: WEDY, Gabriel. Os sinais do clima e as mudanças climáticas. *Zero Hora*, Porto Alegre, p. 19, 14 fev. 2015. Caderno Opinião. E sobre a contribuição direta dos combustíveis fósseis para o aquecimento global, ver também: WEDY, Gabriel. Subsídios públicos e os combustíveis fósseis. *Zero Hora*, Porto Alegre, p. 18, 17 jun. 2015. Caderno Opinião.

[118] Albert Gore refere que nos últimos 25 a 30 anos surgiram cerca de 30 novas doenças em virtude do aquecimento global, e outras, que estavam sob controle, voltam a atacar. O autor refere ao "vírus do oeste do Nilo" que passou a atingir os americanos e canadenses a partir de 1999 (GORE, Albert. *An Inconvenient Truth*. Emmaus: Rodale Books, 2006, p. 174-175).

[119] GORE, Albert. *An Inconvenient Truth*. Emmaus: Rodale Books, 2006, p. 92.

COP 21, em especial, no cumprimento de um roteiro para o financiamento climático dos países em desenvolvimento pelos países desenvolvidos e por investidores privados, absolutamente necessário para adoção de medidas de adaptação e resiliência, no valor de 100 bilhões de dólares até 2020, *a fortiori* porque houve queda no financiamento climático entre os anos de 2014 e 2015.[120]

Países que não cumprem as metas estabelecidas nas COP 21, COP 22, COP 23, COP 24, COP 25 e nas que estão por vir, no sentido da limitação das emissões dos gases de efeito estufa na atmosfera, por exemplo, poderão ser responsabilizados por danos decorrentes do aquecimento global que a ciência está, dia após dia, a comprovar com maior exatidão e probabilidade de certeza.

A Organização Mundial do Comércio tem apreciado de forma equivocada a incidência do princípio da precaução ao confundi-lo com o princípio da prevenção. A OMC, por intermédio do seu órgão de apelação, segundo Sadeleer, reconhece que os Estados possuem, em virtude de acordo comercial, a liberdade de escolher o nível de proteção sanitária que julgam apropriado. As nações podem, consequentemente, introduzir ou manter as medidas sanitárias que implicam um nível de proteção mais elevado. Todavia, essas medidas devem ser baseadas em princípios científicos e não podem ser mantidas sem provas científicas suficientes. Conclui Sadeleer que "a justificação científica impõe-se aqui como um verdadeiro paradigma" imposto pela OMC.[121]

A posição da OMC parece equivocada na referida apreciação, ainda que indireta do princípio da precaução, pois, ao exigir prova científica suficiente, está a negar a aplicação do princípio da precaução e a admitir apenas a aplicação do princípio da prevenção, porque a incerteza científica é justamente um dos elementos essenciais do princípio da precaução, e a certeza científica é o elemento basilar do princípio da prevenção.

---

[120] UNITED NATIONS CLIMATE CHANGE CONFERENCE 2016. COP22 Marrakech 2016. Disponível em: http://www.cop22-morocco.com/. Acesso em: 2 out. 2016. Ao final da COP 22 restou previsto um roteiro, a ser implementado até o ano de 2018, com a intenção de finalizar as regras do Acordo de Paris, assim como outras decisões essenciais para a implementação do referido pacto global (WORLD RESOURCES INSTITUTE. *Statement*: At COP22 in Marrakech, climate negotiators agree to roadmap to 2018. Marrakech, Nov. 18, 2016. Disponível em: http://www.wri.org/news/2016/11/ statement-cop22-marrakech-climate-negotiators-agree-roadmap-2018. Acesso em: 20 nov. 2016).

[121] SADELEER, Nicolas de. O estatuto do princípio da precaução no direito internacional. In: PLATIAU, Ana Flávia Barros; VARELLA, Marcelo Dias (Org.). *Princípio da precaução*. Belo Horizonte: Del Rey, 2004, p. 66.

Após a abordagem da doutrina acerca do princípio da precaução e do princípio da prevenção, fica clara a distinção entre eles. O princípio da precaução deve ser empregado naqueles casos em que estiver presente a incerteza científica de que a atividade ou o empreendimento podem causar danos ao meio ambiente ou à saúde pública, a fim de preservar as presentes e futuras gerações. O princípio da prevenção, de outra banda, deve ser aplicado quando houver certeza científica de que a atividade ou empreendimento causará danos ao meio ambiente ou à saúde pública.

1.5 Elementos do princípio da precaução

Os elementos que compõem a definição do princípio da precaução e viabilizam a sua implementação necessariamente são: a incerteza científica, o risco de dano e a inversão do ônus da prova. São elementos sem os quais o princípio da precaução não pode ser aplicado e tampouco abordado em relação a um caso prático. Evidentemente que esses elementos devem também estar de acordo, e em harmonia, com um custo razoável de implementação, com a ponderação do custo-benefício (ainda que não exista legislação ou regulamentação referente ao procedimento de análise do custo-benefício no Brasil) e com a busca da melhor tecnologia disponível.

1.5.1 Incerteza científica

A incerteza científica é o primeiro elemento do princípio da precaução a ser abordado. Refere Ost que, "tocada pela dúvida, a ciência é desde então obrigada a aplicar a si própria as faculdades da crítica que até agora foram eficazmente voltadas para a natureza". E complementa o seu pensamento referindo que "neste exercício, a ciência compreende que perdeu o monopólio do veredicto: o princípio da precaução doravante convida ao ceticismo".[122] Giddens, por sua vez, afirma que "hoje todos reconhecemos o caráter essencialmente cético da ciência, porque perdemos a ilusão da intangibilidade da certeza científica".[123] Beck complementa essa ideia referindo que os riscos da modernização permanecem "invisíveis e não provados pela racionalidade científica".[124]

---

[122] OST, François. *Le Temps du Droit*. Paris: Editions Odile Jacob, 1999, p. 326.
[123] GIDDENS, Anthony. Risk and Responsability. *The Modern Law Review*, Oxford, p. 3, 1999.
[124] BECK, Ulrich. *La Sociedad del Riesgo*: Hacia una Nueva Modernidad. Barcelona: Surcos, 2006, p. 86.

Como afirmado por Ewald acerca do princípio da precaução, "utiliza-se a ciência como forma de suspeita".[125] É pela incerteza científica, elemento relevante no gerenciamento de riscos, que se vai despertar o interesse de todo aquele que maneja e estuda o princípio da precaução, porque a incerteza científica é o elemento que autoriza a aplicação do princípio e não a certeza.

A Declaração Ministerial de Bergen, por exemplo, dispõe que "a falta de certeza científica não deve ser usada para adiar medidas para impedir a degradação ambiental". Na Declaração da Rio 92, a exigência foi considerada obrigatória: a falta de total certeza científica "não deverá ser usada" para impedir a ação.[126] A incerteza científica, ao contrário de permitir a atividade potencialmente danosa, impede-a como elemento essencial do princípio da precaução.

Diante do dado autoevidente de que o avanço tecnológico é dinâmico, faz-se necessário considerar que, com ele, novas teorias surgem no campo da pesquisa científica, não se podendo falar em certezas absolutas. A incerteza científica que deve ser tomada para fins de aplicação das medidas de precaução, em face da ausência de certezas absolutas, deve ser referente ao risco de dano antes que a tese possa ser afastada por outras teorias cientificamente comprovadas. Assim, a incerteza científica qualifica-se como a incerteza no tempo, por isso intimamente conectada com a questão do risco de dano grave e/ou irreversível, pois importa em incerteza científica da ocorrência deste dano.

Prieur, por exemplo, aborda a política nuclear francesa e os seus aspectos jurídicos com enfoque no princípio da precaução e no seu elemento essencial que é a constatação da incerteza científica. Referiu que algumas das radiações nucleares têm duração de vida de milhões de anos e que estamos diante da irreversibilidade e da incerteza do que se vai passar daqui a dez anos. Assinalou que, se nós não sabemos pela ciência o que vai ocorrer daqui a dez anos, é de se imaginar o que ocorrerá daqui a cem, mil ou um milhão de anos. Em face dessa incerteza científica, o jurista francês refere que no âmago do problema está a

---

[125] EWALD, François. Philosophie de la Précaution. L'Année Sociologique, Paris, v. 46, n. 2, p. 402, 1996.
[126] Ver: SANDS, Philippe. O princípio da precaução. In: PLATIAU, Ana Flávia Barros; VARELLA, Marcelo Dias (Org.). Princípio da precaução. Belo Horizonte: Del Rey, 2004, p. 29-46.

aplicação do princípio da precaução que é de fundamental importância para o direito ambiental.[127]

As incertezas científicas relativas à diversidade biológica podem ser de três sortes, segundo Myers;[128] (a) incerteza sobre a apreciação do peso da ameaça sobre determinada espécie da fauna ou flora; (b) incerteza sobre os dados biológicos das próprias espécies; e (c) incerteza sobre o valor econômico ou de outra natureza quanto às espécies consideradas.

Christie, por sua vez, aponta para o caráter nefasto do efeito de uma substância ou atividade sobre o meio ambiente, referindo-se às incertezas científicas relacionadas à poluição por substâncias tóxicas. No caso, às incertezas dizem respeito tanto à natureza dos efeitos sobre o meio ambiente, quanto sobre a probabilidade de se produzirem.[129] Aí a dúplice função da incerteza científica na implementação do princípio da precaução em relação ao meio ambiente: incerteza científica quanto aos efeitos sobre o meio ambiente e incerteza científica sobre a probabilidade de produção de danos.

A incerteza científica, como elemento do princípio da precaução, é constantemente invocada pelas nações para restringir o comércio internacional. Pavoni afirma que um dos aspectos mais inovadores da precaução, quanto ao comércio internacional, no que diz respeito ao acesso aos recursos genéticos e à sua patenteabilidade, é legitimar a adoção pelos Estados de medidas ambientais de restrição do comércio, ainda que essas restrições sejam baseadas nas incertezas científicas e potencialmente inconsistentes com as regras da Organização Mundial do Comércio (OMC).[130]

Medidas de precaução em relação aos organismos geneticamente modificados, amparadas no elemento da incerteza científica, são utilizadas no plano internacional com base legal no preâmbulo da

---

[127] PRIEUR, Michel. A política nuclear francesa: aspectos jurídicos. *In:* SEMINÁRIO INTERNACIONAL: O DIREITO AMBIENTAL E OS REJEITOS RADIOATIVOS, 2002. *Anais...* Brasília: Escola Superior do Ministério Público da União, 2002, p. 15.

[128] MYERS, Norman. Biodiversity and the Precautionary Principle. *Ambio Revue*, n. 2-3, v. 22, p. 74, 1993.

[129] CHRISTIE, Edward. The Eternal Triangle: the Biodiversity Convention, Endangered Species Legislation and the Precautinary Principle. *Environmental Planning and Law Journal*, p. 470, Dec. 1993.

[130] *Apud* ROCHA, João Carlos de Oliveira. *Os organismos geneticamente modificados e a proteção constitucional do meio ambiente.* Dissertação (Mestrado em Direito) – Faculdade de Direito, Pontifícia Universidade Católica do Rio Grande do Sul, 2007, p. 212.

Convenção sobre Diversidade Biológica realizada no Rio de Janeiro, em 1992,[131] complementado pelo Protocolo de Cartagena sobre Biossegurança de 1999, em seu art. 10.[132]

A incerteza científica, segundo Weiss, "é inerente a todas as atividades ambientais, e o Direito Internacional Ambiental tem que levar isso em consideração". Assim, os respectivos acordos internacionais tiveram que planejar instrumentos e mecanismos de implementação que tivessem flexibilidade suficiente, a fim de permitir às partes a adaptação a mudanças em nossas habilidades científicas.[133]

Em face da incerteza científica, o princípio da precaução foi reconhecido no direito comunitário europeu, no caso da "doença da vaca louca", ao admitir a legitimidade do embargo francês e alemão à carne da vaca inglesa. No mesmo sentido, a incerteza científica também foi um dos motivos invocados pela Comunidade Europeia no embargo à carne proveniente de bovinos alimentados com hormônios nos Estados Unidos e no Canadá.[134] Neste último caso, é necessário ressaltar a oposição da Organização Mundial do Comércio à imposição da medida de precaução.[135]

Segundo Mota,[136] "o princípio da precaução envolve uma percepção inicial de riscos, diante da inexistência de certezas, inclusive quanto às percepções científicas". Certo é, todavia, que não se pode contar com uma estimativa ponderada do senso comum do público, estando este tomado pela emoção e por ondas de histeria a direcionar

---

[131] A referida Convenção foi introduzida no ordenamento interno pelo Decreto nº 2.519/1998.

[132] O referido Protocolo foi inserido no ordenamento interno pelo Decreto Legislativo nº 908/2003.

[133] WEISS, Edith Brown. International Environmental Law: Contemporary Issues and the Emergence of a New World Order. *Georgetown Law Journal*, n. 81, p. 675-88, 1992/1993.

[134] Ver: DOUMA, Wybe. The Beef Hormone Dispute: does WTO Law Preclude Precautionary Health Standards? *In*: HEERE, Wyho P. (Org.). *International Law and the Hague's 75th Anniversary*. The Hague: [s.n.], 1999, p. 333.

[135] Para Shiva: "O princípio da precaução foi escolhido para ser atacado pelos promotores do livre-comércio. No discurso de abertura do simpósio de alto nível organizado pela OMC em março de 1998, sir Leon Brittan afirmou que o princípio oferecia perigos e poderia ser invocado de modo abusivo. Ele se esforçou ao máximo para afirmar que o princípio da precaução não era reconhecido pela OMC. As regras de livre-comércio da OMC também foram usadas pelos EUA e seus aliados para apresentar um acordo internacional sobre biossegurança para regulamentar o risco ecológico dos organismos geneticamente modificados" (SHIVA, Vandana. O mundo no limite. *In*: HUTTON, Will; GIDDENS, Anthony. *No limite da racionalidade*: convivendo com o capitalismo global. Tradução Maria Beatriz de Medina. Rio de Janeiro: Record, 2004, p. 162-186).

[136] MOTA, Maurício. Princípio da precaução no direito ambiental: uma construção a partir da razoabilidade e da proporcionalidade. *Revista de Direito do Estado*, n. 4, ano 1, p. 245-276, out./dez. 2006.

a atenção para determinados riscos, desconsiderando outros, nem com análises falhas de risco. Neste ponto, a importância da constatação de uma real incerteza científica, que justamente é a base mais sólida para uma adoção do princípio da precaução não influenciada pelo clamor público e por emotividades coletivas.

A mera alegação de incerteza científica para a aplicação do princípio da precaução não é suficiente: deve haver uma incerteza científica razoável e efetiva para que o princípio da precaução possa ser aplicado. Seguindo essa linha de raciocínio é de se observar que é elemento integrante do princípio da precaução uma "incerteza científica razoável e efetiva".

Isso porque a abordagem superficial da incerteza científica se torna problemática. Os casos de câncer de pele produzidos pela ação ionizante do sol, segundo estudo científico ocorrido na Inglaterra, são causados em sua maioria por fontes naturais e não humanas.[137] A exposição solar seria praticamente a única causadora desse tipo de câncer, segundo Sunstein, ao criticar a benevolência mítica da natureza.[138]

A abordagem do elemento, por Sunstein, é superficial, pois se sabe que a diminuição da camada de ozônio que circunda a Terra é uma das causas efetivas do aumento dos cânceres de pele. E esta diminuição da camada de ozônio é justamente fruto da poluição humana pela emissão de substâncias químicas (CFCs).[139]

Assim, ao referir-se a certezas ou incertezas da ciência, deve-se ponderar sob que ótica ocorre a abordagem política do problema. Se sob a ótica de cientistas comprometidos com o desenvolvimento econômico isoladamente, de cientistas comprometidos com a proteção ambiental a qualquer custo, ou se sob a ótica de cientistas engajados

---

[137] A respeito do assunto ver: COLLMAN, James P. *Naturally Dangerous*: surprising facts about food, health and environmental. Sausalito: University Science Book, 2001. Segundo Tubiana somente 25 das 1.265 mortes anuais causadas por câncer na Inglaterra têm por causa a radiação proveniente de fontes humanas (TUBIANA, Maurice. Radiation Risks in Perspectives: Radiation-Induced Cancer Among Cancer Risks. *Radiation Environmental Biophysics*, n. 39, p. 3-16, 2000). Ver também: SUNSTEIN, Cass. *Laws of Fear*: Beyond the Precautionary Principle. New York: Cambridge Press, 2005, p. 109.

[138] SUNSTEIN, Cass. Para além do princípio da precaução. *Interesse Público*, Sapucaia do Sul, v. 8, n. 37, p. 119-171, maio/jun. 2006.

[139] Sustenta Gore que: "O buraco na camada de ozônio – parte da atmosfera superior que contém alta concentração do gás ozônio e protege o planeta contra a radiação solar – é causado por substâncias químicas produzidas pelo homem, chamadas CFCs, que foram proibidas por um acordo internacional chamado Protocolo de Montreal" (GORE, Albert. *An Inconvenient Truth*. Emmaus: Rodale Books, 2006, p. 313).

no desenvolvimento sustentado em uma abordagem independente calcada em um procedimento de análise do custo-benefício que não viole o princípio da dignidade da pessoa humana e o bem ambiental como direito fundamental. É de se compreender a última abordagem como a mais correta e eticamente responsável.

O princípio da precaução, por isso, deve ser aplicado também de forma proporcional e não impedir avanços científicos que comportem benefícios à saúde humana. Motivos religiosos ou sobrenaturais não podem estar por trás da aplicação desse princípio em tempos de reconhecidos avanços tecnológicos neste campo. No caso da clonagem humana para fins não reprodutivos, por exemplo, o elemento da incerteza científica é utilizado para fins de impedir o avanço dos estudos nesta área como defende o ex-Presidente dos Amigos da Terra, Brent Blackwelder.[140] Esse raciocínio, utilizando o elemento incerteza científica de forma inconsistente, em prejuízo da saúde humana, mediante uma alegação meramente formal e retórica, não pode ser aceito.

Machughen faz polêmica crítica ao elemento inserto no princípio da precaução, pois, segundo ele, os alimentos geneticamente modificados, objeto constante de incerteza científica, podem submeter as pessoas a menores riscos do que alimentos orgânicos distribuídos no mercado consumidor.[141] Essa ponderação pode ser feita, todavia não é isenta de críticas em face da incerteza científica perante os males que os transgênicos podem causar à saúde humana.[142] A sociedade de riscos aqui impõe um desafio ao paradigma de considerar o agricultor

---

[140] Capitol Hill Hearing Testimony Concerning the Cloning of Humans and Genetic Modifications Before the Subcomm. on Labor, Health and Human Servs., Appropriations Comm., 107 th Congress (2002).

[141] Ver: MCHUGHEIN, Alan. *Pandora's Picnic Basket*: the potential and hazards of genetically modified foods. New York: Oxford University Press, 2000, p. 232-240.

[142] Segundo Vandana Shiva os riscos apresentados pelos transgênicos para a saúde humana e animal são: "Efeitos tóxicos ou alergênicos devidos à interação dos mesmos com genes hospedeiros; aumento do uso de inseticidas tóxicos nas culturas resistentes a esses produtos, causando doenças relacionadas a seu uso em trabalhadores agrícolas e a contaminação dos alimentos e da água potável; disseminação de genes marcadores de resistência aos antibióticos nas bactérias intestinais e em patógenos; disseminação da virulência dos patógenos entre as espécies pela transferência horizontal de genes e sua recombinação; potencial de transferência e recombinação genéticas horizontais e criação de novos vírus e bactérias patogênicos; infecção potencial de células após a ingestão de alimentos, quando pode ocorrer a regeneração de vírus ou os danos ao genoma da célula podem provocar efeitos danosos ou letais, inclusive câncer" (SHIVA, Vandana. O mundo no limite. *In*: HUTTON, Will; GIDDENS, Anthony. *No limite da racionalidade*: convivendo com o capitalismo global. Tradução Maria Beatriz de Medina. Rio de Janeiro: Record, 2004, p. 17-18).

como sinônimo de geração de alimentos, porque nos dias atuais ele é visto como gerador de riscos, e a agricultura, como referido por Beck, "se converte no reino dos venenos que ameaçam a vidas das plantas, dos animais e dos seres humanos".[143]

Talvez uma das alternativas para que se resolva o problema da constatação do elemento da incerteza científica quando da implementação do princípio da precaução esteja justamente no exemplo fornecido pelo art. 9 da Convenção-Quadro sobre Mudanças Climáticas da ONU, que criou um corpo técnico permanente para suprir informações científicas e tecnológicas. É uma solução interessante esta que as organizações internacionais e os governos dos países podem adotar para a constatação exata da incerteza científica com a criação de uma comissão específica, plural e especializada para tal desiderato.

A vantagem da criação de uma comissão dessa ordem é justamente a criação de um *standard* de incerteza científica, para que a constatação desta não fique a critério de uma análise puramente subjetiva do aplicador do princípio e passe a observar certos referenciais mínimos que a possam identificar como um dos elementos do princípio da precaução de forma mais segura.

1.5.2 Risco de dano

O risco de dano é um dos elementos do princípio da precaução. Ost, em *O tempo e o direito*, traça a história do risco em três etapas.[144] Em um "primeiro tempo", o da sociedade liberal do século 19, o risco assume a forma de acidente: acontecimento exterior e imprevisto, álea, golpe da sorte, ele é simultaneamente individual e repentino. Nos melhores dos casos, pode-se preveni-lo. Diante desse risco-acidente, a noção é retroativa curativa (indenização posterior ao dano), ou prudentemente prospectiva (segurança individual e previdência). A noção que interessa ao presente estudo é a prudentemente prospectiva.

Em um "segundo tempo" da história do risco, ocorre a emergência da noção de prevenção. Esta é entendida como uma atitude coletiva, racional e voluntarista, que se propõe a reduzir a probabilidade da chegada e da gravidade do risco – um risco doravante objetivo e

---

[143] BECK, Ulrich. *La Sociedad del Riesgo*: Hacia una Nueva Modernidad. Barcelona: Surcos, 2006, p. 112.
[144] OST, François. *Le Temps du Droit*. Paris: Editions Odile Jacob, 1999, p. 324-5.

mensurável. Situa o autor esse segundo tempo do risco no início do século 20, quando são lançadas as bases do Estado Social e da sociedade previdenciária marcada pela prevenção de doenças (com a descoberta pasteuriana),[145] prevenção de crimes (com a política de defesa social), prevenção de acidentes (com as ciências da seguridade), prevenção da miséria e da insegurança social (com as previdências sociais).

A esse domínio científico do risco, Ost acrescenta o domínio jurídico marcado por um direito generalizado à segurança. Marco desse segundo tempo é a evolução da teoria da responsabilidade objetiva, consubstanciada na máxima de que a vítima seja indenizada por um prejuízo causado por um ator econômico ainda que não exista a prova da culpa.

O "terceiro tempo" do risco, a fase atual em que vivemos, é marcada pelo risco enorme e catastrófico, irreversível, mais ou menos previsível, que frustra nossas capacidades de prevenção e de domínio, levando desta vez a incerteza para o centro de nossos saberes e poderes. Ost cita casos emblemáticos nessa nova fase do risco como o risco sanitário do sangue contaminado, o risco alimentar causado pela "doença da vaca louca" e, também, os riscos tecnológicos causados por centrais nucleares, pelo aquecimento global e pelo buraco na camada de ozônio.[146] A esses riscos Luhmann acrescenta os indesejáveis efeitos colaterais causados pelos modernos medicamentos.[147]

Como refere Beck, em relação à sociedade de risco, que pode ser enquadrada neste terceiro tempo:

> Sin embargo, los riesgos no se esgotan en consecuencias y daños que ya han tenido lugar, sino que contienen esencialmente un componente futuro. Este reposa tanto en la prolongación al futuro de los daños ya visibles como en una pérdida general de confianza o en la suposición de un fortalecimiento del riesgo.[148]

Em relação a esse "terceiro tempo" marcado pelo risco enorme e catastrófico, Sunstein propõe, alternativamente ao princípio da precaução, o princípio anticatástrofe direcionado a autoridades que

---

[145] EWALD, François. Philosophie de la Précaution. *L'Année Sociologique*, Paris, v. 46, n. 2, p. 42, 1996.
[146] OST, François. *Le Temps du Droit*. Paris: Editions Odile Jacob, 1999, p. 324-325.
[147] LUHMANN, Niklas. *Risk*: a Sociological Theory. Berlin: Suhrkamp, 1993, p. 25.
[148] BECK, Ulrich. *La Sociedad del Riesgo*: Hacia una Nueva Modernidad. Barcelona: Surcos, 2006, p. 48.

atuam causando alguma forma de risco.[149] O princípio substitutivo proposto por Sunstein em *Laws of Fears* está embasado em uma análise de custo-benefício em face de riscos mais sérios proporcionados por condições de incerteza.

Posteriormente, Sunstein, em *Worst-Case Scenarios*, apresentou uma nova versão, segundo ele mais usual, do princípio da precaução intitulada de *Catastrophic Harm Precautionary Principle*.[150] Nessa versão, o princípio da precaução deve ser aplicado apenas nos casos da possibilidade de danos catastróficos, após a análise da sua magnitude e da sua probabilidade, em uma expectativa de valor, que pode ser entendida pela necessária análise do custo-benefício.

Em relação ao princípio anticatástrofe, observa-se que o professor da Universidade de Harvard aborda com mais ênfase no novel *Catastrophic Harm Precautionary Principle* a magnitude e a probabilidade do dano, mantendo a ênfase na análise do custo-benefício da medida precautória a ser tomada.

Todavia as versões do princípio da precaução propostas por Sunstein não oferecem, ao contrário do princípio da precaução já definido e conceituado neste livro, elementos consistentes e bem definidos, tornando-se insuficientes. Não definem o que seja o risco de uma catástrofe com exatidão, não formulam parâmetros de aplicação e não referem exatamente qual a "incerteza" que determinaria a sua implementação. Parece que, no fundo, Sunstein pretende apenas aplicar o princípio da precaução, com outro nome, em situações extremas.

Além disso, observa-se que o risco de uma catástrofe não pode ser identificado com facilidade como na proposição de Sunstein que neste ponto é ingênua. Exemplo disso é o furacão Katrina, que foi uma mera tempestade tropical categoria 1 quando atingiu a Flórida, na manhã de 26.8.2005, passou então pelas águas do Golfo do México, que estavam excepcionalmente quentes e transformou-se rapidamente em uma tempestade gigantesca que atingiu New Orleans matando milhares de pessoas[151] em poucas horas.

---

[149] SUNSTEIN, Cass. *Laws of Fear*: Beyond the Precautionary Principle. New York: Cambridge Press, 2005, p. 109.

[150] Para Sunstein "A Catastrophic Harm Precautionary Principle is far more useful. In its mos modest form, that principle calls for close attention to both the magnitude and the probability of harm and hence to expected value" (SUNSTEIN, Cass. *Worst-Case Scenarios*. Cambridge: Harvard University Press, 2007, p. 279).

[151] GORE, Albert. *An Inconvenient Truth*. Emmaus: Rodale Books, 2006, p. 94.

A abordagem do princípio da precaução deve ser feita no sentido de que, é um instrumento de gestão de riscos tendente a evitar o dano. Todavia, em determinados casos, o princípio pode ser aplicado para evitar que o dano já ocorrido continue a gerar consequências. Felizmente, Sunstein, nos últimos anos, reviu, com a humildade característica dos grandes juristas, a sua posição inicial e tem defendido a humanização do Estado Regulatório e do procedimento da análise do custo-benefício como se verá, com mais detalhes, no tópico 2.3 desta obra.

Pode-se observar que o dano sempre ocorrerá posteriormente à análise equivocada acerca do cabimento da aplicação do princípio, ou, ainda, na ausência de análise do risco potencial. Este último, por sinal, é um típico caso de omissão do gestor dos riscos. Leme Machado assinala que, em caso de dúvida ou de incerteza, "também se deve agir prevenindo. Esta é a grande inovação do princípio da precaução. A dúvida científica, expressa com argumentos razoáveis, não dispensa a prevenção".[152]

De fato, um dos principais objetivos de um sistema de proteção ao ambiente ou à saúde pública eficiente é a obtenção de mais informações sobre riscos potenciais – informação que inclui uma compreensão sobre a probabilidade de dano. Em algumas circunstâncias, adquirir informação é muito melhor do que responder à pior das hipóteses, ao menos quando a resposta cria, por si mesma, perigos tanto no domínio da incerteza quanto do risco.[153]

A partir da análise de precedentes da justiça australiana, Giraud delimita noção de risco, irreversibilidade-gravidade do dano e incerteza científica, assim como a ligação entre esses elementos na aferição da aplicação do princípio da precaução. No que concerne ao risco de dano irreversível, a constatação paradoxal quanto à certeza de irreversibilidade e incerteza de irreversibilidade atribui uma feição subjetiva à apreciação da irreversibilidade. O mesmo ocorre em relação à noção de gravidade do dano. No que tange ao direito ambiental, existem precedentes no direito internacional associando, por exemplo, o cálculo do grau de gravidade aos diferentes níveis de proteção das espécies ameaçadas de extinção, ou diferentes níveis de regulamentação para rejeitar o descarte de substâncias tóxicas na água.[154]

---

[152] MACHADO, Paulo Afonso Leme. O princípio da precaução e o direito ambiental. *Revista de Direitos Difusos*, São Paulo, v. 8, p. 1081-1084, ago. 2001.

[153] SUNSTEIN, Cass. Para além do princípio da precaução. *Interesse Público*, Sapucaia do Sul, v. 8, n. 37, p. 119-171, maio/jun. 2006.

[154] GIRAUD, Catherine. Le Droit et le Príncipe de Précaution: Leçons d'Australie. *Revue Juridique de L'environnemen*, n. 1, p. 15-16, 1997.

Sadeleer refere que "a OMC manifestou-se acerca do princípio da precaução quando da apreciação do caso do embargo proposto pela Austrália sobre os salmões provenientes do Canadá".[155] O embargo australiano foi baseado em uma avaliação de riscos cujo rigor era duvidoso. Assim, "o risco avaliado no quadro de um procedimento de avaliação dos riscos deve ser um risco verificável".[156] No mesmo sentido, nos casos dos hormônios da carne importada pela União Europeia dos Estados Unidos e da importação de salmão pela Austrália, o órgão de apelação da OMC referiu que "é necessário lembrar que o risco deve apresentar uma certa consistência para que o cálculo de um risco teórico continue excluído".[157]

A definição de risco, por sua vez, faz com que a aplicação do princípio da precaução trabalhe com um futuro quantificado por probabilidades calculadas. O risco sobressai da combinação entre a incerteza científica e a probabilidade de superveniência de um evento de consequências graves, ou a plausibilidade da ocorrência de dano. Contra a argumentação acerca da necessidade de delimitação dos contornos das condições de aplicação do princípio da precaução pela Administração, não se pode olvidar a existência de uma margem de discricionariedade deixada aos administradores ou juízes.[158]

Essa margem de discricionariedade é necessária à Administração e deve ser compreendida pelo Judiciário, sob pena de ineficiência. Por vezes, e justamente, é da essência do princípio da precaução a adoção de medidas imediatas para evitar risco de dano.[159] Tal, contudo, não se traduz em ameaça à segurança jurídica, nem constitui retorno ao casuísmo e subjetivismo daqueles possuidores do poder de decisão, pois toda tomada de posição deve ser necessariamente fundamentada.

---

[155] SADELEER, Nicolas de. O estatuto do princípio da precaução no direito internacional. *In:* PLATIAU, Ana Flávia Barros; VARELLA, Marcelo Dias (Org.). *Princípio da precaução.* Belo Horizonte: Del Rey, 2004, p. 65.

[156] Relatório do órgão de apelação da OMC, no caso do salmão importado pela Austrália, WT/DS18/AB/R, 1998.

[157] SADELEER, Nicolas de. O estatuto do princípio da precaução no direito internacional. *In:* PLATIAU, Ana Flávia Barros; VARELLA, Marcelo Dias (Org.). *Princípio da precaução.* Belo Horizonte: Del Rey, 2004, p. 67.

[158] SADELEER, Nicolas de. O estatuto do princípio da precaução no direito internacional. *In:* PLATIAU, Ana Flávia Barros; VARELLA, Marcelo Dias (Org.). *Princípio da precaução.* Belo Horizonte: Del Rey, 2004, p. 67.

[159] Ver: SANTILLO, David; JOHNSTON, Paul; STRINGER, Ruth. The Precautionary Principle in Practice: a Mandate for Anticipatory Preventive Action. *In:* RAFFENSPERGER, Carolyn; TICKNER, Joel. *Protecting Public Health and the Environment*: Implementing the Precautionary Principle. Washington: Island Press, 1999, p. 36-50.

Dessa fundamentação se pode extrair os diferentes pesos atribuídos a cada circunstância levada em conta no processo de argumentação jurídica. Logo, faz-se necessário que esteja clara a motivação da decisão, notadamente quanto aos parâmetros de medida do impacto de determinada ação potencialmente lesiva, assim como dos riscos e níveis aceitáveis de probabilidade de superveniência de eventos suscetíveis de gerar consequências nefastas sobre o meio ambiente.

Acerca dos riscos de dano, pode-se observar a problemática entre a divergência que ocorre comumente entre os técnicos, com conhecimento científico, e as pessoas comuns.[160] Margoulis refere que os especialistas discordam das pessoas comuns na análise dos riscos porque os analisam juntamente com os benefícios associados, enquanto as pessoas comuns tendem a prestar atenção apenas nos riscos.[161]

Existem riscos menores que são negligenciados pelas pessoas em detrimento de outros mais significativos.[162] Observa-se que o aquecimento global para muitos é menos temido do que simples viagens aéreas,[163] quando se sabe que o risco de acidentes aéreos é notoriamente mais reduzido do que os riscos do aquecimento global.

De outra banda, o gerenciamento de riscos envolve também questões culturais e locais. Entre as questões culturais, temos o exemplo das nações europeias que têm adotado o princípio da precaução em relação aos alimentos geneticamente modificados, enquanto os Estados Unidos, praticamente ignorando esse risco, preocupam-se mais em regular os riscos de produtos cancerígenos adicionados aos alimentos.[164]

Entre as questões locais e estatísticas, temos o exemplo do Brasil. O povo brasileiro receia mais o risco de assalto à mão armada nos grandes centros urbanos, em face da desigualdade econômica e social,[165] do que os Estados Unidos que, por outro lado, se preocupam,

---

[160] SLOVIC, Paul. *Perception of Risk*. London: Earthscan, 2000, p. 219-223.
[161] MARGOULIS, Howard. *Dealing With Risk*. Chicago: Chicago University Press, 1996, p. 99-119.
[162] Sobre o equívoco da consideração de riscos menores e a desconsideração de riscos maiores, ver: SUNSTEIN, Cass. *Worst-Case Scenarios*. Cambridge: Harvard University Press, 2007, p. 279.
[163] SUNSTEIN, Cass. Para além do princípio da precaução. *Interesse Público*, Sapucaia do Sul, v. 8, n. 37, p. 119-171, maio/jun. 2006.
[164] GILLAND, Tony. Precaution. GM Crops and Farmland Birds. *In:* MORRIS, Julian. *Rething Risk and the Precautionary Principle*. Oxford: Butterworth-Heinemann, 2000, p. 60-63.
[165] Beck refere que os riscos de danos são repartidos desigualmente e que ocorrem especialmente e com maior incidência junto às populações de baixa renda (BECK, Ulrich. *La Sociedad del Riesgo*: Hacia una Nueva Modernidad. Barcelona: Surcos, 2006, p. 50).

ao contrário do Brasil, com a regulação de riscos contra atentados terroristas, em face de sua política internacional, e de episódios como o 11.09, em que as torres gêmeas do *World Trade Center* foram destruídas, matando milhares de pessoas.

No Brasil existe o temor, de forma justificada,[166] em grande escala, dos acidentes de veículos, levando em consideração que temos uma malha ferroviária insuficiente e um transporte marítimo e fluvial quase nulo, sobrecarregando as nossas precárias rodovias. Os alemães, por outro lado, com as suas rodovias muito mais seguras do que as nossas, encaram o risco de acidente rodoviário por um juízo de probabilidade reduzido.

Segundo Beck, o mero risco pode converter-se em um dano irreversível, e os riscos causados pela modernização se instalam por causas sistemáticas que coincidem com o progresso e a ganância.[167] É de se concordar parcialmente com a referida assertiva tendo em vista que é intuitivo que toda a atividade proposta causadora de risco visa ao lucro na maioria das vezes ou é mera consequência do progresso. Por outro lado, não se pode confundir toda e qualquer atividade da livre iniciativa como atividade motivada pela ganância, pelo simples fato de que o lucro e a mais valia fazem parte do sistema capitalista em que estamos inseridos.

O risco de dano, como elemento integrante do princípio da precaução, deve ser avaliado pelos governos e particulares, mediante uma prudente análise de gestão de riscos, sempre na perspectiva de se evitarem prejuízos à saúde pública e ao meio ambiente. Por consequência, o princípio da precaução apenas pode ser aplicado por meio de uma racional avaliação do risco de dano sem desconsiderar o cotejo entre o risco e o benefício da medida a ser adotada.

1.5.3 Inversão do ônus da prova

O princípio da precaução traz a inversão do ônus da prova como um dos seus elementos que deve ser procedido contra aquele

---

[166] O número de mortes provocadas por acidente de trânsito no Brasil cresceu 20,8% no período entre 1994 e 2004. Já o número de óbitos decorrentes desta causa passou de 29.527, em 1994, para 35.674, em 2004, ficando acima do crescimento populacional do país, no mesmo período, que foi de 16,5%. Disponível em: http://www.abramet.org/informacoes/noticiasVer.asp?id=144. Acesso em: 24 jan. 2008.
[167] BECK, Ulrich. *La Sociedad del Riesgo*: Hacia Una Nueva Modernidad. Barcelona: Surcos, 2006, p. 57.

que propõe a atividade potencialmente danosa. O ônus, em verdade, não pode ser de a sociedade provar que determinada atividade causa riscos de danos e é potencialmente danosa, pois a coletividade não está a lucrar com ela e, sim, o provável poluidor. É de se observar que, como assinalado por Sands, antes de se ter a exata dimensão do princípio da precaução,[168] a lei de proteção ambiental sueca, de 1969, já impunha a inversão do ônus da prova, quando estivessem em pauta atividades potencialmente danosas ao meio ambiente.

Wolfrum, por sua vez, refere que "o princípio da precaução, no Direito Ambiental Internacional, reflete a necessidade de tomar decisões relacionadas ao meio ambiente diante da incerteza científica sobre o potencial dano futuro de determinada atividade". Persiste o referido autor sustentando que, no plano internacional, "não existe consenso sobre todas as consequências da continuidade da implementação deste princípio, exceto sobre a inversão do ônus da prova". Nesse sentido, "cada entidade ou Estado interessado em empreender ou continuar determinada atividade deve provar que ela não resultará em prejuízos, em vez de se ter que provar que haverá danos ambientais".[169]

É necessário referir que o princípio da precaução impõe a inversão do ônus da prova contra o proponente da atividade potencialmente lesiva, em importantes documentos legais, como previsto na Declaração de Wingspread[170] e na *Final Declaration of the First "Seas at risk" Conference*, realizada em Copenhague em 1994.[171] Na decisão 89/1, da Comissão de Oslo, de 14.6.1989, foi decidido que, antes de se realizarem atividades que despejassem lixo no mar, deveria ser demonstrada pelo praticante da atividade a inocuidade da atitude ao ecossistema.[172]

---

[168] SANDS, Philippe. The Precautionary Principle: a European Perspective. *Transnational Environmental Law*, The Hague, Boston/London, p. 129-134, 1999.

[169] WOLFRUM, Rüdiger. O princípio da precaução. *In:* PLATIAU, Ana Flávia Barros; VARELLA, Marcelo Dias (Org.). *Princípio da precaução*. Belo Horizonte: Del Rey, 2004, p. 25.

[170] Raffensperger e Tickner mencionam que na Declaração de Wingspread houve previsão da inversão do ônus da prova contra o proponente da atividade poluente (RAFFENSPERGER, Carolyn; TICKNER, Joel (Org.). *Protecting Public Health and the Environment*: Implementing the Precautionary Principle. Washington: Island Press, 1999, p. 353-354).

[171] "3. The burden of proof is shifted from the regulator to the person or persons responsible for the potentially harmful activity, who will now have to demonstrate that their actions are not/will not cause harm to the environment".

[172] "The dumping of industrial wastes in the North Sea shall cease [...] except for those industrial wastes for wich it can be show [...] both that there are no practical alternatives on land and that the materials cause no harm to the marine environment".

A par de alguma divergência doutrinária sobre a inversão do ônus da prova referente ao risco de dano, esse elemento, também, deve ser entendido como decorrente de uma interpretação extensiva do princípio da precaução. A consistência desta assertiva está no fato de o interessado na prática de determinado ato, considerado potencialmente lesivo, ter a obrigação de provar que sua ação não resultará em risco de dano ao meio ambiente, pelos meios apropriados, tais como estudo de impacto ambiental, estudo dos riscos e autorização preliminar para a prática de certas atividades.[173]

Refere Marchisio que "o princípio da precaução é baseado na inversão do ônus da prova e que para não adotar medidas preventivas é necessário demonstrar que certa atividade não causa danos irreversíveis ao meio ambiente".[174] São propostas por Cranor, em artigo, diversas ideias acerca do conteúdo do princípio da precaução, justamente no sentido de se alterarem as visões tradicionais do ônus da prova nas mais diversas jurisdições de modo a facilitar a proteção do meio ambiente e da saúde humana.[175] Os governos, segundo o referido autor, devem exigir que os propositores da atividade demonstrem que os possíveis danos não deverão ocorrer, pois são esses proponentes da atividade que possuem maiores informações acerca do risco da atividade.[176]

No mesmo sentido, se aqueles que contribuem para o risco não demonstrarem que suas ações não causarão danos, o efeito legal dessa omissão é que eles devem mudar as suas ações para, por exemplo, não produzirem poluentes ou não exporem a saúde humana ou os sistemas ecológicos a substâncias danosas ou a ações questionáveis.[177] É referido

---

[173] GIRAUD, Catherine. Le Droit et le Príncipe de Précaution: Leçons d'Australie. *Revue Juridique de L'Environnemen*, n. 1, p. 15, 1997.

[174] MARCHISIO, Sérgio. Gli Atti di Rio nel Diritto Internazionale. *Rivista di Diritto Internazionale*, Milano, n. 3, p. 581-621, 1992.

[175] "I discuss several ideas in the spirit of the Precautionary Principle for changing the burdens and standards of proof in different legal venues in order to facilitate protection of the envorinment and human health" (CRANOR, Carl. Asymmetric Information, the Precautionary Principle, and Burdens of Proof. *In*: RAFFENSPERGER, Carolyn; TICKNER, Joel. *Protecting Public Health and the Environment*: Implementing the Precautionary Principle. Washington: Island Press, 1999, p. 75).

[176] CRANOR, Carl. Asymmetric Information, the Precautionary Principle, and Burdens of Proof. *In*: RAFFENSPERGER, Carolyn; TICKNER, Joel. *Protecting Public Health and the Environment*: Implementing the Precautionary Principle. Washington: Island Press, 1999, p. 75.

[177] Para Cranor, "Is such contributors cannot show that their actions would not cause serious damage, the legasl effect would be that they must change their actions (e.g. not produce a pollutant or not expose humans or ecological sytems to the harmful substances or actions in question)" (CRANOR, Carl. Asymmetric Information, the Precautionary Principle, and

o exemplo da Suécia como modelo de apreciação da prova, reduzindo a necessidade de prova exaustiva do risco de dano e da incerteza científica, para a implementação do princípio da precaução na busca da redução dos danos à saúde pública e ao meio ambiente.[178] Observa-se no direito norte-americano uma nítida tendência, doutrinária, da implementação do princípio da precaução com a inversão do ônus da prova. Cranor vai mais além e não deixa de criticar o sistema legal americano que deve buscar mais a implementação do princípio da precaução no sentido de se evitar o risco de dano à saúde pública e ao meio ambiente.[179]

Segundo Sands:

> Sob a ótica tradicional, atualmente, encontra-se na pessoa contrária a uma determinada atividade a obrigação de provar que essa atividade causa ou pode causar danos ambientais. Um novo enfoque, apoiado pelo princípio da precaução, tenderia a inverter o ônus da prova e exigiria que pessoas que desejam realizar uma atividade provem que ela não causará danos ao meio ambiente. Esta interpretação exigiria que os poluidores e Estados poluidores estabelecessem que suas atividades e a liberação de determinadas substâncias não afetariam adversa ou significativamente o meio ambiente, antes da concessão do direito de liberar substâncias poluidoras ou realizar a atividade proposta.[180]

Refere Wolfrum que, procedimentalmente, o princípio da precaução impõe, sobre aqueles que desejam empreender uma ação, o ônus da prova de que ela não prejudicará o ambiente. Assinala que a Resolução da Assembleia Geral das Nações Unidas sobre pesca em larga escala em mar aberto, e seu impacto sobre recursos marinhos vivos, pode ser considerada uma aplicação do princípio da precaução e inverte o ônus da prova nas atividades de pesca.[181]

Burdens of Proof. *In:* RAFFENSPERGER, Carolyn; TICKNER, Joel. *Protecting Public Health and the Environment*: Implementing the Precautionary Principle. Washington: Island Press, 1999, p. 86).

[178] CRANOR, Carl. Asymmetric Information, the Precautionary Principle, and Burdens of Proof. *In:* RAFFENSPERGER, Carolyn; TICKNER, Joel. *Protecting Public Health and the Environment*: Implementing the Precautionary Principle. Washington: Island Press, 1999, p. 95.

[179] CRANOR, Carl. Asymmetric Information, the Precautionary Principle, and Burdens of Proof. *In:* RAFFENSPERGER, Carolyn; TICKNER, Joel. *Protecting Public Health and the Environment*: Implementing the Precautionary Principle. Washington: Island Press, 1999, p. 96.

[180] SANDS, Philippe. O princípio da precaução. *In:* PLATIAU, Ana Flávia Barros; VARELLA, Marcelo Dias (Org.). *Princípio da precaução*. Belo Horizonte: Del Rey, 2004, p. 37.

[181] WOLFRUM, Rüdiger. O princípio da precaução. *In:* PLATIAU, Ana Flávia Barros; VARELLA, Marcelo Dias (Org.). *Princípio da precaução*. Belo Horizonte: Del Rey, 2004, p. 18.

Caso paradigmático no plano internacional envolvendo a inversão do ônus da prova, na aplicação do princípio da precaução, foi a petição da Nova Zelândia à Corte Internacional de Justiça requerendo que a França provasse que os testes nucleares por ela realizados não aumentariam o risco de dano ambiental. Agiram como intervenientes nesta contenda, invocando também o princípio da precaução, Austrália, Micronésia, Ilhas Marschall, Samoa e Ilhas Salomão, preocupadas com os danos causados pelos testes nucleares franceses.[182]

A Corte, ao apreciar o caso, não fez referência à inversão do ônus da prova em sua decisão, e não impediu a França de realizar os referidos testes. Todavia é importante ressaltar a discordância do Juiz Weeramantry que apontou "que a evolução do princípio encontraria dificuldades causadas pelo fato de a informação poder estar nas mãos da parte causadora do risco de dano" e, por outro lado, "a inversão do ônus da prova estar ganhando um crescente apoio por fazer parte do Direito Ambiental Internacional".[183]

A inversão do ônus da prova tem especial relevância nos países de terceiro mundo em que as partes vítimas dos danos ao ambiente e à saúde pública têm menos condições de demonstrar efetivamente o potencial nocivo do empreendimento proposto. Beck faz uma observação no sentido de que as indústrias de risco se mudaram para os países de baixa renda e que há uma forte atração entre a pobreza extrema e o risco extremo. Neste sentido:

> Las industrias con riesgo se han trasladado a os países de sueldos bajos. Esto no es causalidad. Hay una fuerza de atracción sistemática entre la pobreza extrema y los riesgos extremos. En la estación de maniobra del reparto de los riesgos son especialmente apreciadas las paradas en provincias subdesarrolladas.[184]

Não pode, contudo, ser desprezada a inversão do ônus da prova nos países desenvolvidos, tendo em vista que eles importam alimentos a baixo custo dos países em desenvolvimento, onde os riscos de danos são maiores. Beck refere que essa relação de risco possui um "efeito bumerangue":

---

[182] Pedido da Nova Zelândia, parágrafo 105. Ver também ICJCR/95/20, pp. 20-1, 36-8 Pedido da Nova Zelândia, parágrafo 105.
[183] SANDS, Philippe. O princípio da precaução. In: PLATIAU, Ana Flávia Barros; VARELLA, Marcelo Dias (Org.). *Princípio da precaução*. Belo Horizonte: Del Rey, 2004. p.37.
[184] BECK, Ulrich. *La Sociedad del Riesgo*: Hacia una Nueva modernidad. Barcelona: Surcos, 2006, p. 59.

Pero, a diferencia de la pobreza, la pauperización por riesgos del Tercer Mundo es contagiosa para los ricos. La potenciación de los riesgos hace que la sociedad mundial se convierta en una comunidad de peligros. El efecto bumerang afecta también a los países ricos, que se han quitado de encima los riesgos, pero importan a buen precio los alimentos. Con las frutas, el cação, el forraje, las hojas de té, etc., los pesticidas vuelven a su patria industrializada.[185]

A inversão do ônus da prova, como elemento integrante do princípio da precaução, é justamente o propiciador da implementação do princípio na prática: pela aplicação da inversão do ônus da prova, o ente propositor da atividade de risco, se quiser implementá-la, terá de provar que ela não causará qualquer risco à saúde pública ou ao meio ambiente. Por consequência, se esta prova não for feita, a atividade não poderá ser implementada em face da aplicação do princípio da precaução.

De modo inovador e positivo no direito brasileiro, o egrégio Superior Tribunal de Justiça vem aplicando, como um dos elementos do princípio da precaução, a inversão do ônus da prova processual contra o suposto poluidor/predador para que ele demonstre que a sua atividade não causa danos ao meio ambiente. Com efeito, por possuir melhores informações acerca da ação supostamente perigosa e ser o causador de riscos por sua atividade, deve o empreendedor comprovar que o meio ambiente e a coletividade não estão sujeitos a riscos ou a ameaças de dano. Nesse sentido, a jurisprudência tem entendido como aplicável o art. 6º, inc. VIII, da Lei nº 8.078/90 em casos concretos[186] envolvendo matéria ambiental, visto que os direitos metaindividuais são tutelados por um complexo de normas processuais componentes de um microssistema que engloba as leis nºs 4.717/65, 7.385/85 e 8.078/90.[187]

É evidente, contudo, que a inversão do ônus da prova deve ser aplicada pelo Poder Judiciário e pelo Administrador Público de forma proporcional, não exigindo a produção de prova diabólica por parte do proponente da atividade, pois a busca do risco zero é uma utopia

---

[185] BECK, Ulrich. *La Sociedad del Riesgo*: Hacia una Nueva Modernidad. Barcelona: Surcos, 2006, p. 59.
[186] BRASIL. Superior Tribunal de Justiça. Agaresp n. 206748. Relator: Ministro Ricardo Villas Boas Cueva. *Diário da Justiça da União*, Brasília, DF, 27 mar. 2013. Disponível em: http://stj.jusbrasil.com.br/jurisprudencia. Acesso em: 2 nov. 2014.
[187] BRASIL. Superior Tribunal de Justiça. Recurso Especial n. 200400011479. Relator: Ministro Luiz Fux. *Diário da Justiça da União*, Brasília, DF, 31 ago. 2006. Disponível em: http://stj.jusbrasil.com.br/jurisprudencia. Acesso em: 2 nov. 2014.

inatingível, e os empreendimentos não podem ser inviabilizados na sua origem, sob pena de perda de importantes benefícios ao ser humano, seja no campo da proteção do meio ambiente, seja no campo da saúde pública.

PRINCÍPIO DA PRECAUÇÃO: CAUSALIDADE E CRÍTICA

2.1 Causalidade e o princípio da precaução

O nexo de causalidade que se estabelece entre os riscos e os efeitos nocivos atuais ou potenciais e o sistema de produção industrial, como refere Beck, "abre[m] uma pluralidade quase infinita de interpretações individuais". Em verdade, "se pode colocar tudo como parte da relação causal, desde que se coloque a modernização como causa e o dano como efeito secundário".[188]

Por esse prisma, observa-se que o princípio da precaução está intimamente ligado ao nexo de causalidade do dano. É um instrumento que deve ser manejado para evitar que o nexo causal chegue ao seu fim, causando o dano. De outra, banda, se o princípio da precaução não for aplicado, ou for aplicado com excesso ou inoperância, o dano incerto poderá vir a ocorrer gerando no caso do Estado o dever de reparar o dano.

As convenções internacionais que abordam o princípio da precaução fazem o vínculo necessário entre a aplicação do princípio da precaução e a relação de causalidade.[189] Segundo a Convenção para a Proteção do Meio Marinho do Mar Báltico, de 1992, o princípio da

---

[188] BECK, Ulrich. *La Sociedad del Riesgo*: Hacia una Nueva Modernidad. Barcelona: Surcos, 2006, p. 59.
[189] Convenção aberta à assinatura em Paris, em 22.9.1992, *Recueil International de Législation Sanitaire*, Genebra, Organization Mondiale de la Santé, v. 44, n. 1, 1993. Disponível em: http://www.who.int. Acesso em: 20 fev. 2008.

precaução deve ser aplicado mesmo quando a relação de causalidade entre as causas e os efeitos não estejam estabelecidas, nestes termos:

> Art. 3º As partes contratantes aplicam o princípio da precaução, que consiste em tomar medidas preventivas desde quando há fundamento para pensar que as substâncias ou as energias introduzidas, direta ou indiretamente, no meio marinho podem colocar em perigo a saúde humana, prejudicar os recursos biológicos e os ecossistemas marinhos, acarretar danos às qualidades de sítios ou dificultar outras utilizações legítimas do mar, mesmo quando a relação de causalidade entre as causas e os efeitos não estejam estabelecidas.[190]

Nesse sentido, a Declaração Ministerial da Segunda Conferência Internacional de Proteção do Mar do Norte, realizada em Londres, em 1987, dispõe:

> Aceitando que com o objetivo de proteger o Mar do Norte de possíveis eventos danosos das substâncias mais perigosas à adoção de precaução é necessária, a qual pode demandar ações para controlar a liberação de tais substâncias mesmo antes que um nexo causal tenha sido estabelecido por evidências científicas plenamente claras.[191]

Assim, quando a relação de causa e efeito não esteja provada, o princípio da precaução deve ser aplicado para que sejam evitados riscos de danos ao meio ambiente e à saúde pública. Para melhor compreensão do tema, será abordado o princípio da precaução em relação à causalidade natural em um primeiro momento e, posteriormente, em relação à causalidade jurídica.

2.1.1 Causalidade natural e o princípio da precaução

É de se observar que os resultados danosos ao meio ambiente e à saúde pública são causados sempre por uma ação ou omissão. O resultado danoso pressupõe uma causa natural que deve ser verificada e

---

[190] Convenção aberta à assinatura em Helsinque, em 9.4.1992, *Recueil International de Législation Sanitaire*, Genebra, Organization Mondiale de la Santé, v. 45, n. 1, 1994. Disponível em: http://www.who.int. Acesso em: 20 fev. 2008.
[191] Segunda Conferência Internacional de Proteção do Mar do Norte: Declaração Ministerial Pedindo por Redução da Poluição, nov. 25, 1987, art. VII, 27 I.L.M. 835, 838 (1988).

evitada pelo particular ou pelo Estado mediante a aplicação do princípio da precaução.

Acerca desta análise de precaução, sempre indissociável do fator tempo e da velocidade, é que deve ser avaliada a causalidade natural. A causalidade natural é enfocada precisamente por Kelsen em suas obras *Teoria pura do direito*[192] e *O que é justiça?*[193] A ideia de uma lei universal da natureza se liberta do seu modelo elencado pelas normas dos grupos humanos. A norma, ou seja, a lei do Estado, e a causalidade, lei da natureza, se fazem distintas.

A causa, na condição de motor, ou mola propulsora, considerada de um modo personalista, põe algo em movimento intencionalmente. Assim, se as coisas devem ser iguais em natureza, há uma relação de causa e efeito. A noção moderna de causalidade está estabelecida em princípio nos escritos dos atomistas, Leucipo e Demócrito. Fundadores da ciência natural pura, eles realizam a quase completa separação da lei da causalidade do princípio da retribuição, ao eliminarem todos os elementos teológicos da interpretação da natureza e ao rejeitarem estritamente causas que são, também, fins.

Para Heráclito a lei da natureza deve ter o caráter de uma norma, que, por analogia com a norma social, garante o estado normal das coisas por meio de sanções. Para os atomistas,[194] contudo, ela deixou de ser uma norma, a expressão da vontade divina, e tornou-se a manifestação de uma necessidade objetiva impessoal.[195]

Com razão os atomistas, pois as leis naturais não podem ser vistas como leis divinas ou sobrenaturais, mas resultado de uma ação que gera consequências práticas. Deve haver, nesse ponto, um reconhecimento da necessidade, e o reconhecimento de um fenômeno de ação e reação. Segundo Aristóteles, a respeito dos atomistas, quanto à lei de causalidade: "Eles afirmam que nada acontece acidentalmente,

---

[192] KELSEN, Hans. *Pure Theory of Law*. Berkeley and Los Angeles: University of California Press, 1967.

[193] KELSEN, Hans. *What is Justice?* Berkeley and Los Angeles: University of California Press, 1957.

[194] Atomista vem de atomismo, doutrina defendida por Demócrito (Abdera, Trácia, 460 a.C.-?370 a.C.) e Epicuro (v. epicurismo), que sustenta ser a matéria formada de átomos que se agrupam em combinações casuais e por processos mecânicos (HOLANDA, Aurélio Buarque de. *Novo Dicionário Aurélio de Língua Portuguesa*. 2. ed. rev. e ampl. Rio de Janeiro: Nova Fronteira, 1986, p. 195).

[195] KELSEN, Hans. *What is Justice?* Berkeley and Los Angeles: University of California Press, 1957, p. 310.

mas que há uma causa definida para tudo que afirmamos que acontece espontânea ou acidentalmente".[196]

A física, no entanto, discorda de que o efeito deve ser igual à causa. O princípio da causalidade é bipartite. Cada causa, per si, deve ser considerada como o efeito de outra causa, e cada efeito como a causa de outro efeito, esse movimento gera uma cadeia interminável de causalidade. A causa e o efeito estão ligados diretamente e são um fenômeno indivisível. A noção moderna das leis da natureza, como leis de dependência funcional, emancipou-se do velho conceito de causalidade.

Essa mutação objetivamente significa a metamorfose da certeza absoluta para a probabilidade, com a qual sempre terá que ser confrontado o princípio da precaução em sua aplicação. É de se concordar com Kelsen, portanto, quando refere que a mera "probabilidade substitui a necessidade da formulação da lei da causalidade. A suposição de que existe uma ligação necessária entre causa e efeito é substituída pela noção de que essa ligação é apenas uma ligação provável",[197] porque o ser humano pode prever o futuro como probabilidade e não como certeza absoluta. O próprio presente pode ser explicado por meio do passado, mas apenas como probabilidade, pois o passado exatamente como foi o homem desconhece. Observa-se que a causalidade natural, marcada pelo crivo da mera probabilidade e da ausência de certeza absoluta, permite e torna necessário o manejo do princípio da precaução.[198]

Nos povos anglo-saxões, por exemplo, o direito preocupa-se com a aplicação de ideias causais, consubstanciado na linguagem dos estatutos e das decisões em casos particulares. Isso implica, em primeiro lugar, uma concepção de que a causa está fora da lei.[199] Evidentemente

---

[196] KELSEN, Hans. *What is Justice?* Berkeley and Los Angeles: University of California Press, 1957, p. 312.
[197] KELSEN, Hans. *What is Justice?* Berkeley and Los Angeles: University of California Press, 1957, p. 318.
[198] Beck refere que: "La pretensión de racionalid de las ciencias de averiguar objetivamente el contenido de riesgo del riesgo se debilita a sí misma permanentemente: por una parte, reposa em um castillo de naipes de suposiciones especulativas y se mueve exclusivamente en el marco de unas afirmaciones de probabilidad cuyas prognosis de seguridad stricto sensu ni siquiera pueden ser refutadas por accidentes reales" (BECK, Ulrich. *La Sociedad del Riesgo*: Hacia una Nueva Modernidad. Barcelona: Surcos, 2006, p. 59).
[199] Para Honoré: "Law is concerned with the application of causal ideas, embodied in the language of statutes and decisions, to particular situations. This involves, first, a conception of what a cause is outside the law. To this a variety of answers empirical (Hume) and metaphysical (Kant) have been given and each has its contemporary

essa afirmação está vinculada a uma noção de causalidade natural e não a uma noção de causalidade jurídica.[200]

À causalidade natural, portanto, o direito anglo-saxônico imputa três funções:

a) de visão de futuro;
b) de visão de olhar para trás (explicativa);
c) atributiva.

A primeira função significa especificar o que vai acontecer, e em quais estágios, se determinadas condições se apresentarem em conjunto. Esta função serve para se proporcionar receitas e fazer previsões sobre o que vai acontecer. Também retorna e está vinculada à ideia de processo causal. A função explicativa significa olhar para as condições que aconteceram antes, para melhor explicar os eventos ou estado de coisas que acontecem posteriormente. A terceira função, a atributiva, similar à imputação referida por Kelsen,[201] nada mais é do que a fixação de responsabilidade ao agente pelos resultados dos seus atos.[202] A atribuição de responsabilidade por motivos causais não é limitada ao direito. Historiadores e moralistas, por exemplo, avaliam a responsabilidade dos agentes pelos resultados políticos, sociais, econômicos ou militares do que fizeram ou do que deixaram de fazer.[203]

A causalidade natural em si está vinculada a um conceito de necessidade, ou seja, é necessária a ocorrência de uma ação ou omissão, ou de um evento da natureza, para que ocorra determinada consequência que altere o estado natural das coisas. A certeza hoje não é

---

supporters" (HONORÉ, Tony. Causation and Remoteness of Damage. *International Encyclopedia of Comparative Law*. Oxford: The Hague, 1971. v. XI).

[200] Ver, sobre o tema, HART, Herbert; HONORÉ, Tony. *Causation in the Law*. 2 ed. Oxford: Clarendon, 1985.

[201] Ver: KELSEN, Hans. *What is Justice?* Berkeley and Los Angeles: University of California Press, 1957; KELSEN, Hans. *Pure Theory of Law*. Berkeley and Los Angeles: University of California Press, 1967.

[202] Refere Honoré que "One function, perhaps fundamental, is forward-looking: that of specifying what will happen and by what stages if certain conditions are present together. This use of cause serves to provide recipes and make predictions. It also yields the idea of a causal process. Another function is backward-looking and explanatory: that of showing which earlier conditions best account for some later event or state of affairs. A third function is attributive: that of fixing the extent of responsibility of agents for the outcomes that follow on their agency or intervention in the world" (HONORÉ, Tony. Necessary and Sufficient Conditions in Tort Law. *Philosophical Foundations of Tort Law Review*, Oxford, v. 73, p. 323-410, 1985).

[203] Assinala Honoré que "Historians and moralists, for example, assess the responsibility of agents for the outcomes, political, social, economic or military of what they did or failed to do" (HONORÉ, Tony. Necessary and Sufficient Conditions in Tort Law. *Philosophical Foundations of Tort Law Review*, Oxford, v. 73, p. 323-410, 1985).

mais essencial, segundo a física, para que se determine exatamente a relação causal, mas juízos de probabilidade já podem ser utilizados em face da complexidade das ocorrências em virtudes de fatos da natureza ou de ações humanas. Assim, para averiguar-se a causa de um dano, avalia-se esse dano pelo prisma das leis da natureza. As teorias da causalidade natural procuram explicá-la a partir de dados puramente fáticos extraídos da realidade.

A ciência formou-se em torno da ideia de que a complexidade do mundo era aparente e de que os fenômenos podiam e deviam ser resultado de princípios simples e leis gerais. Todavia, como referido por Cafferatta, a partir de muitos desenvolvimentos que incluem entre outros a teoria da relatividade, da termodinâmica, da cibernética, "se está revolucionando a visão de universo e de nós mesmos e estamos assistindo a um paradigma post-newtoniano, um paradigma de complexidade".[204] Dentro desse paradigma de complexidade é que o princípio da precaução passa a ser um poderoso instrumento de gerenciamento de riscos com o objetivo fundamental de evitar o risco de dano.

Hoje em dia o tradicional cânone da física da uniformidade da natureza, que é baseado no dado de que o resultado opera da mesma maneira que o antecedente, é questionável. Atualmente, não é aceitável um determinismo causal rígido, em virtude da comprovação de que a energia se libera em saltos descontínuos e irregulares cuja origem e direção não são conhecidos. Desde o final do século passado, a ciência busca explicação em probabilidades, em virtude do rol criador do azar, fazendo a previsão como uma atividade científica que já não pode ser embasada em marcos teóricos determinísticos. Embasada nesta ideia, Ilya Prigogine ganhou o Prêmio Nobel de Química de 1977 com a obra *O fim das certezas*.[205]

Outro exemplo da nova fase da ciência é que a ciência clássica se caracteriza pelas leis, e a nova ciência caracteriza-se pelos eventos.[206]

---

[204] Cafferatta assevera que "La ciência clássica se instalo em torno de la Idea de la complejidad de mundo era aparente y que los fenómenos podían y debían ser resueltos en términos de principios simples y leyes generales, es decir que fundo sus creencias o compromisos en el paradigma de simplicidad...A partir de múltiples desarrollos que incluyen, entre otros, a la teoria de la relativid, la termodinâmica, la cibernética et..., se esta revolucionando la visión del universo y de nosotros mismos y estamos asistiendo, a la emergência de un paradigma post-newtoniano, un paradigma de complejidad" (CAFFERATTA, Néstor. *Introducción al Derecho Ambiental*. México: Instituto Nacional de Ecologia, 2004, p. 151).

[205] Ver: PRIGOGINE, Ilya. *The End of Certainty*. New York: Free Press, 1997.

[206] CAFFERATTA, Néstor. *Introducción al Derecho Ambiental*. México: Instituto Nacional de Ecologia, 2004, p. 152.

Por este prisma de uma era de incertezas, risco e probabilidade, é que deve ser visualizado o princípio da precaução.

Para a ciência clássica então a causalidade é um processo linear, e todo o fenômeno que existe no presente é resultado de um fenômeno existente no passado. Assim, todo efeito é o resultado de uma causa precedente (função explicativa da causalidade natural dos norte-americanos).[207] Em face do paradigma da complexidade, em que todos os elementos interagem desorganizando e reorganizando o sistema ao mesmo tempo, desaparece a certeza da causalidade linear. Essa causalidade é substituída pela causalidade circular, em que tanto a causa precede o efeito como o efeito precede a causa. Dessa forma se retroalimentam, transformando-se em causa de si mesmos.[208] Em função das incertezas científicas é que se estrutura o princípio da precaução, ao contrário do princípio da prevenção que se baseia em certezas científicas.

Observa-se, portanto, que a investigação do nexo causal pelos operadores do direito, cujo princípio da precaução tem por função também evitar o seu exaurimento, muitas vezes é insuficiente para uma resposta satisfatória do ordenamento que apenas poderá ser conferida pela abordagem do conceito de imputação, que impõe uma consequência única e finita.

Por exemplo, o caso de várias empresas instaladas em uma localidade que emitem gases, com níveis de toxidade e quantidade incertas, ao mesmo tempo, poluindo o ar de determinada cidade, causando danos ao meio ambiente. Desrespeitados os deveres de precaução – o dever ser –, a empresa está sujeita às sanções jurídicas da comunidade em que está inserida, muito embora não se saiba ao certo em que grau ela poluiu o meio ambiente e, *a fortiori*, qual a probabilidade de ela haver poluído o ambiente. Assim, a sanção de indenizar ou reparar o meio ambiente e os prejudicados diretos é a consequência de sua ação em um cenário de incerteza científica, mas de forte probabilidade. O que ocorre aqui é um juízo de presunção

---

[207] Ver: DAVIDSON, Donald. *Causal Relations*: Essays on Actions and Events. Oxford: Clarendon Press, 1980.

[208] Segundo Cafferatta, as possibilidades de explicação a partir de uma causalidade complexa e circular podem ganhar força a partir das seguintes possibilidades: "las mismas causas pueden conducir a efectos diferentes y/o divergentes; causas diferentes pueden conducir a los mismos efectos; pequenãs causas pueden acarrear efectos muy grandes y viceversa; lgunas causas son seguidas de efectos contrários (causalidad invertida); los efectos de causas antagônicas son inciertos" (CAFFERATTA, Néstor. *Introducción al Derecho Ambiental*. México: Instituto Nacional de Ecologia, 2004, p. 152).

de causalidade. Beck refere que "a determinação da presunção de causalidade, embutida nos riscos da modernização, adquire aqui caráter essencial".[209]

O princípio da precaução, portanto, não pode ser aplicado de forma a ignorar a relação de causa e efeito simples. Deve-se evitar a causa de risco de danos ao meio ambiente e à saúde pública mediante a aplicação do princípio da precaução analisado não pelo prisma de certeza, mas de mera probabilidade.

2.1.2 Causalidade jurídica e o princípio da precaução

O princípio da precaução guarda estreito vínculo com a causalidade jurídica. Ambos possuem relevância jurídica, ao contrário da causalidade natural, que pode não a possuir, e ser relevante apenas no mundo dos fatos e das ciências naturais. O princípio da precaução, se aplicado corretamente, pode interromper o nexo de causalidade jurídica e, consequentemente, evitar o dano injusto. Todavia, se mal aplicado, de forma excessiva ou inoperante, pode permitir que o nexo causal chegue ao seu fim causando o dano injusto.

Perales entende que a distinção entre causalidade jurídica e causalidade naturalística ou científica está no fato de que, enquanto os cientistas tendem a exigir um alto grau de prova, para admitir determinada relação de causa e efeito, o direito busca, em primeiro lugar, a partir de critérios que são próprios, encontrar o sujeito agente e imputar-lhe a responsabilidade correspondente. Todavia, ressalta que "as teorias gerais sobre o nexo de causalidade possuem um mesmo modo de abordagem do conceito de causa, que se moldam a partir de dados fáticos, obtidos pela realidade".[210]

A causalidade jurídica está diretamente relacionada com o nexo de causalidade assim como compreendido no direito. Em relação ao nexo de causalidade, propriamente dito, Demogue refere que "é preciso que esteja certo que, sem este fato o dano não teria acontecido". Assim, não basta que uma pessoa tenha contravindo a certas regras, "é preciso que sem a ocorrência desta contravenção, o dano não teria ocorrido".[211]

---

[209] BECK, Ulrich. *La Sociedad del Riesgo*: Hacia una Nueva Modernidad. Barcelona: Surcos, 2006, p. 88.

[210] PERALES, Carlos de Miguel. *La Responsabilidad Civil por Daños al Medio Ambiente*. 2. ed. Madrid: Civitas, 1997, p. 164-165.

[211] *Apud* STOCCO, Rui. *Responsabilidade civil e sua interpretação jurisprudencial*. 4. ed. rev., atual. e ampl. São Paulo: Revista dos Tribunais, 1999, p. 74.

O nexo de causalidade, desse modo, é a indispensável relação de causa e efeito para que o dano possua relevância jurídica.

O nexo causal é o elemento que faz a ligação entre a conduta e o resultado. Em face dele é que podemos concluir quem foi o causador do dano e qual a sua extensão. Ou, ainda, indo mais além, é por meio dele que podemos atribuir responsabilidade aos agentes causadores ou potenciais causadores do dano. Na origem do nexo causal, da causalidade jurídica, contudo, não se pode deslembrar que ela decorre das leis naturais, mas vai além delas na busca da solução dos fatos relevantes para o direito.

Importante ressaltar que, em alguns casos, existe uma incerteza científica quanto ao nexo de causalidade. Por exemplo, no caso de contaminação da água, existe o nexo de causalidade entre determinada substância, sabidamente despejada na água, e a contaminação produzida. Nesse aspecto, justifica-se a aplicação do princípio da precaução, porquanto se deve considerar, em matéria de prova, uma forte probabilidade acerca da existência do nexo de causalidade, ou um grau de probabilidade de causalidade, sem prova científica. Ou, ainda, é de se considerar a demonstração de um motivo para acreditar nos efeitos nefastos de determinada substância sobre o meio ambiente, que não remete à prova do liame de causalidade.[212]

A análise da causalidade, contudo, não se confunde com a verificação da culpabilidade. Para que se possa passar para a verificação da culpabilidade, em primeiro lugar, o operador do direito deve delimitar o nexo de causalidade. A relação de causalidade deve ser demonstrada para que se possa resolver o problema da reparação do dano mediante a sua imputação a determinado sujeito. A culpabilidade é a aplicação da lei em face da conduta e da intensidade, para a quantificação do grau de responsabilidade do sujeito.

O exemplo basilar de tal diferença está nos casos da responsabilidade objetiva,[213] em que a responsabilização do agente não está vinculada à culpa, mas ao risco da atividade, como na responsabilidade extracontratual do Estado, na responsabilidade por danos causados ao meio ambiente, na responsabilidade por danos causados ao consumidor, na responsabilidade causada por acidente nuclear, entre outras.

---

[212] GIRAUD, Catherine. Le Droit et le Príncipe de Précaution: Leçons d'Australie. *Revue Juridique de L'environnemen*, n. 1, p. 27, 1997.
[213] Ver: WEDY, Gabriel. Responsabilidade civil: a responsabilidade objetiva. *Direito Federal, Revista da Associação dos Juízes Federais do Brasil*, ano 23, v. 87, p. 151-86, jan./mar. 2007.

A causalidade jurídica nada tem a ver com a condição meramente propiciatória. As condições são fatores associados ao dano, são meras circunstâncias, mas não são a causa do dano. A causa do dano é qualificada por sua necessariedade, ou seja, sem ela o dano não teria ocorrido. A causa, assim, é juridicamente relevante, é uma condição qualificada do dano injusto. O princípio da precaução é um instrumento que visa a interromper o nexo causal e, por consequência, também acaba por estancar as condições meramente propiciatórias.

É importante a análise das diversas teorias do nexo causal para que se escolha entre elas a que seja mais satisfatória à reparação dos danos ao meio ambiente ou à saúde pública na hipótese de não aplicação, aplicação insuficiente ou excessiva do princípio da precaução.

Cahali,[214] ao referir-se à responsabilidade objetiva do Estado, apresenta as seguintes teorias acerca do nexo causal: (a) teoria da equivalência das condições; (b) teoria da causa próxima e da causa direta; (c) teoria da causalidade eficiente; (d) teoria negativa de Mayer; (e) teoria da causalidade típica; (f) teoria da causalidade adequada.

A teoria da equivalência das condições, que teve em Von Buri seu fundador (1860),[215] defende que todas as condições que levam a um resultado são a causa desse resultado, sejam mediatas ou imediatas. No caso de o sujeito praticar uma condição do resultado, será responsabilizado pelo resultado como um todo. Essa teoria exige uma análise subjetiva da causalidade, pois se faz necessário suprimir mentalmente um fato para avaliar se o fato consequente teria ocorrido. Assim, um fato ou fenômeno é condição do outro (condição *sine qua non*).

Ela não faz distinção entre as causas e a sua relevância para a produção do dano injusto. Em face disso, permite um grande número de causas para um mesmo evento. A aplicação pura dessa teoria acaba por gerar excessos em face de responsabilizar um número inesgotável de agentes sem qualquer critério de contenção.[216] Ocorre então uma

---

[214] CAHALI, Yussef Said. *Responsabilidade civil do Estado*. 2. ed. rev., atual. e ampl. São Paulo: Malheiros, 1995, p. 95-96.
[215] Ver: PEREIRA, Caio Mário da Silva. *Responsabilidade civil*. 8. ed. Rio de Janeiro: Forense, 1998, p. 78.
[216] Segundo Rodrigo Valga dos Santos, "O ponto fraco da teoria da equivalência das condições implica a disseminação da responsabilidade sobre um grande número de agentes, sendo esta uma das dificuldades em implementá-la concretamente, além de ampliar significativamente a corrente do nexo causal no tempo. Situação interessante é tratada na cinematografia estadunidense (O Júri): um indivíduo, sofrendo de surto psicótico, irrompe armado um escritório e mata sistematicamente a todos que encontra. Na aludida trama, uma das viúvas ingressa contra a fabricante da arma de fogo, sob

multiplicação descontrolada e desproporcional de "concausas",[217] que em verdade não passam, no máximo, de meras condições propiciatórias.

Para exemplificar, poderia responsabilizar o fabricante de um caminhão por um atropelamento, com resultado morte, decorrente exclusivamente da imprudência e negligência de um motorista que dirigia veículo em perfeitas condições, em alta velocidade e embriagado. Nesse sentido, refere a doutrina anglo-saxônica que aceitar essa teoria permitiria que um médico que falhou ao receitar um contraceptivo pudesse ser responsabilizado por um homicídio cometido pela criança nascida tempos após. Algumas consequências são remotas.[218]

A teoria da causa próxima, também chamada de teoria da causa direta, elege entre as condições de um resultado a que possui maior importância e que pode ser considerada como causa do dano. Na prática, ela escolhe a causa mais próxima cronologicamente do evento[219] que necessariamente deve ser imputado a um ou mais agentes. Todavia, para parte da doutrina, pouco importa a distância temporal entre o fato e o dano, pois o que rompe o nexo causal é o surgimento de outra causa, não o tempo.[220] Para essa teoria nem todo fator que está ligado ao dano será a sua causa, assim, nem toda condição do dano injusto será a sua causa necessária.

Para justificar a teoria dos danos diretos e imediatos surgiram as subteorias da causalidade jurídica (Mosca), a teoria de Coviello e a

---

a premissa de que tal empresa não tinha qualquer controle ou critérios na venda e na distribuição de seus armamentos a terceiros, devendo então ser responsabilizada pela morte do seu esposo. Tal caso parece bem adequar-se à aplicação da teoria da equivalência das condições na determinação do nexo causal" (SANTOS, Rodrigo Valga dos. Nexo causal e excludentes da responsabilidade extracontratual do Estado. In: FREITAS, Juarez (Org.). Responsabilidade civil do Estado. São Paulo: Malheiros, 2006, p. 275-276).

[217] Segundo Gustavo Tepedino, "A inconveniência desta teoria, logo apontada, está na desmesurada ampliação, em infinita espiral de concausas, do dever de reparar, imputado a um sem número de agentes. Afirmou-se, com fina ironia, que a fórmula tenderia a tornar cada homem responsável por todos os males que atingem a humanidade" (TEPEDINO, Gustavo. Temas de direito civil. Rio de Janeiro: Renovar, 2006. t. II).

[218] Refere Honoré: "The failure of a doctor to prescribe an effective contraceptive cannot be held to be a responsible for the death of the victim of a murder commited by the child conceived as a result of the doctor's negligence. Some consequences are too remote" (HONORÉ, Tony. Necessary and Sufficient Conditions in Tort Law. Philosophical Foundations of Tort Law Review, Oxford, v. 73, p. 323-410, 1985).

[219] Ver: CAHALI, Yussef Said. Responsabilidade civil do Estado. 2. ed. rev., atual. e ampl. São Paulo: Malheiros, 1995, p. 95-96.

[220] Ver: SANTOS, Rodrigo Valga dos. Nexo causal e excludentes da responsabilidade extracontratual do Estado. In: FREITAS, Juarez (Org.). Responsabilidade civil do Estado. São Paulo: Malheiros, 2006, p. 279.

teoria da necessariedade da causa (Dumoulin e Pothier).[221] Para a teoria da causalidade jurídica deve ser feita uma distinção entre a causa física e a causa jurídica. Apenas os atos ilícitos são causa do dano injusto, os fatos naturais e lícitos são excluídos da relação causal. Referida teoria colocada na forma como foi é insuficiente, pois não contempla os casos de responsabilidade objetiva em que mesmo os atos lícitos podem gerar a responsabilização do agente.

Segundo a teoria de Coviello, pressupondo-se pelo menos dois danos, seria necessário se verificar se a causa que deu origem ao novo dano o teria produzido, abstração feita pelo ato do devedor, autor do primeiro dano. Em sendo a resposta positiva o nexo seria rompido. Como noticiado por Cruz, "os críticos observaram ser difícil chegar à conclusão tão exata, pois seria necessário medir a força do evento para saber se este, por si só, seria ou não capaz de produzir o dano".[222] É de se concordar com a doutrina[223] que defende que a subteoria que melhor explicou a teoria dos danos diretos e imediatos foi a da necessariedade da causa, pois o dever de indenizar apenas está presente quando o dano for efeito necessário de uma causa. Ainda que o fato não seja temporalmente próximo ao dano, pode ser do ponto de vista lógico.

O mérito dessas teorias de causalidade próxima, como reconhecido no direito anglo-saxônico, está no fato de elas mesmas incorporarem razões para limitar a extensão da responsabilidade legal.[224] Assim, o nexo causal interminável referido por Kelsen, na causalidade natural, é limitado por uma causalidade próxima a ser reconhecida pelo direito.

A teoria da causalidade direta ou imediata, também conhecida como teoria da interrupção do nexo causal, está embasada no direito brasileiro na disposição do art. 403 do Código Civil.[225] Assim, os prejuízos efetivos e lucros cessantes apenas serão reparados se decorrentes

---

[221] Ver: CRUZ, Gisela Sampaio da. *O problema do nexo causal na responsabilidade civil*. Rio de Janeiro: Renovar, 2005, p. 98-99.

[222] Ver: CRUZ, Gisela Sampaio da. *O problema do nexo causal na responsabilidade civil*. Rio de Janeiro: Renovar, 2005, p. 98-99.

[223] Ver: SANTOS, Rodrigo Valga dos. Nexo causal e excludentes da responsabilidade extracontratual do Estado. In: FREITAS, Juarez (Org.). *Responsabilidade civil do Estado*. São Paulo: Malheiros, 2006, p. 279.

[224] Para Honoré, "The theories in question therefore embody reasons for limiting the extent of legal responsability" (HONORÉ, Tony. Necessary and Sufficient Conditions in Tort Law. *Philosophical Foundations of Tort Law Review*, Oxford, v. 73, p. 323-410, 1985).

[225] "Art. 403. Ainda que a inexecução resulte de dolo do devedor, as perdas e danos só incluem os prejuízos efetivos e os lucros cessantes por efeito dela direto e imediato, sem prejuízo do dispositivo na lei processual".

direta e imediatamente do dolo do devedor na inexecução do contrato. Muito embora essa inexecução tenha origem em uma legislação voltada para os contratos, ela é aplicada na responsabilidade extracontratual.[226]

Tepedino refere que no Supremo Tribunal Federal prevalece a teoria da causalidade direta e imediata, também conhecida como teoria da interrupção do nexo causal, segundo entendimento amplamente consagrado após a Constituição de 5.10.1988, e já majoritariamente adotado pela mais alta corte do país sob a égide da Constituição Federal de 1967.[227] Todavia, não é esta a posição da doutrina majoritária nos dias atuais, de acordo com Cavalieri.[228] Essa teoria, contudo, não é isenta de críticas, pois a causalidade necessária restringe a obrigação de indenizar, exigindo que uma condição, além de necessária e suficiente, seja a causa do dano.[229] Consequentemente, um fardo pesado cai sobre o operador do direito, pois este imperiosamente deve identificar a condição necessária causadora do dano injusto.

A teoria da causa eficiente fundamentalmente coloca que as condições que causam o resultado não são equivalentes. É uma resposta à teoria da equivalência das condições. É dada maior relevância a um antecedente, de forma quantitativa ou qualitativa, mediante um juízo de valor, que tem como consequência alçá-lo como a verdadeira causa do evento. Esta causa, portanto, teria um poder intrínseco de causar o dano injusto.

A teoria negativa de Meyer enfoca a partir de uma posição negativa o problema da causalidade. Essa teoria, acatando em parte a teoria da equivalência das condições, entende que, sendo toda a condição relevante, carece de importância na prática em comprovar a existência de uma relação de causalidade para o efeito de imputação das consequências. Aqui, portanto, seria necessária a análise da culpabilidade para o fim da imputação.

A teoria da causalidade típica de Beling, com relevância no direito penal, é em verdade uma negação do problema da causalidade. Seria a tipificação da ação ou da omissão relevante. Essa teoria, por certo, é incapaz de regular todas as ações e omissões causadoras de dano, por isso, é insuficiente. Com efeito, em uma sociedade de risco,

---

[226] Ver: TEPEDINO, Gustavo. *Temas de direito civil*. Rio de Janeiro: Renovar, 2006, p. 64. t. II.
[227] Ver: TEPEDINO, Gustavo. *Temas de direito civil*. Rio de Janeiro: Renovar, 2006, p. 67. t. II.
[228] CAVALIERI FILHO, Sérgio. *Programa de responsabilidade civil*. 9. ed. São Paulo: Atlas, 2010, p. 52.
[229] Ver: NORONHA, Fernando. O nexo de causalidade na responsabilidade civil. *Revista da Escola Superior da Magistratura de Santa Catarina*, v. 15, p. 125-147, jun. 2003.

a complexidade das máquinas, das indústrias, dos meios de transporte, da fabricação de alimentos e remédios, torna impossível a tipificação de todas as atividades e produtos que geram risco à saúde pública ou ao meio ambiente.

A teoria da causalidade adequada, criada pelo filósofo alemão Von Kries, no século XIX, e aperfeiçoada por Rümelin, Traeger, Enneceerus e Marty, procura identificar entre possíveis causas aquela potencialmente apta a produzir os efeitos danosos, independentemente das demais circunstâncias que, no caso concreto, operaram em favor de determinado resultado.[230]

A teoria da causalidade adequada destoa da teoria da equivalência das condições. Não basta que um fato seja condição de um resultado para que o agente seja considerado autor deste evento, toda vez que as condições não sejam equivalentes. Assim, ao apreciar determinado dano injusto, deve-se investigar se o fato que o causou era, por si só, capaz de lhe dar causa. No caso de o dano ter-se verificado não em virtude de uma causalidade, mas de circunstâncias especiais, a referida causa era inadequada para causá-lo. A investigação acerca do nexo causal reduz-se a um juízo de mera probabilidade.

As três principais teorias existentes no Brasil acerca do nexo de causalidade, entre as já citadas, são a teoria da equivalência das condições, da causalidade adequada e dos danos diretos e imediatos. Nenhuma dessas teorias consegue resolver satisfatoriamente o problema do nexo de causalidade, todavia a doutrina que é mais bem acolhida no país é a dos danos diretos e imediatos.[231]

Ao analisar a jurisprudência nacional, Tepedino procura uma fórmula para resolver o problema mediante três perguntas.[232] É de

---

[230] Ver: TEPEDINO, Gustavo. *Temas de direito civil*. Rio de Janeiro: Renovar, 2006, p. 67. t. II.
[231] Ver: SANTOS, Rodrigo Valga dos. Nexo causal e excludentes da responsabilidade extracontratual do Estado. *In:* FREITAS, Juarez (Org.). *Responsabilidade civil do Estado*. São Paulo: Malheiros, 2006, p. 290.
[232] Segundo Gustavo Tepedino, "Da análise da jurisprudência brasileira, conclui-se que, diante de uma pluralidade de causas, a investigação do magistrado realiza-se mediante três indagações: (1ª Cuida-se de causas sucessivas (uma direta e demais indiretas, que lhe deram causa) ou simultâneas (todas diretas e concorrentes)? Se todas as causas são diretas, evidenciando-se, pois, o vínculo de necessariedade de todas elas em relação ao dano, procede-se em seguida à valoração da preponderância, de modo a excluir algumas delas, ou à repartição do dever de indenizar entre os seus responsáveis, quando não se é possível estabelecer a preponderância. Em se tratando, ao revés, de causas sucessivas, pergunta-se: (2ª há necessariedade entre o conjunto de causas e o evento danoso? Se a resposta for negativa, exclui-se o dever de indenizar. Se positiva, passa-se à terceira indagação (3ª, relativamente à preponderância ou equivalência de uma ou algumas causas indiretas. Em se tratando de pluralidade de causas necessárias (concorrentes ou sucessivas), a

se entender como satisfatório o sistema adotado pelo referido autor, embora não esteja imune a falhas em face da pluralidade de causas e interação delas em especial no caso dos danos ambientais em que a adoção de uma fórmula rígida é insuficiente para propiciar a justa indenização ou reparação decorrente do evento danoso.

Como refere Benjamin, ocorrem dois problemas fundamentais em sede de causalidade nos danos ambientais: o primeiro estaria "na determinação da fonte poluidora entre as tantas possíveis fontes de poluição da mesma substância" e o segundo estaria "na dificuldade da determinação da origem do dano ambiental e/ou dos males que a vítima apresenta".[233] Observa-se, neste caso, a importância do princípio da precaução para se interromper o nexo causal mesmo nos casos de multicausalidade e de interação e sinergia de agentes poluentes.

É de se imaginar um parque industrial com 50 indústrias instalado na beira de um rio ao longo de cerca de 40 anos. Durante esse tempo muitas empresas por certo despejaram produtos químicos na água, contaminando também o solo e o ar da região. Digamos que uma ação civil pública tenha sido ajuizada para responsabilizar referidas empresas por uma mortandade maciça de peixes e de aves. A fórmula utilizada naquelas três perguntas de Tepedino, por certo, não é suficiente para responder quais são as empresas responsáveis e em que extensão.

Uma alternativa, no caso, havendo falha ou não aplicação do princípio da precaução, será a imposição da responsabilidade solidária a todas as empresas que atuam e que atuaram na região poluída[234] e,

---

solução se desloca para o critério de preponderância das causas ou, considerando-se as equivalentes, para a repartição do dever de reparar" (TEPEDINO, Gustavo. *Temas de direito civil*. Rio de Janeiro: Renovar, 2006, p. 67. t. II).

[233] Os dois problemas para Benjamin são: "1. As dificuldades na determinação da fonte poluidora entre as tantas possíveis fontes de poluição da mesma substância. Aqui, cuida-se da comprovação da relação causal entre fonte e dano (=identificação entre os vários possíveis agentes, daquele cuja ação ou omissão está em conexão com o dano). O fato de muitas dessas substâncias não serem sequer visíveis ou perceptíveis pelos sentidos comuns, o caráter sorrateiro e inconsciente da exposição e o longo período de latência, tudo contribui para que a identificação do autor seja um objetivo remoto, nem sempre podendo o autor afirmar, com certeza, onde e quando a exposição ocorreu. 2. Dificuldade de determinação da origem do dano ambiental ou dos males que a vítima apresenta. Raramente só um agente tóxico é a única fonte de um determinado dano ambiental ou doença. Nesse segundo estágio, o que se quer saber é se aquela substância ou atividade particular, previamente identificada, foi mesmo a causa efetiva do prejuízo; é a verificação do 'nexo causal entre substância perigosa ou tóxica e dano' (= identificação do *modus operandi* da causação do dano pela conduta do agente)" (BENJAMIN, Antônio Herman. Responsabilidade civil pelo dano ambiental. *Revista de Direito Ambiental*, São Paulo, ano 3, v. 9, p. 5-52, jan./mar. 1998).

[234] Segundo Paulo Affonso Leme Machado, "Num distrito industrial ou num conglomerado de indústrias pode ser difícil apontarem-se todas as fontes poluidoras que tenham causado

ainda, a invocação do princípio do poluidor-pagador sem se adotar as teorias tradicionais do nexo causal.[235] É bem verdade que aqui é de ser deixada de lado a noção de causalidade natural para a adoção de uma imputação (Kelsen)[236] calcada no princípio do poluidor-pagador,[237] para o qual todo aquele que polui é responsável solidariamente pelo dano causado.

Como referido por Caliendo em face da complexidade da poluição, em dadas circunstâncias, pode ser difícil a comprovação cabal deste nexo. Tem-se admitido então que o nexo causal pode ser entendido por presunções simples, nas quais se demonstra que, apesar de a análise dos fatos não indicar diretamente o agente produtor das consequências danosas, há a comprovação de que estes contribuíram para determinar um estado de coisas suficiente para a produção dos efeitos danosos, sem os quais o dano não teria sido verificado. A prova do nexo de causalidade, por parte do autor da ação, limita-se a demonstrar que o risco da atividade exerceu uma influência causal definitiva.[238]

É importante referir que os fenômenos ambientais são causados por uma pluralidade de causas, o que, sem dúvida alguma, leva a uma considerável problemática para que se torne possível determinar quais os atos e as circunstâncias que causaram o evento. É de se observar que as concausas, que o princípio da precaução procura evitar, terão consequências a serem apuradas juridicamente. Assim, os recursos bióticos

---

prejuízo. A vítima não está obrigada a processar conjuntamente todos os poluidores, podendo escolher aquele que lhe convier, chamar a responsabilidade, por exemplo, optando por um poluidor solvente e não pelo insolvente. Na produção do prejuízo não é preciso que produto poluente cause por si só uma determinada doença, como por exemplo, a asma ou a bronquite. Hão de ser considerados os efeitos sinérgicos das emissões, concorrendo conjuntamente para a eclosão da moléstia" (MACHADO, Paulo Afonso Leme. *Direito ambiental brasileiro*. 8. ed. rev., atual. e ampl. São Paulo: Malheiros, 2006, p. 342-343).

[235] Benjamin entende ser aplicável a teoria da causalidade alternativa no caso de danos ao ambiente causados nos distritos industriais pelas empresas de forma independente (BENJAMIN, Antônio Herman. Responsabilidade civil pelo dano ambiental. *Revista de Direito Ambiental*, São Paulo, ano 3, v. 9, p. 5-52, jan./mar. 1998).

[236] KELSEN, Hans. *Pure Theory of Law*. Berkeley and Los Angeles: University of California Press, 1967, p. 150-162.

[237] Segundo Rota, as consequências da aplicação do princípio do poluidor-pagador são: "1. Ha de costear las medidas preventivas que se determinen. 2. Ha de cesar em sus emissiones o cambiar los niveles cuando sea requerido legalmente. 3. Ha de pagar las multas que eventualmente puedan imponérsele por incumplimiento de sus obligaciones. 4. Ha de reparar los daños e indemnizar los perjuicios causados" (LOPERENA ROTA, Demetrio. *Los Principios del Derecho Ambiental*. Madrid: Civitas, 1998, p. 68).

[238] SILVEIRA, Paulo Antônio Caliendo Velloso da. Responsabilidade civil da administração pública por dano ambiental. *Revista da Ajuris*, v. 150, p. 162-185, 2001.

e abióticos em interação podem afetar a flora de um lugar (plantas, arbustos, solo, árvores, vegetações rasteiras etc.) e a água, que por sua vez podem afetar a fauna local e, por tabela, o homem que faz parte dessa cadeia alimentar.

Como referido por Cafferatta, no direito ambiental existem teorias na área da responsabilidade civil por dano ambiental que visam justamente acelerar a produção da prova, tal qual a "causalidade virtual" criada pela *Cour de Cassation* em França.[239] Perales refere quatro teorias existentes no direito ambiental acerca do nexo causal: (a) a teoria holandesa da causa alternativa ou disjuntiva; (b) a teoria alemã da condição perigosa; (c) a teoria da proporcionalidade; (d) a teoria da vítima mais provável.[240]

A teoria holandesa da causa alternativa ou disjuntiva, similar à teoria norte-americana do *market share*,[241] exime o demandante de provar o nexo causal quando, em face do número elevado de possíveis agentes poluentes, resulta impossível para a vítima provar quem foi exatamente o causador do dano. Nesse caso todos os possíveis causadores do dano são responsáveis solidariamente pela reparação do dano, reforçando consideravelmente a proteção à vítima. Essa teoria possui o inconveniente de responsabilizar uma pessoa física ou jurídica, que não causou o dano, embora faça parte do mercado potencialmente poluidor.

A teoria alemã da condição perigosa responsabiliza aquele que pratica uma ação ou omissão perigosa capaz de provocar danos. A ação ou omissão é considerada causa eficiente para causar o dano efetivamente ocorrido segundo uma avaliação posterior. Essa teoria é similar à teoria da contribuição dos riscos adotada pela jurisprudência norte-americana, que permite à vítima acionar um dos fabricantes que deverá pagar a indenização mesmo sem a certeza de que o produto produzido era realmente seu, ou de seu concorrente. É possível, consequentemente, que a vítima possa acionar o fabricante mais solvente para a reparação dos danos sofridos. No caso, essa teoria possibilita que o não causador do dano seja obrigado a repará-lo, aí o seu ponto de falibilidade.

---

[239] CAFFERATTA, Néstor. *Introducción al Derecho Ambiental*. México: Instituto Nacional de Ecologia, 2004, p. 158.

[240] PERALES, Carlos de Miguel. *La Responsabilidad Civil por Daños al Medio Ambiente*. 2. ed. Madrid: Civitas, 1997, p. 168-172.

[241] Para a teoria norte-americana do *market share*, aqueles que participam do mercado fornecedor têm contra si o ônus da prova invertido em matéria de danos causados ao consumidor.

A teoria da proporcionalidade é aquela que sustenta a tese de que a reparação deve ser paga proporcionalmente em relação à probabilidade de causação do dano. Por exemplo, se o possível causador do dano possui 30% de chances de causá-lo, ele deve arcar com 30% do valor a ser indenizado. Essa teoria é alvo de críticas, pois viola um dos princípios basilares da responsabilidade civil, qual seja, a integral reparação dos danos.

A teoria da vítima mais provável é aquela que, entre as várias pessoas que alegam ter sofrido o dano, contempla aquelas que demonstrem maior probabilidade de causalidade, por meio de critérios científicos, entre o dano sofrido e a atividade do demandado. A maior crítica a essa teoria é de que a determinação do nexo causal não pode imputar-se exclusivamente com base em critérios científicos, sem haver prova jurídica da relação de causalidade.

Desse modo, ao se abordar o nexo causal no dano ambiental, não se pode exigir que o agente seja o autor exclusivo do dano, basta que ele seja o potencial causador do evento danoso. Ainda que não seja o ideal, essa é a única forma de o direito buscar mecanismos de resguardo à saúde pública e ao meio ambiente. Não se pode, também, com êxito, na maioria dos casos, buscar-se uma causa isolada como necessária para a implementação do dano, mas deve-se analisar a situação de forma a ampliar o âmbito do nexo causal propriamente dito.

É aceitável a adoção da teoria da causalidade alternativa proposta por Steigleder, tendo em vista que "a solidariedade em matéria de danos ambientais é matéria pacificada e ampara-se na concepção do dano ambiental como um fato único e indivisível, sendo responsáveis todos aqueles que de forma direta ou indireta concorrerem para o dano".[242] Isso porque, como refere Beck, em uma sociedade de risco "a suposta causalidade sempre torna-se mais ou menos insegura ou provisória".[243] A teoria da causalidade alternativa, consequentemente, é a que se molda mais satisfatoriamente aos tempos atuais marcados pelos constantes riscos de danos à saúde pública e ao meio ambiente.

O aplicador do direito ao apreciar o nexo de causalidade em sede de danos causados ao meio ambiente deverá levar em conta o risco aumentado de dano decorrente da atividade poluente, como

---

[242] STEIGLEDER, Annelise Monteiro. *Responsabilidade civil ambiental*: as dimensões do dano ambiental no direito brasileiro. Porto Alegre: Livraria do Advogado, 2004, p. 208.
[243] BECK, Ulrich. *La Sociedad del Riesgo*: Hacia una Nueva Modernidad. Barcelona: Surcos, 2006, p. 41.

consta no art. 10 da Convenção sobre Responsabilidade Civil dos Danos Resultantes de Atividades Perigosas para o Meio Ambiente. No mesmo sentido, consta no art. 7º da sessão de Estrasburgo, de 1997, que devem ser adotadas "presunções de causalidade relativas às atividades perigosas ou relativas a danos acumulados ou duradouros imputáveis não a uma só entidade, mas a um setor ou um tipo de atividade".[244]

É de se discordar da opinião de Canotilho,[245] que não admite uma solução para o caso de danos ecológicos gerados por diversas fontes – multicausalidade – baseada nas modernas teorias do nexo causal, voltadas menos à causalidade naturalística, propriamente dita, e mais a um sistema de imputação lesante/lesado. É preciso evoluir na seara do direito, a fim de garantir uma reparação do dano ecológico e restauração do ambiente, na hipótese de falha do princípio da precaução, na forma mais ampla e expedita possível, não se esquecendo de que o meio ambiente é um direito fundamental de terceira geração, necessitando de proteção para as presentes e futuras gerações.

As soluções propostas por Canotilho,[246] para superar as teorias que explicam a multicausalidade, no sentido de adoção do imposto ecológico e dos fundos de reparação, não são satisfatórias. No caso da adoção do imposto ecológico, poderia significar na prática que o poluidor pagaria determinado tributo e, com isso, estaria liberado para poluir e causar danos ambientais sem qualquer sanção.[247] Isso porque

---

[244] Ver: MACHADO, Paulo Afonso Leme. *Direito ambiental brasileiro*. 13. ed. São Paulo: Malheiros, 2005, p. 346, reportando-se ao *Annuaire de L'Institut de Droit International*, Session de Strasbourg, Paris, v. 67, II, p. 494, 1998.

[245] CANOTILHO, José Joaquim Gomes. A responsabilidade por danos ambientais: aproximação jurpublicística. In: AMARAL, Diogo Freitas do (Coord.). *Direito do ambiente*. Oeiras: Instituto de Administração, 1994, p. 397-408.

[246] CANOTILHO, José Joaquim Gomes. A responsabilidade por danos ambientais: aproximação jurpublicística. In: AMARAL, Diogo Freitas do (Coord.). *Direito do ambiente*. Oeiras: Instituto de Administração, 1994, p. 397-408. Annelise Monteiro Steigleder faz crítica ao pensamento de Canotilho acerca das modernas teorias da causalidade no direito ambiental: "O pleno desenvolvimento destas teorias, no direito comparado, ainda encontra resistência e deve superar obstáculos contundentes, como a opinião de Canotilho, para quem, nas hipóteses de multicausalidade, de indeterminação das fontes emissoras e indeterminação dos receptores (lesões difusas), a responsabilidade civil não apresenta solução satisfatória, eis que amparada no esquema lesante/lesado, devendo-se partir para outras respostas, tais como impostos ecológicos e os fundos de compensação ecológica" (STEIGLEDER, Annelise Monteiro. *Responsabilidade civil ambiental*: as dimensões do dano ambiental no direito brasileiro. Porto Alegre: Livraria do Advogado, 2004, p. 208).

[247] Existe exemplo disto nos Estados Unidos e África do Sul em que caçadores profissionais pagam altos valores para matarem animais selvagens em zonas de caça, e recebem a pele e a cabeça dos animais abatidos "já preparados e confeccionados" como troféus. Sandel defende que os animais têm direito ao respeito e que existem valores que o dinheiro não pode comprar. Ver: SANDEL, Michael. *What's Money Can't Buy? The Moral Limits of Market*. New York: Farrar, Straus and Giroux, 2012, p. 203.

os tributos são fixos e respeitam o princípio da legalidade e da anterioridade, não servindo eles para a integral reparação do dano. Não se quer dizer com isso que sejam desnecessários, mas não como instrumento de substituição da responsabilização civil por danos ambientais.

Do mesmo modo, os fundos de compensação ecológica nem sempre são suficientes para a reparação integral do dano e nem sempre podem ser direcionados para o dano diretamente causado por determinada atividade, pois podem não estar destinados legalmente a certos tipos de poluição ou a determinado segmento de agentes poluidores. Ao se adotar a proposição de Canotilho, nos casos de situação de multicausalidade do dano ecológico, em determinadas situações, o dano injusto não poderá jamais ser reparado, ou reparado integralmente.

Não se pode desconsiderar a importância do imposto ecológico e dos fundos de compensação ecológica no direito ambiental, até mesmo como manifestação efetiva do princípio da precaução. Todavia são insuficientes para a reparação do dano ecológico em si. O melhor é aceitar a evolução do direito e aceitar, evidentemente, com critérios de prudência, teorias como a da causalidade alternativa. O direito deve acompanhar os avanços da ciência e da tecnologia que geram ao longo dos tempos novos tipos de poluição e de fontes poluidoras que não podem escapar de um racional e adequado sistema de responsabilização civil que dependa, como *conditio sine qua non*, de uma adequada teoria do nexo causal.

Por isso, ganha realce na apreciação do nexo causal a figura do perito judicial e dos assistentes técnicos das partes em busca do deslinde do feito. Também, nesse caso, não podemos descurar da apreciação do depoimento de testemunhas afetadas pelos danos, pela oitiva dos movimentos sociais e das empresas poluidoras para que se possa buscar a aplicação de uma decisão justa para o caso concreto.

A simples experiência do juiz na interpretação de normas, regras e princípios jurídicos, na forma tradicionalmente conhecida, é insuficiente para a apreciação madura do nexo causal existente no dano ambiental. O estudo mais aprofundado das ciências, o embasamento em laudos técnicos gabaritados, e até mesmo a inspeção judicial, devem ser utilizados para uma verificação mais amiúde do nexo causal.

E, é importante ressaltar, quando se faz referência ao estudo mais aprofundado das ciências, pode-se entender como o estudo mais aprofundado do próprio direito ambiental, que é uma matéria vinculada às ciências jurídicas e sociais, mas envolve um importante componente de ciências naturais e exatas, como a física, a biologia, a química e a biotecnologia. Nesse contexto é que deve ser manejado o princípio da precaução, a fim de que os riscos de danos em casos de incerteza científica sejam evitados.

O estudo estanque do operador do direito sobre matérias de sua compita não mais atende às necessidades de uma sociedade de risco, em que os avanços tecnológicos exigem um magistrado inserido em seu contexto histórico e social, e não mais insulado em um cabedal de sabedoria exclusivamente jurídica. Apenas aceitando esse desafio é que o operador do direito poderá aplicar de modo eficiente e profícuo o princípio da precaução.

Pode-se observar hoje, como afirmado por Passos de Freitas, uma mudança de atitude do magistrado "no sentido da busca de um conhecimento científico mais aprofundado que lhe permita aplicar o Direito com vistas não apenas as gerações presentes mas, em especial, às gerações futuras".[248] Nesse sentido, Kiss refere que "em determinadas situações, a aplicação do princípio da precaução é uma condição fundamental para proteger os direitos para as gerações futuras".[249]

Em suma, o princípio da precaução deve ser aplicado para interromper o nexo causal em curso, ou, o que seria mais desejável, impedir o seu início. Em caso de não aplicação do princípio da precaução, aplicação insuficiente ou excessiva, tendo como resultado o dano injusto à saúde pública ou ao meio ambiente, a teoria do nexo causal que deve ser aplicada é a da causalidade alternativa, embora não isenta de críticas, por ser mais consentânea com a sociedade de riscos em que vivemos.

A abordagem da causalidade jurídica, portanto, tornará possível a reparação dos danos ao meio ambiente e à saúde pública quando falhar a aplicação do princípio da precaução. A reparação dos danos ambientais, após a adoção da teoria da causalidade alternativa, também

---

[248] Vladimir Passos de Freitas faz referência à necessária mudança de paradigmas: "a jurisprudência outrora conservadora e indiferente a tais questões. Assim era por duas razões: a – os magistrados foram formados sob a ótica do Código Civil, que dava à propriedade um caráter individual e absoluto; b – como cidadãos comuns não haviam sentido o problema da poluição em sua vida. Agora as coisas se passam de outra maneira. As decisões voltam-se para a época que vivemos e para as futuras gerações" (FREITAS, Vladimir Passos de. *A Constituição Federal e a efetividade das normas ambientais*. 3. ed. rev., atual. e ampl. São Paulo: Revista dos Tribunais, 2005, p. 168).

[249] KISS, Alexandre. Os direitos e interesses das gerações futuras e o princípio da precaução. *In*: PLATIAU, Ana Flávia Barros; VARELLA, Marcelo Dias (Org.). *Princípio da precaução*. Belo Horizonte: Del Rey, 2004, p. 11.

é uma manifestação do princípio da precaução, pois impede que os danos continuem a se proliferar e que o meio ambiente e a saúde pública sejam preservados dos riscos de novos danos.

2.2 Análise da crítica ao princípio da precaução

O princípio da precaução, embora seja considerado um eficiente instrumento de tutela do meio ambiente e da saúde pública, também é fortemente criticado,[250] porque pode paralisar a iniciativa privada e o Poder Público em suas ações de interesse social e econômico.

A doutrina crítica ao princípio da precaução, capitaneada por Cass Sunstein, Professor da Universidade de Harvard, conseguiu indiscutível relevo no plano internacional em face das críticas ao princípio da precaução e a sua aplicação que, segundo ela, muitas vezes, é procedida quando não deveria sê-lo e não é feita quando precisaria sê-lo. Sumariamente, o escólio de Sunstein se sustenta no fato de que o aplicador do princípio da precaução deve fazer a análise do custo-benefício da medida no sentido de que os benefícios da aplicação do princípio da precaução devem ser maiores que os seus malefícios, estando justamente aí o grande mérito de sua obra marcada pela publicação de *Laws of Fear*[251] e *Worst-Case Scenarios*.[252]

Com efeito, deve o Estado ter critérios e parâmetros para a aplicação do princípio da precaução para que não ocorra o chamado por Sunstein, em artigo,[253] *The Paralyzing Principle*, que decorre da aplicação

---

[250] O princípio da precaução foi duramente atacado pelo *Wall Street Journal* como noticiado por Sunstein como "an environmentalist neologism, invoked to trump scientific evidence and move directly to banning things they don't like – biotech, wireless technology, hydrocarbon emissions" (SUNSTEIN, Cass. *Laws of Fear*: beyond the precautionary principle. New York: Cambridge Press, 2005, p. 16).

[251] SUNSTEIN, Cass. *Laws of Fear*: Beyond the Precautionary Principle. New York: Cambridge Press, 2005.

[252] SUNSTEIN, Cass. *Worst-Case Scenarios*. Cambridge: Harvard University Press, 2007.

[253] Sunstein sustenta que o princípio da precaução "não leva a direções equivocadas, mas que, se utilizado em todas as suas possibilidades, não leva a qualquer direção". E afirma que para os governos o "princípio da precaução não é sensato pela simples razão de, uma vez que a visão é ampliada, torna-se claro que o princípio não provê nenhuma orientação" e propõe, de forma contraditória, "que um sistema racional de regulação de risco certamente toma precauções" mas não adota o princípio da precaução (SUNSTEIN, Cass. Para além do princípio da precaução. *Interesse Público*, Sapucaia do Sul, v. 8, n. 37, p. 119-171, maio/jun. 2006). Ver: SUNSTEIN, Cass. *Laws of Fear*: beyond the precautionary principle. New York: Cambridge Press, 2005; SUNSTEIN, Cass. *Worst-Case Scenarios*. Cambridge: Harvard University Press, 2007.

equivocada do princípio da precaução.[254] Referido artigo trata da aplicação indiscriminada do princípio da precaução que, sob a mera alegação de riscos remotos, acaba causando mais prejuízos financeiros e sociais do que benefícios ao meio ambiente e à saúde pública ao paralisar atividades.

Entre estes casos Sunstein refere que uma das primeiras controvérsias da administração Bush[255] foi a regulação da quantidade de arsênico que se encontra na água de beber. Para que houvesse uma diminuição de riscos de morte seriam necessários investimentos anuais de US$200 milhões de dólares[256] para salvar 6 vidas humanas por ano com a diminuição dos níveis de contaminação da água por arsênico. O referido autor, juntamente com Hahn, em outro texto, refere que as pessoas, ao deixarem de consumir água do sistema público com base no receio de contaminação por arsênico, passariam a usar sistemas locais de água e poços privados que possuem alto risco de contaminação, gerando riscos mais elevados à saúde humana.[257]

É evidente que US$200 milhões de dólares anuais bem investidos em assistência à saúde pública poderiam salvar centenas ou milhares de vidas humanas, e não apenas 6 vidas ceifadas pela contaminação por arsênico. Desse modo a gestão dos recursos públicos e dos riscos sempre deve considerar uma razão que leve em conta o risco-benefício[258]

---

[254] "The most serious problem whit the Precautionary Principle is that it offers no guidance – no that it is wrong, but that it forbids all courses of action, including inaction" (SUNSTEIN, Cass. The Paralyzing Principle. *Chicago Law Review*, Chicago, p. 3237, 2002-2003. Disponível em: http://object.cato.org/sites/cato.org/files/serials/ files/regulation/2002/12/v25n4-9.pdf. Acesso em: 1º jan. 2016).

[255] Em artigo, Musil refere-se à pressão da opinião pública dos Estados Unidos sobre o Presidente Bush no sentido de diminuir a quantidade de arsênico na água mesmo que para isso fossem necessários elevados investimentos. Ver: MUSIL, Robert K. Arsenic on Tap. *New York. Times*, p. A18, Apr. 24, 2001.

[256] "One of the first controversies faced by the current Bush administration involved the regulation of arsenic in drinking water. There is a serious dispute over the precise level of risks posed by low levels of arsenic, but in 'worst case' scenario, over 100 lives might be lost each year as a result of the 50 part-per-bilion standart that the Clinton administration sought to revise. At the same, the proposed 10 ppb standard would cost over $200 million each year, and it is possible that it would save as few as six lives annually" (SUNSTEIN, Cass. *Laws of Fear*: Beyond the Precautionary Principle. New York: Cambridge Press, 2005, p. 28).

[257] Ver SUNSTEIN, Cass. The Arithmetic of Arsenic. *Georgetown Law Review*, v. 90, p. 2255, 2002; Ver, também, SUNSTEIN, Cass; HAHN, Robert W. The Precautionary Principle as a Basis for Decision Making. *The Economist's Voice*, v. 2, n. 2, article 8, 2005. Disponível em: http://www.ssrn.com/abstract= 721122. Acesso em: 20 ago. 2007.

[258] MANDEL, Gregory N.; GATI, James Thuo. Cost-Benefit Analysis vs. The Precautionary Principle: Beyond Cass Sunstein's Laws of Fear. *University Of Illinois Law Review*, Illinois, v. 5, p. 1037-1079, 2006.

das políticas públicas dentro de um juízo de ponderação de valores e de razoabilidade. Não significa isso, contudo, a adoção de uma interpretação econômica do direito,[259] mas simplesmente a racionalização no emprego dos recursos disponíveis a fim de atender ao princípio da finalidade[260] e ao interesse público. Este é um exemplo de que a adoção de uma análise de custo-benefício não pode ser observada com preconceito pelo operador do direito, pois pode atingir fins humanitários mais relevantes do que a sua não adoção.

O exemplo dos ataques terroristas aéreos também é utilizado por Sunstein e Hahn para sustentar que, na aplicação do princípio da precaução, deve-se observar a relação custo-benefício em primeiro lugar e não a falácia do risco zero. Eles sustentam que, se os governos passassem a proibir viagens aéreas para se eliminar ataques terroristas, os custos seriam maiores que os pretensos benefícios.[261]

Parece evidente que no exemplo citado, um tanto maniqueísta, realmente os custos superariam os benefícios, pois os negócios e o turismo ficariam completamente inviabilizados ante a remotíssima possibilidade proporcional de um ataque terrorista. Todavia o exemplo não satisfaz, pois é intuitivo que nenhum governo proporia acabar com o risco de ataques terroristas aéreos, com a proibição de voos comerciais.

Sunstein critica o princípio da precaução "porque os riscos estão por todos os lados das relações sociais".[262] Também sustenta que, no contexto dos riscos, "pessoas tendem a focar nas perdas que estão associadas com alguma atividade ou risco e desconsiderar as vantagens que devem ser associadas com a atividade ou risco".[263]

---

[259] Sunstein refere que "o comportamento econômico fornece uma melhor compreensão dos usos e armadilhas do antigo adágio 'melhor prevenir do que remediar', o que é tema para várias das mesmas objeções ao princípio da precaução" (SUNSTEIN, Cass. Para além do princípio da precaução. *Interesse Público*, Sapucaia do Sul, v. 8, n. 37, p. 119-171, maio/jun. 2006).

[260] Ver: LIMA, Ruy Cirne. *Princípios de direito administrativo*. São Paulo: Revista dos Tribunais, 1987. Exemplo de desvio do princípio da finalidade na aplicação do princípio da precaução, pode ser o caso citado por Collman em que os fazendeiros europeus invocam o princípio, sob o argumento de risco da utilização de grãos geneticamente modificados, para protegerem-se da concorrência norte-americana e não propriamente para se protegerem de eventuais danos (COLLMAN, James P. *Naturally Dangerous*: Surprising Facts About Food, Health and Environmental. Sausalito: University Science Book, 2001, p. 29-33).

[261] SUNSTEIN, Cass. *Laws of Fear*: Beyond the Precautionary Principle. New York: Cambridge Press, 2005, p. 49; 119-210.

[262] SUNSTEIN, Cass. Para além do princípio da precaução. *Interesse Público*, Sapucaia do Sul, v. 8, n. 37, p. 119-171, maio/jun. 2006.

[263] SUNSTEIN, Cass. Para além do princípio da precaução. *Interesse Público*, Sapucaia do Sul, v. 8, n. 37, p. 119-171, maio jun. 2006 (principalmente p. 124).

Assim, a aplicação do princípio da precaução estaria calcada na aversão à perda e no sentimento de ignorância acerca dos potenciais ganhos.[264]

Neste ponto, guardadas prudentes reservas, assiste razão a Sunstein, tendo em vista que as pessoas, ante uma atividade de risco – a produção de um remédio, por exemplo –, têm a tendência de observar com mais atenção os danos que a nova droga possa causar do que os seus potenciais benefícios. É inegável essa tendência, contudo, o princípio da precaução não pode ser simplesmente ignorado ou afastado sob pena de serem causados sérios riscos à saúde pública.

A problemática do nexo causal é de tal monta que Sunstein, ao criticar os objetivos salutares do princípio da precaução, sustenta que "problemas ambientais sérios podem ser identificados tarde demais ou nem mesmo o ser, simplesmente porque relações causais não podem ser descritas com certeza".[265]

O equívoco de Sunstein, nesse ponto, fica evidenciado porque "as relações não descritas com certeza", justamente, são o motivo principal da aplicação do princípio da precaução que possui como um dos seus elementos a incerteza científica. Ademais, a não identificação do nexo causal ou a sua identificação tardia, fatores de não aplicação do princípio da precaução, terão como consequência a responsabilização objetiva do Estado ou do agente poluidor privado, aplicando-se a teoria do nexo causal alternativo.

Por sua vez, em Portugal, Gomes refere que a ideia de precaução, tomada na sua formulação mais generosa/radical, torna-se impraticável, pois tal atitude seria completamente irrealista, dadas as características da sociedade de risco: "com efeito, num tempo em que a técnica subverteu os processos normais de funcionamento dos ecossistemas, tornou-se impossível prevenir todos os danos, porque os dados têm que rever-se continuamente".[266] Refere, ainda, que as dificuldades operativas do princípio da precaução são de ordem sociológica, política, econômica, jurídica, tecnológica, científica e ecológica.

---

[264] SUNSTEIN, Cass; HAHN, Robert W. The Precautionary Principle as a Basis for Decision Making. *The Economist's Voice*, v. 2, n. 2, article 8, 2005. Disponível em: http://www.ssrn.com/abstract=721122. Acesso em: 20 ago. 2007. Ver: SUNSTEIN, Cass. *Laws of Fear*: Beyond the Precautionary Principle. New York: Cambridge Press, 2005, p. 37-38; 77-79.

[265] SUNSTEIN, Cass. Para além do princípio da precaução. *Interesse Público*, Sapucaia do Sul, v. 8, n. 37, p. 119-71, maio/jun. 2006.

[266] GOMES, Carla Amado. Dar o duvidoso pelo (in)certo? *In:* JORNADA LUSO-BRASILEIRA DE DIREITO DO AMBIENTE, 1. Anais... Lisboa, 2002, p. 282.

No plano sociológico, a crítica de Gomes é no sentido da perda de legitimação das decisões que aplicam o princípio da precaução em face de não estarem embasadas na ciência. No plano político, os Estados teriam limitados, em face de incertezas científicas, os seus direitos soberanos de disposição e utilização dos recursos naturais. Ainda, no plano político, o Estado se tornaria "amigo do ambiente", mas também "um inimigo da indústria e do desenvolvimento econômico, agindo com base em suspeitas com remota – ou nenhuma – base científica de apoio".[267]

Quanto à crítica no plano sociológico, ela, como a de Sunstein, não se sustenta, pois um dos elementos que autoriza a aplicação do princípio da precaução é justamente a ausência de certeza científica. Ademais, não há que se cogitar de falta de legitimidade por falta de embasamento científico absoluto para a aplicação do princípio, pois a ciência passou do tempo das certezas para o das meras probabilidades.

A crítica no plano político parece também insubsistente, pois o Estado não está limitando os seus direitos soberanos de disposição e utilização dos recursos naturais; ao contrário, ao aplicar o princípio da precaução, está preservando os recursos naturais para que as presentes e futuras gerações possam usufruí-los de forma sustentada em sua plenitude. No mesmo sentido, o Estado não se torna inimigo do desenvolvimento e da indústria se aplicar o princípio da precaução de forma proporcional e sem excessos. Pelo contrário, irá fomentar descobertas de novas tecnologias mais limpas e baratas que podem, inclusive, aumentar o lucro dos setores produtivos e preservar a exploração industrial por muito mais tempo em benefício de toda a coletividade.

No plano econômico haveria uma difícil articulação entre as exigências da precaução e as necessidades de desenvolvimento econômico. A aplicação do princípio poderia levar "à paralisação do crescimento industrial, pecuário, agrícola sem fundamentos científicos credíveis".[268] Beck, por sua vez, reconhece que o movimento que se põe em marcha na sociedade de risco expressa-se na frase: "Tenho medo!". Todavia, "o tipo de sociedade de risco marca uma época social em que a solidariedade surge por medo e se converte em uma

---

[267] GOMES, Carla Amado. Dar o duvidoso pelo (in)certo? *In*: JORNADA LUSO-BRASILEIRA DE DIREITO DO AMBIENTE, 1. *Anais...* Lisboa, 2002, p. 287.
[268] GOMES, Carla Amado. Dar o duvidoso pelo (in)certo? *In*: JORNADA LUSO-BRASILEIRA DE DIREITO DO AMBIENTE, 1. *Anais...* Lisboa, 2002, p. 288.

força política".[269] O medo, com efeito, pode levar à paralisação de uma atividade econômica salutar pela aplicação politicamente indevida do princípio da precaução.

É de se observar que no plano econômico deve haver a observância do princípio da proporcionalidade e os seus vetores da vedação de excesso e inoperância quando da aplicação do princípio da precaução. Indubitavelmente, existe o risco de paralisação do desenvolvimento econômico, principalmente em face da aplicação excessiva do princípio a ponto de mutilar atividades produtivas e científicas. Para isso deve a Administração Pública, o Poder Judiciário e o Poder Legislativo estarem atentos e preparados tecnicamente para não permitirem que o princípio da precaução sufoque o desenvolvimento econômico e a livre iniciativa.

No plano jurídico, segundo a referida autora, quando da avaliação da prova, a convicção do juiz deveria colocar-se "para além de uma dúvida razoável",[270] pois o efeito lesivo da atividade não pode ser plenamente demonstrado.

Essa crítica da autora lusa no plano jurídico não interpreta de forma satisfatória o próprio conceito do princípio da precaução em seu elemento principal: a incerteza científica. Ora, é sempre razoável, por exemplo, a dúvida provocada pela incerteza científica se um medicamento pode ou não causar a morte de um ser humano. A não demonstração exata do efeito lesivo não pode ser confundida com o risco de dano, são conceitos obviamente diversos. O efeito lesivo somente ocorre se o risco de dano não foi considerado adequadamente, acarretando a aplicação tardia do princípio da precaução.

Um outro fator perturbador questionado pela doutrina "para a consolidação de um conteúdo unívoco do princípio da precaução é a indicação de um critério de custo-benefício como base de atuação". Isso porque a Declaração do Rio introduziu o elemento da proporcionalidade da ponderação entre o custo da intervenção e o benefício para o meio ambiente (*cost-effective measures*).[271] Outro fator que preocupa os críticos do princípio é que a variante de caráter econômico torna dependente a aplicação do princípio da precaução da capacidade econômica dos Estados.

---

[269] BECK, Ulrich. *La Sociedad del Riesgo*: Hacia una Nueva Modernidad. Barcelona: Surcos, 2006, p. 70.
[270] Ver: BARTON, Charmian. The Status of the Precautionary Principle in Austrália: Its Emergence in Legislation and as a Common Law Doctrine. *HERL*, v. 22, p. 509-550, 1998.
[271] GOMES, Carla Amado. Dar o duvidoso pelo (in)certo? *In:* JORNADA LUSO-BRASILEIRA DE DIREITO DO AMBIENTE, 1. *Anais...* Lisboa, 2002, p. 283.

Evidentemente, para que o princípio possa ser aplicado, os benefícios devem ser maiores que os custos. Todavia os benefícios como o direito à vida e à existência digna devem ser avaliados de forma a prevalecer sobre os custos da medida de forma ponderada. Os recursos que possui cada Estado devem ser analisados na aplicação da medida de precaução, sempre levando em consideração que a saúde pública e o meio ambiente devem obter uma máxima, mas proporcional, proteção.

Outra crítica posta é que a aplicação do princípio da precaução impediria a introdução de novas técnicas (cujos efeitos são pouco conhecidos), gerando prejuízos socioeconômicos aos Estados e suas populações.[272] Gross refere, quanto ao plano tecnológico, que a proibição de novas técnicas e de produtos pode levar a uma estagnação da tecnologia e do progresso científico.[273]

Com efeito, a aplicação excessiva do princípio da precaução pode gerar a não introdução de novas técnicas na medicina, o que seria nocivo para o futuro da humanidade. No mesmo sentido, dúvidas infundadas não podem impedir que se avance na busca de medicamentos para combater o câncer, a Aids e as doenças cardíacas, que são relevantes causas de mortalidade em todo o mundo. As críticas postas são importantes, pois servem para aperfeiçoar a própria aplicação do princípio da precaução.

No plano científico a crítica é no sentido de haver uma insegurança coletiva causada pela inexistência na ciência da marca da certeza, mas apenas da probabilidade. Por consequência, os cientistas não poderiam demonstrar exatamente os efeitos das novas técnicas,[274] e isso geraria uma natural insegurança.

Quanto ao plano científico, já foi mencionado, ao ser analisada a causalidade natural, que a ciência hoje não se embasa mais em certezas, mas em meras probabilidades. O princípio da precaução é, portanto, um princípio manejado justamente quando há uma incerteza científica, uma probabilidade de dano, e jamais uma situação de certeza, quando se deveria invocar o princípio da prevenção. A falha na formulação dessa crítica, portanto, é nitidamente conceitual.

---

[272] GOMES, Carla Amado. Dar o duvidoso pelo (in)certo? In: JORNADA LUSO-BRASILEIRA DE DIREITO DO AMBIENTE, 1. Anais... Lisboa, 2002, p. 283.

[273] CROSS, Frank. Paradoxical Perils of the Precautionary Principle. Washington and Lee Law Review, n. 851, p. 851-863, 1996.

[274] Ver: GIDDENS, Anthony. Risk and Responsability. The Modern Law Review, Oxford, p. 1 et seq., 1999. Ver: GOMES, Carla Amado. Dar o duvidoso pelo (in)certo? In: JORNADA LUSO-BRASILEIRA DE DIREITO DO AMBIENTE, 1. Anais... Lisboa, 2002, p. 290.

No plano ecológico, fatos, segundo Gomes, são controversos, pois existe estudo, por medições via satélite, por exemplo, que refere que o efeito estufa trouxe, ao invés de efeitos negativos, efeitos positivos, como o aumento da vegetação em diversas zonas do planeta como na América do Norte (30%) e no Leste Europeu e Ásia (60%).[275]

Essa crítica no plano ecológico não se sustenta cientificamente. O exemplo disso é a já citada obra de Al Gore, Prêmio Nobel da Paz em 2007, que enfoca como tema central embasado em sólido estudo científico os efeitos negativos causados ao meio ambiente pelo efeito estufa. Essa controvérsia, se posta nestes termos, por si só, traz consigo o risco de dano e a incerteza científica, elementos constitutivos do princípio da precaução, e autoriza a sua aplicação a fim de se evitar o aumento do aquecimento global.

A crítica também é focada no elemento do princípio da precaução da inversão do ônus da prova. Segundo Gomes, a imposição de inversão do ônus da prova contra quem propõe a atividade possivelmente poluidora é um exemplo de prova diabólica, tendo em vista que obriga a parte a provar o que nem mesmo a ciência pode provar.[276]

A inversão do ônus da prova é um dos elementos do princípio da precaução. A não utilização da inversão do ônus da prova inviabiliza a própria implementação do princípio. Ademais, esse elemento está consagrado por diversos diplomas legais internacionais como já referido. O que não pode ocorrer é a proibição de uma ampla produção de provas por parte do proponente da atividade de risco. Este tem o direito de provar, por perícias, estudos científicos, provas testemunhais, documentais, e até mesmo inspeção judicial, que a sua atividade não causa riscos de danos ao meio ambiente e à saúde pública. Não se desincumbindo desse ônus, presentes os elementos que autorizam a aplicação do princípio da precaução, deve ser suspenso o empreendimento.

Um dos casos emblemáticos de crítica ao princípio da precaução é a sua adoção, em um país de terceiro mundo e de clima tropical, para a proibição do DDT – inseticida cujos malefícios seriam maiores que os seus benefícios, em face do risco de alastramento de doenças como

---

[275] O estudo tem por fonte de dados o Goddard Space Flight Center, *apud* GOMES, Carla Amado. Dar o duvidoso pelo (in)certo? *In:* JORNADA LUSO-BRASILEIRA DE DIREITO DO AMBIENTE, 1. *Anais...* Lisboa, 2002, p. 290.

[276] GOMES, Carla Amado. Dar o duvidoso pelo (in)certo? *In:* JORNADA LUSO-BRASILEIRA DE DIREITO DO AMBIENTE, 1. *Anais...* Lisboa, 2002, p. 285.

a malária e a febre tifoide. O cálculo do risco, segundo os críticos do princípio, deve ser feito levando-se em consideração que a aplicação do DDT é um meio barato para combater as referidas doenças, segundo estudos.[277]

A opinião majoritária está posta em sentido contrário, ou seja, no sentido de que o DDT é altamente tóxico, bioacumulativo, e de grande persistência no meio ambiente, sendo regulado pela Convenção da Basileia, sobre o controle de movimentos transfronteiriços de resíduos perigosos, e proibido pela maioria dos países do mundo.[278] Beck chega a referir que sobrecargas de DDT foram encontradas até mesmo na carne de pinguins na Antártida,[279] e que na ilha de Trinidad, no ano de 1983, foram registradas 120 mortes causadas pelo referido *spray*.[280]

Nesse caso, havendo incerteza científica, o princípio da precaução pode ser aplicado. Contudo, se restar demonstrado que os danos causados à saúde pública serão maiores no caso de sua não utilização, por uma análise de custo-benefício, a sua comercialização em localidades e situações especiais deve ser permitida.

Stein, por sua vez, refere que "a precaução é um conceito demagógico que aposta na exploração do sentimento do risco que paira sobre as sociedades contemporâneas". Segundo ele, "em sendo levado a sério, o referido princípio impede todo e qualquer desenvolvimento, perante a miríade de riscos possíveis".[281]

A crítica colocada por Stein reveste-se de radicalismo, pois o princípio da precaução nada tem de demagógico, é um instrumento de tutela da saúde pública e do meio ambiente que procura evitar o risco de dano ante uma incerteza científica. O sentimento que a sociedade moderna possui, de risco iminente, é uma consequência natural da

---

[277] Ver: SUNSTEIN, Cass. *Laws of Fear*: Beyond the Precautionary Principle. New York: Cambridge Press, 2005, p. 32; 51-55; SUNSTEIN, Cass. *Risk and Reason*. Chicago: University of Chicago Press, 2002, p. 251-88; WILDAVSKY, Aaron. But is it True? *A Citizen's Guide to Environmental Health and Safety Issues*, v. 56, 1995.

[278] ROCHA, João Carlos de Oliveira. *Os organismos geneticamente modificados e a proteção constitucional do meio ambiente*. Dissertação (Mestrado em Direito) – Faculdade de Direito, Pontifícia Universidade Católica do Rio Grande do Sul, 2007, p. 195.

[279] BECK, Ulrich. *La Sociedad del Riesgo*: Hacia una Nueva Modernidad. Barcelona: Surcos, 2006, p. 41.

[280] BECK, Ulrich. *La Sociedad del Riesgo*: Hacia una Nueva Modernidad. Barcelona: Surcos, 2006, p. 59.

[281] *Apud* GOMES, Carla Amado. Dar o duvidoso pelo (in)certo? *In*: JORNADA LUSO-BRASILEIRA DE DIREITO DO AMBIENTE, 1. Anais... Lisboa, 2002, p. 283. Ver: STEIN, P. Are Decision-Makers too Cautious With the Precautionary Principle? *Environmental and Planing Law Journal*, p. 3-6, 2000/2.

revolução tecnológica e biotecnológica e dos tempos em que vivemos, em que as tomadas de decisões devem ser urgentes e afetam uma gama cada vez maior de pessoas e seres vivos.

Outro exemplo prático em que foi supostamente aplicado equivocadamente o princípio da precaução foi citado por Snow: o caso do banimento do asbesto nas escolas de Nova York. Em um primeiro momento, a comunidade local aplaudiu a medida em face de risco de câncer decorrente da insulação do asbesto. Todavia, quando ficou supostamente provado que o risco de câncer em decorrência do contato com o asbesto era um terço do risco de uma criança ser atingida por um raio – e que, provavelmente, as escolas teriam de ser fechadas por semanas para a implantação da medida –, o círculo de pais passou a rejeitar o banimento do asbesto em face dos transtornos e malefícios decorrentes do fechamento das escolas.[282]

Aqui se pode observar a presença de, no mínimo, incerteza científica, pois existem estudos que referem que, em face da ação tardia do governo americano, danos foram provocados à saúde pública pela utilização do asbesto como material de construção.[283] Havendo incerteza científica não há dúvida de que o princípio da precaução deve ser aplicado.

Leme Machado responde aos críticos radicais do princípio da precaução nos seguintes termos:

> O princípio da precaução, para ser aplicado efetivamente, tem que suplantar a pressa, a precipitação, a improvisação, a rapidez insensata e a vontade de resultado imediato. Não é fácil superar esses comportamentos, porque eles estão corroendo a sociedade contemporânea. Olhando-se o mundo das bolsas, aquilata-se o quanto a cultura de risco contamina os setores financeiros e os governos, jogando na maior parte das vezes com os bens alheios. O princípio da precaução não significa a prostração diante do medo, não elimina a audácia saudável, mas se materializa na busca da segurança do meio ambiente e da continuidade da vida.[284]

---

[282] SNOW, Tony. End the Phony "Asbestos Panic". *USA Today*, 11A, Sept. 13, 1993.

[283] Segundo Paul Harremoës, o governo americano reagiu tardiamente a riscos reais, incluindo aqueles associados com os asbestos, DES (Dietilstilberstrol), dióxido de enxofre e MTBE (éter metil-tert-butil) na gasolina, causando danos à saúde pública (HARRMOËS, Poul; KRAUSS, Martin Krayer Von. MTBE in petrol as a substitute for lead. *In*: HARRMOËS, Poul *et al. The Precautionary Principle in the 20th Century*: Late Lessons From Early Warnings. London: Earthscan Publications, 2002).

[284] MACHADO, Paulo Afonso Leme. O princípio da precaução e o direito ambiental. *Revista de Direitos Difusos*, São Paulo, v. 8, p. 1081-1084, ago. 2001.

Não se pode, com certeza, submeter as pessoas e o meio ambiente a riscos graves de danos, sob o argumento precipitado do desenvolvimento econômico a qualquer custo. Também, o escólio do referido autor deve ser aceito no sentido de que a segurança não pode ficar em segundo plano em relação à pressa, à rapidez e à vontade do resultado imediato nos empreendimentos de risco.

O princípio da precaução, sem dúvida alguma, não pode ser encarado como sinônimo de banimento dos empreendimentos e do desenvolvimento tecnológico, mas como um princípio que busca tutelar a saúde pública e o meio ambiente. Todavia a implementação do princípio deve levar em consideração os custos e os seus eventuais benefícios, além das possibilidades financeiras do agente que o adota.

Sadeleer, por sua vez, responde aos críticos do princípio da precaução argumentando que, "se o princípio da precaução não deve submeter-se ao fantasma securitário, perseguindo o sonho utópico do "risco zero", seria irresponsabilidade, por outro lado, adotar a atitude do apostador, ou ainda pior, a do cínico". Persiste o referido autor com o seu raciocínio alegando que, "entre estes dois extremos, nossos sistemas jurídicos devem retomar o caminho da prudência" e, por fim, conclui que não seria lícito tentar ver "este novo princípio como um fenômeno passageiro com o qual é preciso simplesmente compor. Vilipendiado ou enaltecido, ao princípio da precaução parece estar prometido um futuro brilhante".[285]

Justamente, aí está, na lição de Sadeleer, a importância do princípio da precaução, ainda que duramente criticado e combatido, pois é o instrumento de tutela da saúde pública e do meio ambiente a serviço da preservação dos direitos fundamentais das presentes e futuras gerações. É impensável e inconcebível pensar-se o futuro e a sustentável evolução da humanidade sem a presença ponderada, mas efetiva, do princípio da precaução.

---

[285] SADELEER, Nicolas de. O estatuto do princípio da precaução no direito internacional. *In*: PLATIAU, Ana Flávia Barros; VARELLA, Marcelo Dias (Org.). *Princípio da precaução*. Belo Horizonte: Del Rey, 2004, p. 71.

2.3 A evolução de Sunstein: o procedimento da análise do custo-benefício humanizado e ecologicamente responsável e a aplicação do princípio da precaução

A análise do custo-benefício é utilizada pelo governo norte-americano, em sede de regulação, para que se evitem decisões equivocadas, enviesadas e causadoras de prejuízos. Trata-se de um poderoso antídoto contra vieses comportamentais que afetam o processo decisório também na aplicação do princípio da precaução. Decisões que visam à tutela do meio ambiente, da saúde pública, da segurança do Estado, entre outras, podem ter um custo imenso, causando mais prejuízos que benefícios, sacrificando os próprios valores que pretendem tutelar.

Exemplos dessas práticas nefastas ocorrem em decisões burocráticas, não apenas do Poder Executivo federal, estadual e municipal no Brasil, mas do próprio Poder Judiciário. Enfim, aplica-se a lei, ou executa-se a medida, sem que sejam considerados os seus custos. Clássico exemplo é a aplicação dos princípios da precaução e da prevenção para a tutela do meio ambiente e da saúde pública sem uma análise acurada do custo-benefício da medida, em especial quando grandes somas estão envolvidas.

A implementação da análise do custo-benefício foi iniciada pelo Governo Ronald Reagan com a criação da White House Office of Information and Regulatory Affairs – OIRA, e a publicação da Ordem Executiva nº 12.291 de 1981. O procedimento de análise do custo-benefício no Governo Reagan, conforme Sunstein, apresentou efeitos positivos, com medidas regulatórias de proteção ao meio ambiente, segurança alimentar, redução de riscos nas rodovias, promoção de programas de saúde pública, facilitação do acesso à imigração, produção de energia e segurança interna contra atos terroristas.[286] Foi expedida pelo Presidente Bill Clinton a Ordem Executiva nº 12.866, no ano de 1993, atualizando a regulamentação da matéria. Referido procedimento de análise do custo-benefício continuou a ser implementado em administrações do partido republicano e, também, do democrata, em matéria regulatória, invariavelmente.

---

[286] SUNSTEIN, Cass; HASTIE, Reid. *Wiser*: Getting Beyound Groupthink to Make Groups Smarter. Cambridge: Harvard Business Review Press, 2015, p. 157-158.

Ganhou maior importância o referido procedimento na administração do Presidente Barak Obama, que nomeou como Diretor da OIRA o Professor da Universidade de Harvard, Cass Sunstein, especialista em direito administrativo e práticas regulatórias, sendo um dos grandes defensores da análise do custo-benefício. Orientado por Sunstein, o Presidente Barack Obama publicou a Ordem Executiva nº 13.563, de 18.1.2011, com premissas básicas de análise do custo-benefício para serem observadas pelas agências federais e pelos demais setores do governo.[287]

A análise do custo-benefício possui papel central no direito administrativo e na regulação. Sunstein defende o *compliance* dessa regra regulatória e o estímulo, o armazenamento e a circulação de informações dentro das agências federais norte-americanas nos processos decisórios. Agências federais não podem exercer o seu papel regulatório em causas que envolvem elevadas somas em dinheiro, a menos que os benefícios da medida superem os custos e, também, que a medida regulatória seja capaz de maximizar os benefícios líquidos.[288] Observa-se, todavia, sua recente preocupação em humanizar o Estado Regulatório, porquanto existem valores que o dinheiro não pode quantificar (o direito à vida, à saúde, à dignidade humana, entre outros), sendo essa, talvez, a maior e mais justa crítica que pesa sobre a análise do custo-benefício[289] e os posicionamentos doutrinários passados de Sunstein.

Sunstein sugere quatro maneiras de humanizar o Estado Regulatório. De acordo com a primeira, não se deve entender os custos e os benefícios como meras abstrações aritméticas, mas como um esforço para captar qualitativamente bens diversos e promover uma troca razoável entre eles. O uso dessa métrica unitária deve ser elaborado para assegurar um balanceamento razoável, não para anular diferenças qualitativas. Em exemplo elucidativo, o autor relembra a poderosa crítica de Mill sobre o pensamento de Bentham, enfatizando as diferenças qualitativas de bens e valores diversos.[290]

---

[287] SUNSTEIN, Cass; HASTIE, Reid. *Wiser*: Getting Beyound Groupthink to Make Groups Smarter. Cambridge: Harvard Business Review Press, 2015, p. 105.

[288] SUNSTEIN, Cass; HASTIE, Reid. *Wiser*: Getting Beyound Groupthink to Make Groups Smarter. Cambridge: Harvard Business Review Press, 2015, p. 140.

[289] Uma boa e consistente crítica sobre valores e bens que não podem ser monetizados pode ser verificada em: SANDEL, Michael. *What's Money Can't Buy?* The Moral Limits of Market. New York: Farrar, Straus and Giroux, 2012.

[290] SUNSTEIN, Cass. *Valuing Life*: Humanizing the Regulatory State. Chicago: The Chicago Universtity Press, 2014, p. 173.

A segunda maneira consiste em levar a sério valores que são difíceis ou impossíveis de quantificar. Tais valores incluem a dignidade humana, a qual possui um papel crucial na regulação elaborada para a proteção da privacidade.[291]

O terceiro modo indica proceder a escolhas regulatórias e à análise do custo-benefício de maneira comportamentalmente informada, no sentido de que levem em conta as muitas diferenças entre o *Homo sapiens* e o *Homo economicus*. Cientistas comportamentais têm demonstrado que as pessoas usam heurísticas, ou atalhos mentais, na avaliação dos riscos, e os seus julgamentos intuitivos podem levar a graves erros. Uma disciplinada análise de riscos é sempre muito melhor que a utilização de meras intuições.[292]

Por fim, e em quarto lugar, as políticas e as regulações precisam beneficiar-se de informações dispersas de uma ampla variedade de seres humanos. Quando as coisas vão bem no governo, é, em grande parte, porque medidas de segurança institucional asseguram que as pessoas, nos setores público e privado, possam prestar informações acerca das prováveis consequências da regulação.[293]

As quatro maneiras de humanizar o estado regulatório e a análise do custo-benefício da medida estão estampadas na referida Ordem Executiva nº 13.563 do Presidente Obama. Na Seção 1 da ordem, na qual estão previstos os princípios gerais da regulação, fica claro que o sistema regulatório deve proteger a saúde pública, o bem-estar social, a segurança e o meio ambiente, enquanto promove o crescimento econômico, a inovação, a competitividade e a criação de empregos. Isso deve ser estabelecido com base na melhor tecnologia científica disponível. A regulação deve permitir a participação pública e a aberta troca de ideias e promover a previsibilidade, diminuindo as incertezas. Precisa identificar a melhor, mais inovadora e menos onerosa ferramenta para a obtenção dos fins regulatórios e avaliar os custos e os benefícios, tanto quantitativos quanto qualitativos. Regulações devem ser acessíveis, consistentes, escritas em linguagem clara e fácil

---

[291] Essa maneira, segundo o autor, seria relevante para a redução dos estupros e para impedir discriminações com base na raça, no sexo, na orientação sexual ou em relação aos portadores de necessidades físicas especiais (SUNSTEIN, Cass. *Valuing Life*: Humanizing the Regulatory State. Chicago: The Chicago Universtity Press, 2014, p. 174).
[292] SUNSTEIN, Cass. *Valuing Life*: Humanizing the Regulatory State. Chicago: The Chicago Universtity Press, 2014, p. 174.
[293] SUNSTEIN, Cass. *Valuing Life*: Humanizing the Regulatory State. Chicago: The Chicago Universtity Press, 2014, p. 174.

de se entender. Precisam sempre buscar a melhoria dos resultados apresentados pelas agências federais,[294] visando a um futuro melhor para todos.

Na Seção 2, a ordem enfatiza a necessidade de participação pública. Regulações devem ser factíveis e consistentes com a lei, sempre embasadas em uma troca aberta de informações e perspectivas entre os servidores estatais, municipais, tribais, *experts*, acionistas afetados no setor privado e o público como um todo.[295] Na Seção 3, está proposta a integração e a inovação. Alguns setores, entre os quais o industrial, enfrentam um grande número de exigências regulatórias redundantes, inconsistentes ou sobrepostas. Maior coordenação entre as agências federais pode reduzir tais exigências e, consequentemente, diminuir custos, desburocratizar e harmonizar as regras regulatórias existentes. Cada agência federal deve buscar identificar meios apropriados para alcançar objetivos regulatórios que são desenhados para promover a inovação.[296] A Seção 4 aborda a flexibilidade regulatória. Agências federais precisam identificar e considerar as abordagens regulatórias que reduzem dificuldades e mantêm a flexibilidade e a liberdade de escolha para o público. Essa abordagem inclui advertências, estabelece regras e requisitos de publicidade, assim como presta informações ao povo de modo claro e inteligível.[297]

A Seção 5 trata de regulação e ciência. Cada agência federal deve assegurar a objetividade no fornecimento de qualquer informação científica, tecnológica e do processo usado nas ações regulatórias das agências.[298] A Seção 6 regula a análise retrospectiva das regras existentes. As agências federais devem considerar a melhor maneira para promover a análise retrospectiva das regras que podem estar obsoletas, ser ineficientes, insuficientes e excessivamente onerosas. Ato contínuo, podem modificar, simplificar, ou expandir regulações de acordo com os objetivos da Administração. Tal análise retrospectiva, incluindo o suporte de dados, deve ser liberada *on-line* sempre que

---

[294] Ver Executive Order 13563 of January 18, 2011 nos apêndices de: SUNSTEIN, Cass. *Simpler*: the Future of Government. New York: Simon & Schuster, 2013.
[295] Ver Executive Order 13563 of January 18, 2011 nos apêndices de: SUNSTEIN, Cass. *Simpler*: the Future of Government. New York: Simon & Schuster, 2013.
[296] Ver Executive Order 13563 of January 18, 2011 nos apêndices de: SUNSTEIN, Cass. *Simpler*: the Future of Government. New York: Simon & Schuster, 2013.
[297] Ver Executive Order 13563 of January 18, 2011 nos apêndices de: SUNSTEIN, Cass. *Simpler*: the Future of Government. New York: Simon & Schuster, 2013.
[298] Ver Executive Order 13563 of January 18, 2011 nos apêndices de: SUNSTEIN, Cass. *Simpler*: the Future of Government. New York: Simon & Schuster, 2013.

possível,[299] a fim de aumentar a publicidade e o consequente controle público sobre as agências.

Sunstein relata a sua experiência positiva no Governo Obama (2009-2012) à frente da OIRA, em que medidas regulatórias associadas à análise do custo-benefício permitiram avanços sem precedentes, como: aumento da segurança nas rodovias, com campanhas de conscientização dos perigos relacionados à desatenção ao volante; facilitação e a viabilização de imigração para os Estados Unidos de pessoas portadoras de HIV, com a adoção de novas regras; eliminação de atrasos de mais de três horas dos aviões nas pistas dos aeroportos; benefícios aos consumidores gerados pela exigência de demonstração e especificação, pelas empresas aéreas, do preço das taxas embutido nas passagens; benefícios aos passageiros com fornecimento de comida e água pelas empresas aéreas, em virtude de atrasos de voos superiores a duas horas, quando da ocorrência de *overbooking*; a cominação de multas às empresas aéreas com a finalidade de abolir práticas nefastas ao consumidor.[300]

No mesmo sentido, foi possível: compelir a indústria a fabricar refrigeradores, máquinas de lavar louças, máquinas de lavar roupas e outros eletrodomésticos mais eficientes em termos energéticos; limitar as emissões de poluentes do ar pelas usinas de energia; melhorar o valor nutricional dos alimentos nas escolas; aumentar os impostos sobre o cigarro e exigir a colocação de advertências acerca dos malefícios do tabagismo estampadas nas carteiras; criar regras para combater a discriminação em virtude de desvantagens físicas, diferença de sexo e orientação sexual das pessoas.[301]

De outro lado, enquanto essas medidas regulatórias foram adotadas, outras medidas de regulação defendidas por grupos progressistas foram recusadas, porque não se justificavam, principalmente em tempos de dificuldades econômicas causadas pela crise de 2008. A intenção da OIRA, no período em que foi gerida por Sunstein, foi nitidamente promover uma regulação inteligente e também focar a desregulação, em especial para o combate à burocracia e aos prejuízos que ela acarreta ao setor privado e à sociedade como um todo.[302]

---

[299] Ver Executive Order 13563 of January 18, 2011 nos apêndices de: SUNSTEIN, Cass. *Simpler*: the Future of Government. New York: Simon & Schuster, 2013.
[300] SUNSTEIN, Cass. *Simpler*: the Future of Government. New York: Simon & Schuster, 2013, p. 7.
[301] SUNSTEIN, Cass. *Simpler*: the Future of Government. New York: Simon & Schuster, 2013, p. 7.
[302] SUNSTEIN, Cass. *Simpler*: the Future of Government. New York: Simon & Schuster, 2013, p. 7.

A Suprema Corte norte-americana, por sua vez, reconheceu recentemente a constitucionalidade e a necessidade da análise do custo-benefício em matéria de regulações por parte da Environmental Protection Agency (EPA) no *leading case* Administration of Environmental Protection Agency *v.* Eme Homer City Generation[303] e, também, no caso Michigan *et al. v.* Environmental Protection Agency *et al.*[304]

No último caso, a Corte entendeu que, embora o *Clean Air Act* determine que a Environmental Protection Agency (EPA) regule as emissões de poluentes do ar emitidos pelas usinas energéticas, essa regulação deve ser procedida desde que apropriada e necessária. A Suprema Corte considerou a conclusão da análise do estudo de impacto regulatório no sentido de que a estimativa do custo da regulação pretendida por parte das usinas de energia seria de 9,6 bilhões de dólares por ano e os benefícios da redução das emissões ficariam entre 4 e 6 milhões de dólares anuais. Os custos das usinas energéticas, desse modo, seriam 1.600 a 2.400 vezes maiores que os benefícios quantificáveis com a redução das emissões dos poluentes do ar. Com base no resultado da análise do impacto regulatório, a Suprema Corte, por escassa maioria de 5 a 4, entendeu que a regulação não era apropriada e necessária.[305]

Importante, com prudência e viés crítico, importar para o direito brasileiro a ideia da análise do custo-benefício nas decisões regulatórias ambientais: legislativas, judiciais[306] ou administrativas. É de se grifar que a importação desavisada da aplicação da análise do custo-benefício na antiga moldura desenvolvimentista construída pelo Banco Mundial, nos anos 1970 e 1980, no modelo do *one-size-fits-all,*[307]

---

[303] UNITED STATES. Supreme Court. EPA – Environmental Protection Agency v. Eme Homer City Generation, U.S. 12- 182, 2014. Disponível em: www. supremecourt.gov. Acesso em: 1º nov. 2014. Ver, também sobre o *leading case,* EPA v. Eme homer city generation. *Harvard Law Review,* Cambridge, MA, v. 128, n. 1, nov. 2014. Disponível em: http://harvardlawreview. org/2014/11/epa-v-eme-homer-city-generation-l-p/. Acesso em: 15 abr. 2015).

[304] UNITED STATES. Supreme Court. Michigan et al. v. Environmental Protection Agency et All., U.S., p. 14-46, 2015. Disponível em: www.supreme court.gov. Acesso em: 5 ago. 2015.

[305] UNITED STATES. Supreme Court. Michigan et Al. v. Environmental Protection Agency et All., U.S., p. 14-46, 2015. Disponível em: www. supremecourt.gov. Acesso em: 5 ago. 2015.

[306] Sobre a aplicação do princípio da precaução no âmbito da ação popular ambiental, ver: WEDY, Gabriel. Ação popular ambiental. *Revista da Escola da Magistratura do Tribunal Regional Federal da Quarta Região,* Porto Alegre, ano 1, n. 1, p. 311-336, 2014.

[307] Ver a originária e atual crítica de David Trubek, no sentido de que as realidades locais devem ser consideradas nas políticas públicas e que os meros transplantes de modelos de países ricos para nações em desenvolvimento estão fadados ao fracasso (TRUBEK, David; GALANTER, Mark. Scholars in Self-Estrangement: Some Reflections on the Crisis in Law and Development Studies in the United States. *Wisconsin Law Review,* Madison, n. 4, p. 1062-1102, 1974). E, também, em sentido complementar: TRUBEK, David;

não serve à realidade brasileira, em que as políticas públicas ambientais carecem de recursos financeiros, humanos, científicos e de maior transparência e democratização. Outra dificuldade para se proceder à análise do custo-benefício é a falta de dados e números para que se possa avaliar quantitativamente custos e benefícios, em especial em matéria ambiental.

Extrema dificuldade que precisa ser superada, contudo, é que, ainda com dados suficientes, existem direitos fundamentais que não possuem valoração econômica – em que pese a grita utilitarista pós-moderna –, como a vida, a saúde, o meio ambiente equilibrado e a própria dignidade da pessoa humana.[308] Afastada a abordagem utilitária radical, tais valores não podem ser quantificados pecuniariamente. Nesse sentido, está presente no direito norte-americano a figura do *cost-oblivious*, nos casos em que a proteção ao ambiente é tão importante que a regulação é realizada sem considerar o custo de sua implementação.[309]

Feitas as críticas ao procedimento da análise do custo-benefício,[310] em relação à promoção do desenvolvimento sustentável, não nos é dado

---

SANTOS, Alvaro. Introduction: the third moment in law and development theory and the emergence of a new critical practice. *In*: TRUBEK, David; SANTOS, Alvaro. *The New Law and Economic Development*: a Critical Appraisal. Cambridge: Cambridge University Press, 2006.

[308] Sobre valores fundamentais que não podem ser avaliados economicamente, ver: SANDEL, Michael. *What's Money Can't Buy?* The Moral Limits of Market. New York: Farrar, Straus and Giroux, 2012, p. 203.

[309] MALONE, Linda. *Environmental Law*. 4. ed. New York: Wolters Kluwer, 2014, p. 3. De acordo com Adler e Posner, por sua vez, deve ser rejeitada a justificação tradicional da análise do custo-benefício atrelada aos critérios Pareto potencial e Kaldor-Hicks e aceita a possibilidade da realização de comparações interpessoais de bem-estar. O teste Pareto teria suas limitações por não se prestar a responder às escolhas governamentais com perdedores e ganhadores. Já o critério Kaldor-Hicks seria falho para a análise de princípios morais. Entendem os autores que deve prevalecer o welfarismo fraco, como uma versão modificada e mais adequada do custo-benefício, segundo o qual o bem-estar geral é relevante moralmente, mas não é decisivo na medida em que questões distributivas devem ser consideradas (ADLER, Matthew; POSNER, Eric. *New Foundations of Cost-Benefit Analysis*. Cambridge: Harvard University Press, 2006, p. 26). Mais recentemente, Adler passou a defender que a classificação dos resultados em termos de benefícios agregados monetizados não precisa seguir a classificação dos resultados referentes ao bem-estar geral, a qual pode ser elaborada mediante a aplicação da equação da função social do bem-estar (*social welfare function*) (ADLER, Matthew. *Well-Being and Fair Distribution*: Beyond Cost-Benefit Analysis. Oxford: Oxford University Press, 2012, p. 111).

[310] Para uma noção aprofundada do procedimento da análise do custo-benefício, suas várias versões e sobre a necessidade da implementação deste pelo Estado brasileiro, relevante é a consulta a estudo realizado na Columbia Law School, no programa Visiting Scholar, por Ana Paula Wedy. Ver: WEDY, Ana Paula Martini Tremarin. *Análise do custo-benefício como procedimento de avaliação dos impactos das decisões públicas*. 2016. 215 f. Dissertação (Mestrado em Direito) – Faculdade de Direito, Pontifícia Universidade Católica do Rio Grande do Sul, Porto Alegre, 2016. Disponível em: http://hdl.handle.net/10923/8539. Acesso em: 20 ago. 2016.

o direito de ignorá-lo, sob pena de tomarmos decisões enviesadas[311] "pró-ambiente", "pró-desenvolvimento econômico" e *pro misero*, que por certo fogem da definição de desenvolvimento sustentável[312] construída, para além dos diplomas internacionais, pelo próprio Poder Constituinte de 1988, nos arts. 170 e 225. Importante que o Estado, talvez via ministérios do Meio Ambiente e da Fazenda, IBGE, IPEA e, por que não, CNJ (quando a regulação depender de decisões judiciais), com participação da sociedade, faça a apuração desses números e os três poderes passem a contar com dados ambientais, sociais e econômicos robustos para um procedimento informado de tomada de decisão mais seguro e, acima de tudo, sustentável. Este, talvez, seja o grande desafio para o futuro: preparar servidores públicos e juízes para a realização de uma análise do custo-benefício ambientalmente responsável e que respeite os direitos fundamentais no processo decisório, sem causar paralisia e estagnação econômica[313] quando da aplicação do princípio da precaução.

---

[311] Ver: FREITAS, Juarez. Hermenêutica jurídica e a ciência do cérebro: como lidar com automatismos mentais. *Revista da Ajuris*, Porto Alegre, v. 40, n. 130, p. 223-244, jun. 2013.

[312] Sobre o papel do juiz na promoção do princípio e do direito fundamental ao desenvolvimento sustentável, ver: WEDY, Gabriel. *Sustainable Development and the Brazilian Judge*. New York: Columbia University, 2015. Disponível em: https://web.law.columbia.edu/sites/default/files/microsites/climate-change/wedy_-_sustainable_development_and_brazilian_judges. pdf. Acesso em: 20 ago. 2016. E, também: WEDY, Gabriel. The Judiciary and Sustainable Development: Perspectives of a Brazilian Federal Judge. *The Journal of Sustainable Development Law and Policy*, Ado Ekiti, v. 7, p. 204-207, 2016.

[313] Sobre os nefastos efeitos paralisantes de decisões, em especial na aplicação do princípio da precaução, ver: SUNSTEIN, Cass. The Paralyzing Principle. *Chicago Law Review*, Chicago, p. 3237, 2002-2003. Disponível em: http://object.cato.org/sites/cato.org/files/serials/ files/regulation/2002/12/v25n4-9.pdf. Acesso em: 1º jan. 2016.

O PRINCÍPIO DA PRECAUÇÃO E A SUA IMPLEMENTAÇÃO

3.1 O princípio da precaução e direitos socioambientais: princípio da proporcionalidade (vedação de excesso e de inoperância)

O princípio da precaução atua na concretização dos direitos socioambientais, e, por isso, não dispensa o enfoque acerca da multifuncionalidade e classificação dos direitos fundamentais. Ao lado dos direitos fundamentais individuais e sociais, classificados respectivamente como direitos de primeira e segunda geração, evidencia-se, nas últimas décadas, uma nova dimensão de direitos fundamentais, emergidos da crise institucional do Estado Democrático de Direito.[314]

No âmbito supranacional, impõem-se questões que desconhecem fronteiras e demandam o interesse mundial, tais como a proteção ambiental e a manipulação genética. Estas compõem os direitos fundamentais de terceira geração, voltados à paz, à autodeterminação dos povos, ao desenvolvimento, ao meio ambiente e à qualidade de vida.[315]

---

[314] MIRANDA, Jorge. *Manual de direito constitucional*. 3. ed. rev. e atual. Coimbra: Coimbra, 2000, p. 31-32. v. 4.

[315] SARLET, Ingo Wolfgang. *A eficácia dos direitos fundamentais*. 2. ed. rev. e atual. Porto Alegre: Livraria do Advogado, 2001, p. 52-53; 55. Paulo Bonavides, por seu turno, aponta ainda a existência de direitos fundamentais de quarta geração que abrangem o direito à democracia, ao pluralismo e à informação (BONAVIDES, Paulo. *Curso de direito constitucional*. 15. ed. São Paulo: Malheiros, 2004, p. 570-572; e SARLET, Ingo Wolfgang. *A eficácia dos direitos fundamentais*. 2. ed. rev. e atual. Porto Alegre: Livraria do Advogado, 2001, p. 55).

A necessidade de levar-se em conta o meio ambiente no cenário mundial faz com que problemas ambientais assumam, então, um caráter universal e sejam concebidos sob o aspecto da interdependência, conforme a Declaração do Rio de Janeiro de 1992, sobre meio ambiente e desenvolvimento. Denota-se, pois, a necessidade de solidariedade, traduzida na restrição de soberanias estatais, fato que se evidencia mediante o desenvolvimento do direito internacional e comum.

Assim considerados, os direitos socioambientais podem ser visualizados sob a perspectiva jurídico-objetiva,[316] em se considerando as posições jusfundamentais, a partir da doutrina de Jellinek. Por conseguinte, os poderes públicos, para além do dever de resgatar os direitos fundamentais, devem intervir para acondicioná-los, garanti-los e restringi-los, quando necessário à salvaguarda dos valores e interesses comunitários, respeitado o seu núcleo essencial.[317]

Diante da sua dimensão axiológica, esses direitos não permitem valoração exclusiva sob a ótica do indivíduo e do seu *status* perante o Estado, porém devem ser concebidos pelo prisma da comunidade na sua totalidade. Constituem fins e valores a serem concretizados. Por isso, são aptos para legitimar restrições a direitos subjetivos, contribuindo, de certa forma, para a limitação do conteúdo e alcance dos direitos fundamentais, desde que resguardado o respectivo núcleo essencial.[318] A dimensão objetiva pressupõe uma denominada eficácia diretiva em relação ao Estado, que se encontra compelido à permanente concretização e realização dos direitos fundamentais.[319]

Em se considerando a perspectiva subjetiva e objetiva dos direitos fundamentais, constata-se uma dupla feição quanto à sua restrição e ao dever de proteção pelo Estado, refletida no princípio da proporcionalidade.[320] Sob o enfoque dos direitos de defesa (ou direitos

---

[316] Vieira de Andrade assevera que os direitos fundamentais não constituem apenas direitos subjetivos, mas também comportam uma dimensão objetiva, adquirindo relevância igualmente do ponto de vista da comunidade, na qualidade de valores ou fins, a partir de uma dimensão tanto diretiva como prospectiva (ANDRADE, José Carlos Vieira de. *Os direitos fundamentais na Constituição portuguesa de 1976*. Coimbra: Almedina, 1987, p. 144-145).

[317] ANDRADE, José Carlos Vieira de. *Os direitos fundamentais na Constituição portuguesa de 1976*. Coimbra: Almedina, 1987, p. 148.

[318] SARLET, Ingo Wolfgang. Constituição e proporcionalidade: o direito penal e os direitos fundamentais entre proibição de excesso e de insuficiência. *Revista da Ajuris*, Porto Alegre, v. 32, n. 98, p. 105-149, jun. 2005.

[319] SARLET, Ingo Wolfgang. Constituição e proporcionalidade: o direito penal e os direitos fundamentais entre proibição de excesso e de insuficiência. *Revista da Ajuris*, Porto Alegre, v. 32, n. 98, p. 105-149, jun. 2005 (principalmente p. 125).

[320] Ferreira Mendes e Buechele afirmam que os princípios da proporcionalidade e razoabilidade apresentam exatamente o mesmo sentido. Ver: MENDES, Gilmar Ferreira.

subjetivos em sentido negativo), configurar-se-ia, como limite à restrição, o que a doutrina sedimentou como proibição de excesso; em contrapartida, também falharia o Estado quanto ao seu dever de proteção, ao atuar de forma insuficiente, abaixo dos limites mínimos de proteção exigidos pela Constituição.[321]

Concebendo-se que os direitos fundamentais são veiculados, na maioria das vezes, por disposições de baixa densidade normativa, contendo expressões fluidas, ou mesmo polissêmicas, o processo da sua concretização importa na densificação dessas normas, rumo à competente atribuição de sentido.

Atribuindo-se sentido a determinada norma de direito fundamental, o seu âmbito de proteção poderá colidir com outras normas de direito fundamental, que igualmente merecem proteção. Daí resulta a necessidade de restrição aos direitos fundamentais, dado que não se afiguram absolutos e devem coexistir no sistema jurídico, entre si e com outros direitos e bens jurídicos protegidos. Essa ideia traz consigo a noção de que a atividade restritiva deve encontrar barreiras de modo a não configurar pretexto à aniquilação dos mesmos direitos que exigem a proteção do sistema.

Acerca da possibilidade de restrição dos direitos fundamentais, valem as considerações referentes à distinção entre regras e princípios, notadamente, quanto ao enquadramento das posições de direitos fundamentais em definitivas e *prima facie*. Em se partindo da teoria dos princípios, verificar-se-á que as posições a serem restringidas

---

Direitos fundamentais e controle de constitucionalidade. 2. ed. São Paulo: Celso Bastos, 1999; BUECHELE, Paulo Arminio Tavares. *O princípio da proporcionalidade e a interpretação da Constituição*. Rio de Janeiro: Renovar, 1999. Bandeira de Mello e Grau defendem que um princípio está contido no outro, embora tenham cada qual um conteúdo específico. Ver: GRAU, Eros Roberto. *O direito e o direito pressuposto*. 2. ed. São Paulo: Malheiros, 1998; BANDEIRA DE MELLO, Celso Antônio. *Conteúdo jurídico do princípio da igualdade*. 3. ed. São Paulo: Malheiros, 1995. Pontes nega um efetivo conteúdo jurídico da razoabilidade, face à fluidez do seu conceito, e defende a preponderância na juridicidade do princípio da proporcionalidade. Ver: PONTES, Helenilson Cunha. *O princípio da proporcionalidade e o direito tributário*. São Paulo: Dialética, 2000. Segue-se no presente estudo o posicionamento de Ferreira Mendes e Buechele porque melhor atende aos reclamos da aplicação prática e simplificada do princípio a casos concretos. A propósito, o Supremo Tribunal Federal do Brasil, segundo noticia Galia, limitou-se diversas vezes a equiparar a proporcionalidade com a razoabilidade, no sentido do que é proporcional não extrapola os limites da razoabilidade. Ver: GALIA, Susana Sbrogio. *Mutações constitucionais e direitos fundamentais*. Porto Alegre: Livraria do Advogado, 2007, p. 145.

[321] SARLET, Ingo Wolfgang. Constituição e proporcionalidade: o direito penal e os direitos fundamentais entre proibição de excesso e de insuficiência. *Revista da Ajuris*, Porto Alegre, v. 32, n. 98, p. 105-149, jun. 2005 (principalmente p. 132).

configuram-se posições *prima facie*, em que se restringirá não somente um bem protegido, mas um direito garantido por normas de direito fundamental.[322]

Temos por limitações a direitos fundamentais as normas constitucionais que restringem posições *prima facie* de direitos fundamentais. Essas normas restritivas de direitos fundamentais, por sua vez, devem ser emanadas da autoridade competente, seja pela atividade legislativa, no que concerne às regras restritivas, seja pela atividade judiciária, quando a autoridade, legitimada pela Lei Maior a estabelecer o controle de constitucionalidade, limita direitos fundamentais de terceiros e outros bens jurídicos de nível constitucional, que entrem em colisão.[323]

O fato de a estrutura da norma de direitos fundamentais comportar a veiculação sob a forma de princípios importa no fato de que os direitos fundamentais podem ser restringidos aos princípios opostos, bem como sua restringibilidade pode ser limitada. Todavia, se a restrição aos direitos fundamentais ocorre quando, diante do caso concreto, princípios opostos possuam maior peso que o princípio de direito fundamental em exame, verifica-se que os direitos fundamentais consistem na própria limitação à sua respectiva restrição e restringibilidade.[324]

A ideia de traçar limites aos limites dos direitos fundamentais foi difundida na doutrina alemã durante a vigência da Lei Fundamental de Bonn.[325] As restrições aos limites dos direitos fundamentais constituem instrumentos normativo-metódicos de aplicação desses direitos, cuja finalidade é garantir o seu caráter vinculante.[326] Nessa condição, o princípio da proporcionalidade,[327] composto por três subprincípios

---

[322] ALEXY, Robert. *Teoria de Los Derechos fundamentales*. Madrid: Centro de Estúdios Constitucionales, 1997, p. 267-271.

[323] ALEXY, Robert. *Teoria de Los Derechos fundamentales*. Madrid: Centro de Estúdios Constitucionales, 1997, p. 272-275.

[324] ALEXY, Robert. *Teoria de Los Derechos Fundamentales*. Madrid: Centro de Estúdios Constitucionales, 1997, p. 286.

[325] PEREIRA, Jane Reis Gonçalves. *Interpretação constitucional e direitos fundamentais*: uma contribuição ao estudo das restrições aos direitos fundamentais na perspectiva da teoria dos princípios. Rio de Janeiro: Renovar, 2006, p. 298.

[326] PEREIRA, Jane Reis Gonçalves. *Interpretação constitucional e direitos fundamentais*: uma contribuição ao estudo das restrições aos direitos fundamentais na perspectiva da teoria dos princípios. Rio de Janeiro: Renovar, 2006, p. 299.

[327] PEREIRA, Jane Reis Gonçalves. *Interpretação constitucional e direitos fundamentais*: uma contribuição ao estudo das restrições aos direitos fundamentais na perspectiva da teoria dos princípios. Rio de Janeiro: Renovar, 2006, p. 299.

(adequação, necessidade e proporcionalidade),[328] é caracterizado pelos seus vetores da proibição de excesso e da vedação à tutela insuficiente do Estado.

Os meios de ação escolhidos pelo Estado têm que corresponder aos fins almejados pela lei e pela Constituição Federal. A máxima maquiavélica de que os fins justificam os meios não pode ser aplicada ao Estado.[329] Os meios utilizados pelo Estado não podem ser ínfimos a ponto de nada tutelar e a nenhum fim atingir, nem excessivos a ponto de violar direitos fundamentais. Deve haver, portanto, adequação nos atos da Administração Pública para que haja respeito ao princípio da proporcionalidade.

O Estado, também, seja na sua função administrativa, seja na sua função legislativa, deve agir quando for estritamente necessário. E sempre quando agir deve escolher entre as várias alternativas aquela que afetar o menos possível os direitos fundamentais protegidos constitucionalmente.

A cláusula da proporcionalidade *stricto sensu* decorre do reconhecimento de que os meios, embora possam ser idôneos para atingir a finalidade pública colimada, podem ser desproporcionais em uma relação custo-benefício. Como afirmado por Freitas: "Sem incorrer em simplificador e ingênuo cálculo utilitário ou mera análise econômica, a proporcionalidade em sentido estrito indaga pelo "preço a pagar",

---

[328] "1- quanto ao subprincípio da adequação: o meio escolhido deve ser apto à consecução do fim pretendido; 2- quanto ao subprincípio da necessidade: entre os meios adequados (segundo o item precedente), deve-se escolher aquele que cause menor restrição a direito, isto é, o meio menos gravoso ao cidadão; 3- quanto ao subprincípio da proporcionalidade em sentido estrito: deve-se considerar a relação precedência de um bem jurídico em detrimento de outro envolvido no processo de ponderação" (BARROS, Suzana de Toledo. *O princípio da proporcionalidade e o controle da constitucionalidade das leis restritivas de direitos fundamentais*. 2. ed. Brasília: Brasília Jurídica, 2000, p. 74-87). Ver também: PEREIRA, Jane Reis Gonçalves. *Interpretação constitucional e direitos fundamentais*: uma contribuição ao estudo das restrições aos direitos fundamentais na perspectiva da teoria dos princípios. Rio de Janeiro: Renovar, 2006, p. 324 *et seq.*; STEINMETZ, Wilson Antônio. *Colisão de direitos fundamentais e princípio da proporcionalidade*. Porto Alegre: Livraria do Advogado, 2001, p. 148 *et seq.*; ALEXY, Robert. *Teoria da argumentação jurídica*. Tradução Zilda Hutchinson Silva. São Paulo: Landy, 2001, p. 111 *et seq.*; ÁVILA, Humberto. *Teoria dos princípios*: da definição à aplicação dos princípios jurídicos. 5. ed. rev. e ampl. São Paulo: Malheiros, 2006; STUMM, Raquel Denize: *Princípio da proporcionalidade no direito constitucional brasileiro*. Porto Alegre: Livraria do Advogado, 1995, p. 79 *et seq.*; SILVA, Luís Virgílio Afonso da. O proporcional e o razoável. *Revista dos Tribunais*, São Paulo, v. 91, n. 798, abr. 2002.

[329] Ver: MAQUIAVEL, Nicolau. *O príncipe*: escritos políticos. Tradução Lívio Xavier. 3. ed. São Paulo: Abril Cultural, 1983.

no caso da precaução. Faz a conta do lucro e da perda, ao apurar se os ônus interventivos não são desmesurados".[330]

As medidas de precaução deverão configurar meios hábeis a evitar a situação de risco, porquanto a precaução trabalha na seara das probabilidades. Inexiste a certeza científica de dano, mas a possibilidade de vir a ocorrer demonstra-se plausível. Entre os meios hábeis a evitar o risco de dano, dever-se-á escolher com moderação, optando-se pelos menos gravosos àqueles que terão seus interesses atingidos com a medida, pois precaução também importa agir com moderação.[331]

O princípio da precaução deve sempre observar o princípio da proporcionalidade e, obviamente, as cláusulas que dele são corolários. As vedações de excesso e de inoperância devem estar sempre presentes no manejo do princípio da precaução pelo Estado em suas três funções: administrativa, judiciária e legislativa. Assim, o ato administrativo que deve visar sempre a um fim de interesse público não pode ser excessivo a ponto de mutilar direitos e destruir garantias constitucionais nem insuficiente a ponto de nenhuma finalidade atingir e nenhum direito tutelar.

Neste sentido o juiz, ao aplicar o princípio da precaução, não pode tolher de forma infundada empreendimentos privados. O exemplo utilizado por Freitas no já citado artigo[332] de proibição de utilização de aparelhos celulares por todos os cidadãos por mera suposição de danos à saúde pela radiação é elucidativo, porque não há evidências razoavelmente fundadas pela ciência de que esses aparelhos, essenciais à vida moderna, causem danos à saúde do usuário.[333] A *fortiori*, não existe fundamento razoável acerca dos possíveis riscos de danos causados à saúde das pessoas pelos campos eletromagnéticos que caracterizam as torres de telefonia celular.[334]

---

[330] FREITAS, Juarez. Princípio da precaução: vedação de excesso e de inoperância. *Revista Interesse Público*, Sapucaia do Sul, ano VII, n. 34, 2006.

[331] MOTA, Maurício. Princípio da precaução no direito ambiental: uma construção a partir da razoabilidade e da proporcionalidade. *Revista de Direito do Estado*, ano 1, n. 4, p. 245-276, out./dez. 2006.

[332] Segundo Freitas, "Seria, para figurar outro exemplo, gritante demasia, consoante o atual estado de conhecimentos, cogitar de proibir o uso de celulares simplesmente em função do medo mórbido quanto aos efeitos nocivos de toda e qualquer radiação" (FREITAS, Juarez. Princípio da precaução: vedação de excesso e de inoperância. *Revista Interesse Público*, Sapucaia do Sul, ano VII, n. 35, 2006).

[333] HOONG, Ng Kwan. *Radiation, Mobile Phones, Base Stations and Your Health*. Malásia: Comissão de Comunicações e Multimídia da Malásia, 2003. Ver: UNIVERSIDADE DE BRASÍLIA. Departamento de Engenharia Elétrica. *Sistemas de telefonia celular*: respondendo ao chamado da razão. Brasília: ACEL, 2005.

[334] Ver: MILARÉ, Edis; SETZER, Joana. Aplicação do princípio da precaução em áreas de incerteza científica: exposição a campos eletromagnéticos gerados por estação de rádio

Outro exemplo que pode ser dado como uma medida desproporcional tomada pelo Estado-Legislador seria uma lei que impedisse a fabricação, comercialização e consumo de refrigerantes compostos por cola (Coca-Cola, Pepsi-Cola etc.) motivada pelo fato de que essas bebidas supostamente viciam e enfraquecem a estrutura óssea das pessoas. Seria uma medida excessiva adotada pelo legislador e, portanto, desproporcional, porque é voz mais ou menos corrente na medicina que referidos refrigerantes possuem ínfimas substâncias viciantes e passam tão rápido pelo organismo, até serem expelidos, que não chegam a fazer malefícios relevantes ou consideráveis.[335]

Ferreira Mendes, ao analisar a aplicação do princípio da razoabilidade, sob a ótica da proibição do excesso, em decisão do egrégio Supremo Tribunal Federal, que restringiu a liberdade de exercício profissional, conclui:

> Deve-se acentuar que a argumentação desenvolvida pelo Supremo Tribunal Federal não deixa dúvida de que, na espécie, a legitimidade dessas medidas restritivas há de ser aferida no contexto de uma relação meio-fim (Zweck-Mittel Zusammenhang), devendo ser pronunciada a inconstitucionalidade da lei que contenha limitações inadequadas, desnecessárias ou desproporcionais (não razoáveis). Trata-se, à evidência, de aplicação do princípio da proporcionalidade ou da proibição de excesso no juízo de constitucionalidade.[336]

O princípio da proporcionalidade, portanto, deve ser aplicado sempre, como afirma Sarlet, "na sua dupla manifestação como proibição

---

base. *Revista de Direito Ambiental*, São Paulo, ano 11, v. 41, p. 6-25, jan./mar. 2006. Na decisão da 5ª Câmara de Apelação da Província de Córdoba na Argentina se debateu a possível nocividade de torres de aparelhos celulares à saúde das pessoas. A decisão da referida 5ª Câmara não aplicou o princípio da precaução no caso concreto, sofrendo fortes críticas de Lamberti (LAMBERTI, Alicia Morales. Campos Electromagnéticos, Poder de Polícia Ambiental y Principio Precautório en la Reciente Doctrina Judicial de la Província de Córdoba. *Revista de Derecho Ambiental*, p. 108-28, jul./sept. 2007).

[335] Estudos realizados nos EUA concluíram que o consumo moderado de fósforo e cafeína, ingredientes presentes em refrigerantes, não contribui para mudanças nas quantidades existentes de cálcio ou perda de massa óssea. Coca-Cola contém 34mg de fósforo por 200ml (porção); o queijo tipo prato possui 543mg de fósforo em 100g. A recomendação do Ministério da Saúde, do Brasil, para a ingestão diária de fósforo para crianças (a partir de 1 ano de idade) e adultos é de 800mg. Gestantes e lactantes (mulheres amamentando) devem aumentar a ingestão de fósforo para 1200mg por dia, de acordo com as recomendações do Ministério da Saúde, do Brasil (Disponível em: http://www.cocacoladobrasil.com.br. Acesso em: 29 jan. 2008).

[336] MENDES, Gilmar Ferreira. *Direitos fundamentais e controle de constitucionalidade*. 2. ed. São Paulo: Celso Bastos, 1999, p. 43.

de excesso e de insuficiência, tanto no plano da fundamentação quanto na esfera das conclusões".[337] Esse autor, criticando as violações ao meio ambiente em face da ação insuficiente do Estado moderno e da crise de efetividade dos direitos sociais, ressalta:

> Cumpre assinalar que a crise de efetividade que atinge os direitos sociais, diretamente vinculada à exclusão social e falta de capacidade por parte dos Estados em atender as demandas nesta esfera, acaba contribuindo como elemento impulsionador e como agravante da crise dos demais direitos, do que dão conta- e bastariam tais exemplos para comprovar a assertiva- os crescentes níveis de violência social, acarretando um incremento assustador dos atos de agressão a bens fundamentais (como tais assegurados pelo direito positivo),como é o caso da vida, integridade física, liberdade sexual, patrimônio, apenas para citar as hipóteses onde se registram maior número de violações, isto sem falar nas violações de bens fundamentais de caráter transindividual como é o caso do meio ambiente, o patrimônio histórico, artístico, cultural, tudo a ensejar uma constante releitura do papel do Estado Democrático de Direito e das suas instituições, também no tocante às respostas para a criminalidade num mundo em constante transformação.[338]

Sarlet refere que o Tribunal Constitucional Federal da Alemanha, a partir da doutrina de Canaris e Isensee, por ocasião da sua segunda decisão sobre o aborto, em maio de 1993, considerou que o legislador, ao implementar um dever de prestação que lhe foi imposto pela Constituição (especialmente no âmbito dos deveres de proteção), encontra-se vinculado pela proibição de inoperância, de tal sorte que os níveis de proteção (portanto, as medidas estabelecidas pelo legislador) deveriam ser suficientes para assegurar um padrão mínimo (adequado e eficaz) de proteção constitucionalmente exigido.[339]

Observa-se que o princípio da precaução não pode deixar de ser aplicado pelo Estado sob pena de violação à cláusula de vedação de inoperância e, de outra banda, não pode ser aplicado

---

[337] SARLET, Ingo Wolfgang. Constituição e proporcionalidade: o direito penal e os direitos fundamentais entre proibição de excesso e de insuficiência. *Revista da Ajuris*, Porto Alegre, v. 32, n. 98, p. 105-149, jun. 2005.

[338] SARLET, Ingo Wolfgang. Constituição e proporcionalidade: o direito penal e os direitos fundamentais entre proibição de excesso e de insuficiência. *Revista da Ajuris*, Porto Alegre, v. 32, n. 98, p. 105-149, jun. 2005 (principalmente p. 114).

[339] SARLET, Ingo Wolfgang. Constituição e proporcionalidade: o direito penal e os direitos fundamentais entre proibição de excesso e de insuficiência. *Revista da Ajuris*, Porto Alegre, v. 32, n. 98, p. 105-149, jun. 2005 (principalmente p. 132).

indiscriminadamente sob pena de violação à cláusula da vedação de excesso. O Estado, em suas funções administrativas, jurisdicionais e legislativas, deve se pautar sempre pela moderação e parcimônia em seus atos, sem que isso signifique uma omissão danosa às liberdades públicas e aos direitos fundamentais.

Sem a menor pretensão de se chegar a verdades definitivas, pode-se inferir que o princípio da precaução deve ser aplicado sempre com observância ao princípio da proporcionalidade. Sempre devem estar presentes os vetores do princípio da proporcionalidade da vedação de excesso e de inoperância, sob pena de empreendimentos públicos ou privados causarem danos, ou potenciais danos, ao meio ambiente por ação e omissão.

Todavia a mera responsabilização do Estado, em matéria de danos ao ambiente e à saúde pública, se mostra insuficiente. Como é possível reparar a destruição de uma floresta milenar causada por um incêndio? Ou como reparar danos causados a uma população e a diversos ecossistemas por um acidente nuclear?[340] Como reparar um grande vazamento de óleo que destrói espécies marinhas muitas vezes perto da extinção? Como é possível reparar a vida de pessoas contaminadas com o vírus da Aids por sangue depositado em um banco de sangue público?

Da análise dessas questões, pode-se observar que o princípio da precaução deve ser aplicado sempre antes da ocorrência do dano para que o meio ambiente e a saúde pública não sofram sérios riscos. Principalmente nos dias atuais, em que os agentes poluentes e causadores de danos à saúde pública, geralmente potentados grupos econômicos, estão espraiados e são cada vez mais numerosos. O Estado, em contraponto, superada a sua fase meramente formal-ordenadora, deve ser visto hoje, como afirmado por Streck, "como um amigo dos direitos fundamentais" e para isso o manejo do princípio da proporcionalidade mediante cláusulas de vedação de excesso e de inoperância deve sempre estar presente.[341]

---

[340] Para Beck, "El error primigenio acerca del contenido de riesgo de una tecnología se encuentra en la singularidad del desconocimiento y minimización de los riesgos nucleares" (BECK, Ulrich. *La Sociedad del Riesgo*: Hacia una Nueva Modernidad. Barcelona: Surcos, 2006, p. 83).

[341] Segundo Lenio Streck, "o Estado, depois de sua fase absenteísta, em que o Direito tinha uma função meramente ordenadora, pode/deve ser visto, hoje, como amigo dos direitos humanos –fundamentais. Afinal, é no Estado – mormente em países de modernidade tardia – que encontramos as possibilidades do resgate das promessas da modernidade. E é a partir da busca desse desideratum, previsto amplamente no texto compromissário e dirigente da Constituição, é que podem ser encontrados os limites do sentido e o sentido

A atividade de ponderação apresenta-se comum à proporcionalidade em sentido estrito e à proibição de excesso e inoperância, pois a ponderação de direitos e bens jurídicos em situação de colisão realiza-se pelo princípio da proporcionalidade, notadamente, pela sua máxima parcial da proporcionalidade em sentido estrito.[342]

A ponderação, embora não seja sinônimo de interpretação, corresponde à metódica empregada com o intuito de adotar uma decisão de preferência entre direitos ou bens em conflito, determinando qual direito ou bem prevalecerá na solução da colisão e em que medida.[343]

A ponderação é um elemento do procedimento de interpretação/aplicação de normas, que visa à atribuição de um significado normativo e à elaboração de uma norma de decisão.[344] Possui relevância em situações de menor densidade normativa, configurando método compatível com a exigência de densificação das normas.

Conforme a teoria estrutural de Alexy, os direitos fundamentais possuem a estrutura normativa de princípios que podem ser cumpridos em diferentes graus, admitindo a possibilidade de colisão dependendo da extensão do seu âmbito de proteção. A "lei de colisão", de Alexy, busca resolver essa situação ao estabelecer, mediante atividade ponderativa, uma relação condicionada de preferências, em que a precedência de um princípio em relação a outros dependerá, no caso concreto, do peso que adquirirão os princípios envolvidos diante de determinadas circunstâncias: "El principio P1 tiene, en un caso concreto, un peso mayor que el principio opuesto P2 cuando existen razones suficientes para que P1 preceda a P2, bajo las condiciones C dadas en el caso concreto".[345] Assim, a dimensão de peso equivale às razões para precedência de um princípio em relação a outros.

---

dos limites do Direito Penal, a partir do teorema da proporcionalidade que sustenta (ess) a sua (nova) função no Estado Democrático (e Social) de Direito, em dois pilares: a (ampla) possibilidade de sindicância de índole constitucional não somente das normas penais violadoras da proibição de excesso (Übermassverbot), como também das normas penais que violem o princípio da proporcionalidade por proteção deficiente (Untermassverbot)" (STRECK, Lenio. A dupla face do princípio da proporcionalidade: da proibição de excesso (übermassverbot) à proibição de proteção deficiente (untermassverbot) ou de como não há blindagem contra normas penais inconstitucionais. *Revista da Ajuris*, Porto Alegre, ano XXXII, n. 97, p. 201-202, mar. 2005).

[342] STEINMETZ, Wilson Antônio. *Colisão de direitos fundamentais e princípio da proporcionalidade.* Porto Alegre: Livraria do Advogado, 2001, p. 144-145.

[343] STEINMETZ, Wilson Antônio. *Colisão de direitos fundamentais e princípio da proporcionalidade.* Porto Alegre: Livraria do Advogado, 2001, p. 140-141.

[344] CANOTILHO, José Joaquim Gomes. *Direito constitucional e teoria da Constituição.* Coimbra: Almedina, 2000, p. 119-120.

[345] ALEXY, Robert. *Teoria de los Derechos Fundamentales.* Madrid: Centro de Estudios Constitucionales, 1997, p. 90-95; 157.

Do caráter *prima facie* dos princípios, comportando a possibilidade de se realizarem em diferentes graus, segundo as possibilidades jurídicas e fáticas, tem-se que a obtenção de determinado resultado para dado caso concreto não significa que este resultado seja definitivo.[346] Denota-se, pois, que a atividade ponderativa decorre da abertura semântica e da estrutura principiológica dos direitos fundamentais, não conduzindo necessariamente a um único resultado possível no que diz respeito ao conteúdo das normas de direito fundamental, bem assim a sua determinação material na Constituição.[347]

A ponderação fundamenta, pois, uma relação de preferências condicionadas no sentido de que a justificação para se atribuir um maior ou menor peso a um princípio jurídico, nesta relação, depende de argumentos específicos, sendo que, por meio da lei de ponderação, quanto maior o grau de não realização ou afetação de um princípio, maior deverá ser o grau de satisfação do outro.[348]

O emprego do princípio da precaução impõe a atividade de ponderação, porque tutela direito fundamental de terceira geração, mas que, nem por isso, se encontra em grau inferior de preferência em relação às demais gerações antecessoras de direitos fundamentais. Além disso, também se insere na terceira geração de direitos fundamentais, como visto, o direito ao desenvolvimento, com o qual o âmbito de proteção do direito fundamental ao meio ambiente pode conflitar, exigindo a justa harmonização desses direitos.

Uma visão multifuncional e contemporânea da dual dimensão objetiva-subjetiva dos direitos fundamentais impõe a busca constante do equilíbrio e ajuste destes direitos, sob a égide do binômio liberdade-igualdade.[349] Tal pode ser aferido pela constatação de que, sem um

---

[346] Isso porque as razões em que se alicerçou podem ser superadas por razões opostas, sob outras condições pertinentes ao caso concreto (ALEXY, Robert. *Teoria de los Derechos Fundamentales*. Madrid: Centro de Estúdios Constitucionales, 1997, p. 99). Sob a mesma perspectiva, Guastini visualiza a realização da ponderação entre princípios em conflito, que se encontram em uma relação de antinomia não dirimível pelos critérios usuais destinados à solução dos conflitos entre regras, sendo necessário identificar uma hierarquia axiológica ou móvel na relação valorativa estabelecida pelo intérprete, com base em um juízo de valor (GUASTINI, Ricardo. *Distinguendo*: Studi di Teoria e Metateoria del Diritto. Torino: Giappichelli, 1992, p. 167-171).

[347] ALEXY, Robert. *Teoria de los Derechos Fundamentales*. Madrid: Centro de Estúdios Constitucionales, 1997, p. 525.

[348] ALEXY, Robert. *Teoria de los Derechos Fundamentales*. Madrid: Centro de Estúdios Constitucionales, 1997, p. 160-161.

[349] O Estado encontra-se atrelado ao binômio liberdade-fática/igualdade-fática, conferindo a liberdades formalmente contempladas a condição também de liberdades fáticas, na

patamar mínimo a assegurar a dignidade humana,[350] não se pode falar em qualquer forma de liberdade, senão em um plano meramente abstrato.

Isso implica a necessidade de intercooperação consubstanciada no princípio da solidariedade social. Esse princípio vincula todos os indivíduos, impondo que aceitem a restrição de direitos fundamentais em prol, não somente do desenvolvimento social, mas também da garantia das condições necessárias à sua própria subsistência. Nessa balança são sopesados os direitos de terceira dimensão: ao desenvolvimento e ao meio ambiente protegido.

O processo de argumentação, então, envolverá a aferição dos elementos do princípio da precaução, de modo que as medidas econômicas necessárias para afastar o risco de degradação ambiental serão proporcionais quando permitirem o diálogo com todos os seguimentos sociais envolvidos. E esse diálogo abrangerá a avaliação científica deste risco, cuja prova deverá ser a mais completa possível, identificando, em cada estágio, mediante todos os meios disponíveis, o grau de incerteza científica.[351]

Superados os aspectos relativos aos meios adequados e necessários, podem subsistir conflitos envolvendo o âmbito de proteção dos direitos fundamentais, notadamente, entre o direito a um meio ambiente sadio e protegido e o direito ao progresso social que se resolverá pela ponderação. A atividade ponderativa não prescindirá, todavia, da prudência jurídica "delimitação do que seja o conteúdo jurídico da ameaça hipotética mas plausível ensejadora do uso do princípio da

---

expressão de Alexy: "Esto impone, pues, la conclusión de que los derechos fundamentales, si su objetivo es que la personalidad humana se desarrolle libremente, apuntan también a libertades fáticas, es decir, deben asegurar también los presupuestos del uso de libertades jurídicas y, por lo tanto, son 'normaciones non sólo del poder hacer jurídico, sino también del poder actuar realmente'" (ALEXY, Robert. *Teoria de los Derechos Fundamentales*. Madrid: Centro de Estúdios Constitucionales, 1997, p. 489).

[350] Segundo José Joaquim Gomes Canotilho, "todos (princípio da universalidade) têm um direito fundamental a um núcleo básico de direitos sociais (minimum core of economic and social rights), na ausência do qual o estado português se deve considerar infractor das obrigações jurídico-sociais constitucional e internacionalmente impostas" (CANOTILHO, José Joaquim Gomes. *Direito constitucional e teoria da Constituição*. Coimbra: Almedina, 1997, p. 470). Sobre a existência de um mínimo existencial ambiental, ver: MOLINARO, Carlos Alberto. *Direito ambiental*: proibição de retrocesso. Porto Alegre: Livraria do Advogado, 2007.

[351] MOTA, Maurício. Princípio da precaução no direito ambiental: uma construção a partir da razoabilidade e da proporcionalidade. *Revista de Direito do Estado*, ano 1, n. 4, p. 245-76 out./dez. 2006.

precaução".[352] Essa estimativa trabalhará com os elementos do princípio da precaução na condição de verdadeiros tópicos no processo de argumentação jurídica.

Outrossim, os direitos fundamentais, que compõem as diferentes dimensões, com fulcro no seu aspecto objetivo, não podem ser tomados, do ponto de vista da sua imediata eficácia, de forma absoluta. Porém configuram posições *prima face* que comportam restrição ao limite do seu núcleo essencial. É, então, na busca da justa medida para afastar riscos de dano ao meio ambiente e à saúde pública, sem vedar o desenvolvimento econômico, igualmente objetivo do Estado de Direito e inclinação natural da humanidade, que a ponderação entre a aplicação do princípio da precaução, tutela do meio ambiente e o direito ao desenvolvimento operarão a atualização de sentido das normas jurídico-constitucionais, importando em interpretação evolutiva ou mutação constitucional.[353]

A ponderação de valores, portanto, é um importante instrumento, vinculado ao princípio da proporcionalidade, para a implementação segura do princípio da precaução. A ponderação de valores é fundamental para que o aplicador do princípio da precaução proceda de modo a não violar os vetores do princípio da proporcionalidade – da vedação de excesso e de inoperância –[354] evitando, assim, danos ao meio ambiente e à saúde pública.

3.2 Responsabilidade civil do Estado por dano ambiental em face da aplicação excessiva ou inoperante do princípio da precaução

O princípio da precaução como instrumento de tutela do meio ambiente deve ser aplicado e implementado pelo Estado de modo a, além de garantir a referida tutela, não causar danos[355] quando da sua

---

[352] MOTA, Maurício. Princípio da precaução no direito ambiental: uma construção a partir da razoabilidade e da proporcionalidade. *Revista de Direito do Estado*, ano 1, n. 4, p. 245-76 out./dez. 2006.

[353] Sobre limites dos limites dos direitos fundamentais, mutações constitucionais e proteção ao núcleo essencial dos direitos fundamentais, ver: GALIA, Susana Sbrogio. *Mutações constitucionais e direitos fundamentais*. Porto Alegre: Livraria do Advogado, 2007.

[354] Especificamente sobre a proibição de retrocesso no direito ambiental, ver MOLINARO, Carlos Alberto. *Direito ambiental*: proibição de retrocesso. Porto Alegre: Livraria do Advogado, 2007.

[355] Para Fischer, o dano pode ser considerado em duas acepções: vulgar e jurídica. Na acepção vulgar leva-se em consideração o prejuízo que alguém sofre em sua alma, em

aplicação. O Estado, ao praticar atos administrativos, legislativos ou jurisdicionais, não pode aplicar o princípio da precaução de forma excessiva ou inoperante, pois nesses casos poderá causar danos ao meio ambiente que deverão ser reparados.

Todavia, são importantes algumas considerações acerca da evolução da responsabilidade civil do Estado para que se possa abordar com segurança e presteza a sua responsabilização nos casos de aplicação excessiva ou inoperante do princípio da precaução.

A responsabilidade extracontratual do Estado evoluiu da completa irresponsabilidade para a adoção da teoria do risco administrativo, ou para alguns, para a teoria do risco integral, em matéria de dano ambiental. Na gênese do direito público vigia a tese da completa e irrestrita irresponsabilidade do Estado,[356] bem demonstrada nas máximas afirmadas na França, *"Le roi ne peut mal faire"*, e na Grã-Bretanha, *"The King can do not wrong"*. Ademais, na Inglaterra se chegou a afirmar que "aquilo que agrada ao príncipe tem força de lei" (*"quod principi placuit habet legis vigorem"*).

Essa teoria passou a perder fôlego, e a lesão ao direito alheio por parte do Estado passou a responsabilizá-lo. Neste sentido o *Federal Tort Claim Act* (1946) nos Estados Unidos e o *Crown Proceeding Act* na Inglaterra (1947). As teorias publicistas da responsabilização estatal passaram a surgir com base no célebre caso Blanco, ocorrido na França, no ano de 1873.[357]

---

seu corpo, ou em seus bens, sem que se questione quem é o autor da lesão resultante. Na acepção jurídica, embora partindo da mesma concepção, ocorre uma delimitação pela sua condição de pena ou de dever de indenizar, e vem a ser o prejuízo sofrido pelo sujeito de direitos em consequência da violação destes por fato alheio. Observa-se que a diferença capital entre a acepção vulgar e jurídica citadas por Fischer está no fato de que na acepção jurídica está presente o dever de indenizar, em decorrência de violação de norma. Também o autor, à época, fazia referência ao caráter de pena da indenização, o que, hoje, se sabe, superado (FISCHER, Hans Albercht Fischer. *Reparação de danos no direito civil*. Tradução Antônio de Arruda Ferrer Correa. São Paulo: Saraiva, 1938, p. 7-8). O caráter de pena da reparação ou da indenização pode ser no máximo uma função diminuta da pena, pois a função predominante hoje da indenização ou reparação é justamente a reparação integral do dano, não se levando em consideração de forma determinante a função penal do dever de indenizar.

[356] Segundo George Vedel: "L'idée selon laquelle la puissance publique doit répondre des dommagesqu'elle cause, si naturelle qu,elle nous paraisse, ne s'est pás installée sans renconter de résistance. A l'origine ellese heurtait au príncipe selon lequel, l'État, étant souverain, ne pouvait mal faire, au moins lorsqu'il agissait pour voie d'autorité" (VEDEL, George. *Droit Administratif*. 3. ed. Paris: Presses Universitaires de France, 1964, p. 240).

[357] Nesta feita, como bem relembra Maria Sylvia Zanella Di Pietro, a menina Agnes Blanco, ao atravessar uma rua na cidade de Bordoaux, foi colhida por uma vagonete da Cia. Nacional de Manufatura do Fumo; seu pai promoveu ação civil de indenização, com base

Chegou-se à conclusão, então, de que a responsabilidade do Estado não pode reger-se pelos princípios do Código Civil, porque se sujeita a regras especiais que variam conforme as necessidades do serviço e a imposição de conciliar os direitos do Estado com os direitos privados. Duguit ressalta o ocaso da irresponsabilidade do Estado, *puisssance publique*, e a sua responsabilização civil em caso de danos causados à esfera juridicamente protegida de outrem.[358]

Com o passar dos tempos e após célebres embates em doutrina, e principalmente em sede de jurisprudência, passou-se a adotar as teorias de responsabilização do Estado, a saber: teoria da culpa administrativa, teoria do risco administrativo e a teoria do risco integral. Mister frisar que as duas últimas teorias se revestem de caráter objetivo, ou seja, exigem apenas a conduta comissiva ou omissiva do agente público e o dano à esfera juridicamente protegida de outrem para que esteja presente o dever de indenizar do Estado.

O direito pátrio, desde a Constituição Federal de 1946, adota a teoria da responsabilidade objetiva do Estado,[359] porque o princípio da

---

no princípio de que o Estado é civilmente responsável por prejuízos causados a terceiros, em decorrência de ação danosa de seus agentes. Suscitado o conflito entre a jurisdição comum e o contencioso administrativo, o Tribunal de Conflitos decidiu que a controvérsia deveria ser solucionada pelo tribunal administrativo, porque se tratava de apreciar a responsabilidade decorrente de funcionamento do serviço público (DI PIETRO, Maria Sylvia Zanella. *Direito administrativo*. 13. ed. São Paulo: Atlas, 2001, p. 514).

[358] Assinala Duguit: "On parle, à l'heure actuale, de la transformation du Droit Public; on a raison. Cette transformation est rapide e profonde; il faudrait être aveugle pour na pás l'apercevoir; et cette transformation, elle apparaît d'une manière particulièrement caractéristique [...] surtout dans la responsabilité de plus en plus grande l'État, reonnue par une jurisprudence constance à propós du fonctionnement de tous lês services publics" (DUGUIT, Leon. *Traité de Droit Costitutionnel*. Paris: Ancienne Librairie Fonemoing e Cie Éditeurs, 1928, p. 40. v. 2).

[359] Para Weida Zancaner: "Os danos reparáveis no sistema da responsabilidade objetiva, merecem algumas considerações que os distingam dos danos reparáveis sob a ótica da responsabilidade subjetiva. Os danos reparáveis possuem características distintas conforme sejam provenientes de atividades lícitas ou ilícitas. Os danos decorrentes de atividades ilícitas são sempre antijurídicos e necessitam: a- ser certos e não eventuais; b- atingirem situações jurídicas legítimas, suscetível de configurar um direito. De outra banda, para que os danos provenientes de atividades lícitas possam ser ressarcidos, além das duas primeiras características, devem acumular mais duas: c- anormais e d- especiais. Assim os danos reparáveis em virtude de prática de ilícito devem ser certos, podendo ser atuais ou futuros como os danos ambientais ocasionados por grande vazamento de navio petroleiro que pode afetar as espécies e vegetações marinhas por anos ou décadas. O dano reparável também deve atingir uma situação jurídica legítima, ou seja, atingir um interesse legítimo. Neste caso, por exemplo, teríamos a demissão de servidor público sem o processo administrativo obediente ao *due process of law* e *substantive process of law*. Os danos provenientes de atos lícitos devem obedecer aos dois primeiros requisitos, mas também devem ser anormais, ou seja, meros dissabores ou aborrecimentos da vida cotidiana não geram direito à indenização. Neste caso o juiz, por um julgamento pautado em princípios,

igualdade dos ônus e encargos exige a reparação. Não deve, segundo esse princípio, o indivíduo vir a sofrer as consequências e prejuízos do dano causado pela atividade ou omissão do Estado isoladamente, devendo ser repartido entre todos o dever de reparar o dano mediante uma reparação oriunda do Tesouro estatal.

O princípio da responsabilidade extracontratual ou responsabilidade objetiva do Estado é um dos alicerces do Estado Democrático de Direito e está estampado com todas as letras em nossa Carta Política, em seu art. 37, §6º.[360] O Poder Constituinte Originário, de 1988, atento à preocupação mundial de proteção ao meio ambiente, à evolução, como ciência, do direito ambiental, previu, ao mesmo tempo, a proteção ao meio ambiente, de forma ampla, no art. 225.[361] A Constituição Federal, também, recepcionou a Lei nº 7.802/89 e a sua regulamentação representada pelo Decreto nº 4.074/02, que disciplinam a reparação dos danos ao meio ambiente.

Segundo Freitas:

> A responsabilidade extracontratual objetiva do Estado ou da Administração Pública é a que, sem cogitação de culpa, acarreta para a Fazenda o dever de indenizar, de modo pleno, o dano material ou moral, ocasionado a terceiro, especificamente por ação de seus agentes, considerados em sentido amplo.[362]

A responsabilidade extracontratual do Estado superou a exigibilidade da prova da culpa na conduta comissiva ou omissiva dos seus

---

valores e regras, definir o que é um dano indenizável e o que é um mero dissabor. O dano ainda deve ser especial, ou seja, atingir a uma pessoa ou a um grupo determinado de pessoas, porque os sujeitos de direito merecem a devida tutela da ordem jurídica. Hoje, contudo, direitos indisponíveis como o direito a um meio ambiente equilibrado, deve receber a tutela jurídica adequada. Ainda, o meio ambiente *per si* pode ser objeto de tutela jurídica para a preservação dele mesmo e das presentes e futuras gerações" (ZANCANER, Weida. *Da responsabilidade extracontratual da Administração Pública*. São Paulo: Revista dos Tribunais, 1981, p. 66-67).

[360] "Art. 37. A administração pública direta e indireta de qualquer dos Poderes da União, dos Estados, do Distrito Federal e dos Municípios obedecerá aos princípios de legalidade, impessoalidade, moralidade, publicidade e eficiência e, também, ao seguinte: [...] §6º As pessoas jurídicas de direito público e as de direito privado prestadoras de serviços públicos responderão que seus agentes, nessa qualidade, causarem a terceiros, assegurado o direito de regresso contra o responsável nos casos de dolo ou culpa considerados lesivos ao meio ambiente sujeitarão os infratores, pessoas físicas ou jurídicas, a sanções penais e administrativas, independentemente da obrigação de reparar os danos causados".

[361] FREITAS, Juarez. *Estudos de direito administrativo*. 2. ed. São Paulo: Malheiros, 1997, p. 120.

[362] FREITAS, Juarez. *Estudos de direito administrativo*. 2. ed. São Paulo: Malheiros, 1997, p. 120.

agentes para a responsabilização estatal. Portanto, para que esteja presente o dever de indenizar devem estar presentes o dano e o nexo causal sempre vinculados a uma ação ou omissão dos entes estatais.

A Constituição não distingue dano comum[363] do dano ambiental.[364] Assim, em caso de danos ambientais, a invocação do art. 37,

---

[363] Leciona Vladimir Passos de Freitas que "o dano é a abreviação de *damnum iniuria datum* dos romanos, que consiste, em síntese, em causar prejuízo em coisa alheia, animada, ou inanimada" (FREITAS, Vladimir Passos de. *A Constituição Federal e a efetividade das normas ambientais*. 3. ed. rev., atual. e ampl. São Paulo: Revista dos Tribunais, 2005, p. 168). Segundo Sérgio Severo, "o dano, sob o ponto de vista jurídico, é um dos elementos necessários para a configuração da responsabilidade civil. Para a teoria do interesse o dano é a lesão de interesses juridicamente protegidos" (SEVERO, Sérgio. *Os danos extrapatrimoniais*. São Paulo: Saraiva, 1996, p. 6). Segundo Aguiar Dias, à unanimidade dos autores convém que não pode haver responsabilidade sem a existência de um dano (DIAS, Aguiar. *Da responsabilidade civil*. 11. ed. rev. e atual. de acordo com o Código Civil de 2002, e ampl. por Rui Berford Dias. Rio de Janeiro: Renovar, 2006, p. 969). Assinala Daniela Rodrigueiro que: "O dano contra o qual o direito se insurge não é a mera lesão de interesse, mas a lesão de interesse que deve ser evitada, reparada ou restaurada pela ordem jurídica. Ou seja, o dano objeto de reparação é o dano antijurídico e não o mero dano existente no mundo dos fatos ou no mundo das abstrações. Em suma o dano que interessa à responsabilidade civil é o que constitui requisito essencial à obrigação de indenizar e este pode ser de ordem patrimonial ou extrapatrimonial" (RODRIGUEIRO, Daniela. *Dano moral ambiental*: sua defesa em juízo, em busca de vida digna e saudável. São Paulo: Juarez de Oliveira, 2004. p. 55).

[364] Quanto ao dano ambiental propriamente dito, Morato Leite faz uma classificação utilizando três padrões. Classifica-o (1) quanto à amplitude do bem protegido, (2) quanto à reparabilidade e ao interesse envolvido e (3) quanto à extensão do dano (LEITE, José Rubens Morato. *Dano ambiental*: do individual ao coletivo extrapatrimonial. 2. ed. rev., atual e ampl. São Paulo: Revista dos Tribunais, 2003, p. 100). Conclui-se a partir desta distinção que, em relação à (1) amplitude do bem protegido, o dano ecológico pode ser dano ecológico puro ou dano ambiental *lato sensu*. No caso do dano ecológico puro, o meio ambiente por ter uma conceituação restrita relacionada tão somente aos componentes do ecossistema, excluiria danos ao patrimônio cultural ou artificial. Neste caso, a tutela do meio ambiente seria realizada em relação a alguns componentes do ecossistema, ou seja, o dano juridicamente relevante seria aquele que atingisse diretamente a natureza. O dano ambiental *lato sensu* atingiria interesses difusos da coletividade, incluindo o patrimônio cultural. Ex.: pichações de obras de Aleijadinho em Ouro Preto. O dano individual ambiental é aquele que atinge um microbem ambiental individual, ou seja, a propriedade privada de um ente de direito e de forma reflexa o meio ambiente seria atingido. Ex.: furto de madeira de propriedade privada – uma chácara ou sítio – em que as árvores derrubadas eram passíveis de proteção por norma de direito ambiental. Quanto à (2) reparabilidade e ao interesse envolvido, o dano ambiental pode ser de reparabilidade direta ou indireta. O dano ambiental de reparabilidade direta ocorre quando há violação de interesses individuais próprios e individuais homogêneos e que atingem apenas reflexamente o meio ambiente enquanto bem de uso comum do povo. Dessa forma, aquele particular que teve o seu bem privado danificado será individualmente indenizado pelo causador do dano. Ex.: ato de vandalismo em criatório privado, autorizado pelo Ibama, contra animais ameaçados de extinção. O dano ambiental de reparabilidade indireta ocorre quando há violação de interesses difusos, coletivos e individuais de dimensão coletiva. Neste caso a reparação não visa à satisfação dos interesses do proprietário lesado. Aqui o bem tutelado é o macrobem ambiental diretamente. Ex.: desmatamento clandestino de grande extensão de Mata Atlântica. Quanto à sua (3) extensão, o dano ambiental pode

§6º, de nossa Magna Carta é suficiente para que o Estado possa ser demandado por danos causados ao meio ambiente, nos casos em que agir de forma inoperante ou excessiva. Leme Machado, por sua vez, afirma que "o princípio da precaução deverá ser implementado pela Administração Pública, no cumprimento dos princípios expostos no art. 37, *caput*, da Constituição Federal",[365] tendo em vista que o Brasil aderiu e ratificou convenções internacionais que preveem o referido princípio e inseriu o art. 225 na Constituição Federal.

O dano ambiental e a sua reparação são também regulados pelo art. 927 do Código Civil e art. 14, §1º, da Lei nº 6938/81. A Lei nº 6.938/81, que dispõe sobre a Política Nacional do Meio Ambiente, define o meio ambiente como "o conjunto de condições, leis, influências e interações, de ordem física, química e biológica, que permite, abriga e rege a vida em todas as suas formas". É essa a definição de meio ambiente que deve ser levada em consideração no momento da reparação dos danos ambientais causados por aplicação excessiva ou inoperante do princípio da precaução.

A referida legislação ainda definiu o meio ambiente como patrimônio público a ser necessariamente assegurado e protegido, tendo em vista o uso coletivo (art. 2º, inc. I). Neste diapasão o legislador infraconstitucional previu a responsabilidade objetiva em matéria de danos causados ao meio ambiente nos seguintes termos (art. 14, §1º, Lei nº 6.938/81):

> Sem obstar a aplicação das penalidades previstas neste artigo, é o poluidor obrigado, independentemente da existência de culpa, a indenizar ou reparar os danos causados ao meio ambiente e a terceiros, afetados por sua atividade. O Ministério Público da União terá legitimidade para propor ação de responsabilidade civil por danos causados ao meio ambiente.

---

ser dano patrimonial ambiental ou dano extrapatrimonial ambiental. O dano patrimonial ambiental é caracterizado pela restituição, recuperação ou indenização do bem ambiental lesado. Analisa-se aqui o bem ambiental em suas versões de macrobem ambiental – de interesse de toda a coletividade – e de microbem ambiental, que diz respeito a um interesse individual e um bem pertencente a este. O dano extrapatrimonial ou moral ambiental é o que consiste na reparação pelo sentimento de dor, perda e sofrimento ocasionado a um indivíduo ou a toda uma coletividade.

[365] MACHADO, Paulo Afonso Leme. O princípio da precaução e o direito ambiental. *Revista de Direitos Difusos*. São Paulo, v. 8, p. 1081-1084, ago. 2001.

É de se observar que as legislações constitucional e infraconstitucional de regência bem regulam a matéria e oferecem um meio de se realizar a reparação do dano ambiental nos casos de aplicação excessiva ou inoperante do princípio da precaução, mediante reparação *in natura* e pagamento de indenização.

A responsabilidade do Estado, por ser objetiva, está fundada no risco. Em relação à divergência doutrinária entre a teoria do risco criado e do risco integral, em matéria de dano ambiental, observa-se que não há tendência prevalente. Benjamin,[366] Athias,[367] Lyra,[368] Ferraz,[369] Milaré,[370] Silva,[371] Mancuso,[372] Rocha,[373] Leme Machado,[374] Nery Júnior,[375] Jucovsky[376] e Cavalieri Filho[377] entendem ser aplicável a teoria do risco integral. De outra banda, Porto,[378] Passos de Freitas,[379] Mazzilli,[380] Mukai[381] e Vianna[382] entendem por aplicar a teoria do risco criado ou risco proveito.

---

[366] BENJAMIN, Antônio Herman V. Responsabilidade civil pelo dano ambiental. *Revista de Direito Ambiental*, São Paulo, ano 3, v. 9, p. 5-52, jan./mar. 1998.

[367] ATHIAS, Jorge Alex Nunes. Responsabilidade civil e meio-ambiente: breve panorama do direito brasileiro. *In:* BENJAMIN, Antônio Herman V. (Coord.). *Dano ambiental*: prevenção, reparação e repressão. São Paulo: Revista dos Tribunais, 1993, p. 237-249.

[368] LYRA, Marcos Mendes. Dano ambiental. *Revista de Direito Ambiental*, São Paulo, ano 2, v. 8, p. 49-83, out./dez. 1997.

[369] FERRAZ, Sérgio. Direito ecológico, perspectivas e sugestões. *Revista da Consultoria-Geral do Estado do Rio Grande do Sul*, Porto Alegre, v. 2, n. 4, p. 43-52, 1972.

[370] MILARÉ, Edis. *Direito do ambiente*. São Paulo: Revista dos Tribunais, 2000, p. 338.

[371] SILVA, José Afonso da. *Direito ambiental constitucional*. 2. ed. rev. São Paulo: Malheiros, 1995, p. 215.

[372] MANCUSO, Rodolfo de Camargo. *Ação civil pública*. São Paulo: Revista dos Tribunais, 1989, p. 166.

[373] ROCHA, Maria Isabel de Matos. Reparação de danos ambientais. *Revista de Direito Ambiental*, São Paulo, ano 5, v. 19, p. 129-156, jul./set. 2000.

[374] MACHADO, Paulo Afonso Leme. *Direito ambiental brasileiro*. 8. ed. rev., atual. e ampl. São Paulo: Malheiros, 2006, p. 321.

[375] NERY JÚNIOR, Nelson; NERY, Rosa Maria B. B. de Andrade. Responsabilidade civil, meio ambiente e ação coletiva ambiental. *In:* BENJAMIN, Antônio Herman V. (Coord.) *Dano ambiental*: prevenção, reparação e repressão. São Paulo: Revista dos Tribunais, 1993, p. 278.

[376] JUKOVSKY, Vera Lúcia Rocha Souza. Estado, ambiente e danos ecológicos: Brasil e Portugal. *Revista de Direito Ambiental*, São Paulo, ano 3, v. 11, p. 93-151, jul./set. 1998.

[377] CAVALIERI FILHO, Sérgio. *Programa de responsabilidade civil*. 2. ed. rev., ampl. e atual. São Paulo: Malheiros, 2001, p. 152.

[378] PORTO, Mário Moacyr. Pluralidade de causas do dano e redução de indenização: força maior e dano ao meio ambiente. *Revista dos Tribunais*, São Paulo, v. 638, p. 7-9, dez. 1988.

[379] FREITAS, Vladimir Passos de. Matas ciliares. *In:* FREITAS, Vladimir Passos de (Org.). *Direito ambiental em evolução*. Curitiba: Juruá, 2000, p. 326. v. 2.

[380] MAZZILI, Hugo Nigro. *Interesses difusos em juízo*. 6. ed. rev., ampl. e atual. São Paulo: Revista dos Tribunais, 1994, p. 503.

[381] MUKAI, Toshio. *Direito ambiental sistematizado*. 4. ed. Rio de Janeiro: Forense Universitária, 2002, p. 65.

[382] VIANNA, José Ricardo Alvarez. *Responsabilidade civil por danos ao meio ambiente*. Curitiba: Juruá, 2004, p. 110.

Embora ambas as teorias sejam de cunho objetivo, ou seja, não levam em consideração a culpa do causador do dano ou a licitude de sua conduta, a teoria do risco proveito admite causas excludentes da responsabilidade civil,[383] como a força maior, o caso fortuito, a ação de terceiro ou até a cláusula de não indenizar. Já a teoria do risco integral não admite as causas excludentes do dever de indenizar. Para essa

---

[383] Importante que se faça referência às excludentes do dever de indenizar que interrompem o nexo causal. O nexo causal, ordinariamente, deve ser demonstrado para que esteja presente o dever de indenizar nos casos de responsabilidade objetiva. A regra na teoria da responsabilidade objetiva, que envolve diretamente o dano ambiental, é que a vítima do dano deve demonstrar a ocorrência do dano e o nexo causal para que presente esteja o dever de indenizar. Apenas, por exceção, nos casos de aplicação da teoria do risco integral é que o dever de indenizar estará presente sem a demonstração do nexo causal. Ou seja, em regra, inexistindo a relação de causa e efeito estará ausente o dever de indenizar. No mesmo sentido, por exemplo, naquelas causas que envolvem a responsabilização do empresário, previstas no Código Civil, a inexistência de defeito do produto é causa excludente do dever de indenizar. O caso fortuito e a força maior também são excludentes da responsabilidade objetiva. O caso fortuito é o evento natural, derivado de força da natureza, ou fato das coisas, como o raio, a inundação, o terremoto, o ciclone, o tsunami, o temporal etc. Na força maior há um elemento humano a influenciar o evento. Por exemplo, a doutrina entende como caso de força maior a ação de autoridade (*factum principis*), a revolução, o furto, ou o roubo, o assalto ou, noutro gênero, a desapropriação. Eismein enxerga na força maior o caráter invencível do obstáculo e no caso fortuito o caráter imprevisto (PLANIOL; RIPERT; EISMEIN. *Traité Pratique de Droit Civil*, v. 6, n. 382 *apud* STOCCO, Rui. *Tratado de responsabilidade civil*. 6. ed. rev., atual. e ampl. São Paulo: Revista dos Tribunais, 2004, p. 173-174; 184). Para Rui Stocco, embora nítida a diferença entre o caso fortuito e a força maior, os dois eventos correspondem a um só efeito, e nesse sentido foram as previsões dos Códigos Civis de 1916 e 2002. A cláusula de não indenizar também é uma causa excludente da responsabilização civil. Nada obsta que esta cláusula seja adotada no âmbito da responsabilidade objetiva, todavia, se o direito tutelado pela lei que prevê a teoria do risco for de tal monta mais relevante que a simples declaração unilateral da parte de não ser indenizada, sem efeito estará a referida cláusula, sempre dentro de um juízo de ponderação de valores e de proporcionalidade. A culpa exclusiva da vítima é causa excludente do dever de indenizar. É máxima aceita desde o direito romano: *quo quis ex culpa sua damnum sentit, non intelligitur damnum sentire*. Isto porque a conduta da vítima como fato gerador do dano elimina a causalidade. Com efeito, se a vítima contribui com seu ato na construção dos elementos do dano, por questão de justiça, o direito não pode ficar alheio a esta circunstância. Assim, a culpa da vítima quebra um dos elos da responsabilidade objetiva, qual seja, o nexo causal (STOCCO, Rui. *Tratado de responsabilidade civil*. 6. ed. rev., atual. e ampl. São Paulo: Revista dos Tribunais, 2004, p. 173-174; 184). O fato de terceiro também afasta o dever de indenizar e é equiparado ao caso fortuito por boa parte da doutrina. Neste sentido, Wilson Melo da Silva chega a afirmar que, *verbis*: "[...] se o fato de terceiro, referentemente ao que ocasiona um dano, envolve uma clara imprevisibilidade, necessidade e, sobretudo, marcada inevitabilidade sem que, para tanto, intervenha a menor parcela de culpa por parte de quem sofre o impacto consubstanciado pelo fato de terceiro, óbvio é que nenhum motivo haveria para que não se equiparasse ele ao fortuito" (STOCCO, Rui. *Tratado de responsabilidade civil*. 6. ed. rev., atual. e ampl. São Paulo: Revista dos Tribunais, 2004, p. 173-174; 184). Assim, nestas situações narradas, que afastam o nexo causal, ficará afastada a responsabilidade objetiva que exige a demonstração do binômio nexo causal-dano para que esteja presente o dever de indenizar.

teoria basta somente a demonstração do nexo causal e a comprovação do dano para que esteja presente o dever de reparar o dano ambiental.

A crítica de Passos de Freitas à teoria do risco integral é elucidativa:

> Cogita-se, agora, de estender a responsabilidade do Estado até mesmo a casos de danos não imputáveis a ele. É a teoria do risco social ou do risco integral. Por exemplo, o Estado poderia ser punido por não ter aberto uma estrada em determinado ponto, por força do que um particular veio a atolar seu veículo e sofrer prejuízo financeiro. Seria, todavia, ir longe demais, pois não há limites definidos e poderia levar o Estado à insolvência.[384]

A adoção da teoria do risco integral é uma temeridade, pois radicaliza no sentido de culpar o Estado a qualquer custo. O ente estatal fica impossibilitado de alegar até mesmo força maior ou caso fortuito – clássicas excludentes da responsabilidade civil – em defesa dos seus direitos. A responsabilidade objetiva por si já é um instrumento de gestão de riscos poderoso, pois permite a responsabilização do agente causador do dano sem prova de culpa. Agravá-la com a impossibilidade de alegação de excludentes da responsabilidade civil é uma causa de desequilíbrio à ordem jurídica causadora de insegurança.

A proteção do meio ambiente, pela aplicação do princípio da precaução, deve ocorrer, sem dúvida alguma, mas observando parâmetros éticos razoáveis que permitam que o setor público e o privado possam realizar empreendimentos em benefício da humanidade sem temores injustificados e danosos à liberdade.[385] Ademais, a adoção da teoria do risco integral configuraria a condenação instantânea do réu e, no caso do Estado, levaria por certo ao exaurimento de suas reservas, o que por si só fere de morte o princípio da reserva do possível.

---

[384] FREITAS, Vladimir Passos de. *A Constituição Federal e a efetividade das normas ambientais*. 3. ed. rev., atual. e ampl. São Paulo: Revista dos Tribunais, 2005, p. 174-175.

[385] Sunstein refere: "Simply because of fear, the public and its leaders will favor precautionary measures that do little to protect security but that compromise important forms of freedom" ("Assim, por causa do medo, o público e os seus líderes vão tomar medidas de precaução e proteger um pouco a segurança, mas vão comprometer importantes formas de liberdade") (SUNSTEIN, Cass. *Laws of Fear*: Beyond the Precautionary Principle. New York: Cambridge Press, 2005, p. 205). Acerca do medo como motivador da implementação do princípio da precaução e as suas possíveis consequências nefastas, ver SUNSTEIN, Cass. *Laws of Fear*: Beyond the Precautionary Principle. New York: Cambridge Press, 2005, p. 98-108; 204-223.

O STJ, no entanto, adotou a teoria do risco integral na verificação do dano ambiental. Basta a prova do dano e do nexo causal para que esteja presente o dever de indenizar. A Corte superou a teoria do risco-proveito, porquanto não aceita excludentes da responsabilidade civil, como a culpa exclusiva da vítima, o caso fortuito e de força maior e a cláusula contratual que prevê a prerrogativa de não indenizar.[386]

Leme Machado leciona que, em face da necessária adoção do princípio da precaução pela Administração Pública brasileira, ela pode ser corresponsabilizada por danos causados ao meio ambiente e ao ser humano quando o princípio da precaução não for observado:

> Contraria a moralidade e a legalidade administrativa o adiamento de medidas de precaução que devam ser tomadas imediatamente. Viola o princípio da publicidade e da impessoalidade administrativas os acordos e/ou licenciamentos em que o cronograma da execução de projetos ou a execução de obras não são apresentados previamente ao público, possibilitando aos setores interessados poder participar do procedimento das decisões [...] Deixa de buscar eficiência a Administração Pública que, não procurando prever danos para o ser humano e o meio ambiente, omite-se no exigir e no praticar medidas de precaução, que, no futuro, ocasionarão prejuízos, pelos quais ela será co-responsável.[387]

Com efeito, o Estado viola o princípio constitucional da moralidade e da legalidade quando não adota medidas de precaução. Não há nesse ponto como o Estado agir discricionariamente: havendo risco de dano e incerteza científica, o princípio da precaução deve ser aplicado, sob pena de responsabilização estatal no caso da ocorrência de danos ao meio ambiente.

A conduta estatal no trato do princípio da precaução, seja omissiva ou comissiva, não pode pecar pelo excesso ou pela inoperância e consequentemente causar danos ao meio ambiente,[388] à saúde pública

---

[386] BRASIL. Superior Tribunal de Justiça. Agravo regimental no recurso especial n. 1412664. Relator: Ministro Raul Araújo. *Diário de Justiça Eletrônico*, Brasília, DF, 11 mar. 2014. Disponível em: http://stj.jusbrasil.com.br/jurisprudencia/25017000/agravo-regimental-no-recurso-especial-agrg-no-resp-1412664-sp-2011-0305364-9-stj. Acesso em: 2 nov. 2014.

[387] MACHADO, Paulo Afonso Leme. O princípio da precaução e o direito ambiental. *Revista de Direitos Difusos*. São Paulo, v. 8, p. 1081-1084, ago. 2001.

[388] Os danos ambientais, segundo Néstor Cafferatta e Isidoro Goldenberg, podem ser: "1. continuados – originados por uma sucessão de atos de um mesmo autor ou de vários autores, realizados em épocas diversas; 2. de efeitos prolongados- os que permanecem através dos tempos; 3. progressivos – produzidos por uma série de atos sucessivos de

e aos administrados em geral. A Administração, neste caso, deverá ser responsabilizada objetivamente, na forma do art. 37, §6º, da CF/88. Como afirma Freitas:

> Deve ser amplamente sindicada a conduta estatal (omissiva ou comissiva), com a noção clara de que o princípio da proporcionalidade veda ações excessivas e inoperância. Com tais vetores assentes, força inferir a responsabilidade objetiva e proporcional do Estado no tocante às condutas omissiva (falta de precaução) ou comissivas (excesso de precaução).[389]

Não havendo a aplicação do princípio da precaução, o Estado pode ser responsabilizado de forma objetiva civilmente em face de sua omissão. Por exemplo, o Estado omite-se na fiscalização da comercialização de determinado fertilizante, questionado cientificamente acerca de seus riscos ao meio ambiente, o que acaba gerando danos ambientais ao contaminar a água, o solo e ao vitimar espécies de animais e vegetais.

Aqui, nesse caso, o Estado omitiu-se, ante uma incerteza científica e o risco de dano ao meio ambiente, em face da não aplicação do princípio da precaução. Impunha-se ao Estado não licenciar a comercialização do produto ou retirá-lo imediatamente do mercado. Descumprida essa obrigação imposta pelo princípio da precaução, presente está o dever de indenizar e reparar o meio ambiente.

Com efeito, superando a teoria da falta do serviço, o Superior Tribunal de Justiça, seguindo uma tendência demonstrada pelo Supremo Tribunal Federal[390] nos últimos anos, entende que a responsabilidade

---

uma mesma pessoa ou de pessoas diferentes cuja conjunção provoca um dano maior" (CAFFERATTA, Néstor; GOLDENBERG, Isidoro. *Daño Ambiental*: Problemática de su Determinanción Causal. Buenos Aires: Abeledo-Perrot, 2003, p. 73). Exemplo de danos continuados pode ser o de uma fábrica de refrigerantes que despeja dia a dia resíduos poluentes em rio próximo. Quanto aos danos prolongados, pode-se referir aos efeitos nocivos da radiação causados à saúde dos seres humanos e ao meio ambiente, que ainda hoje se fazem sentir nas populações de Hiroshima e Nagazaki no Japão. Em relação aos danos progressivos, pode-se exemplificar com o caso das indústrias de Cubatão, em São Paulo, que ao longo de décadas emitiram gases poluentes de forma concomitante naquela localidade.

[389] FREITAS, Juarez. *Discricionariedade administrativa e o direito fundamental à boa administração pública*. São Paulo: Malheiros, 2007, p. 96-110.

[390] BRASIL. Supremo Tribunal Federal. Recurso extraordinário n. 603626/MS. Relator: Ministro Celso de Mello. *Diário da Justiça da União*, Brasília, DF, 15 maio 2012. Disponível em: http://stf.jusbrasil.com.br/jurisprudencia/21917434/segundo-agreg-no-recurso-extraordinario-re-603626-ms-stf. Acesso em: 2 nov. 2014. E, no mesmo sentido: BRASIL. Supremo Tribunal Federal. Recurso extraordinário n. 677283/PB. Relator: Ministro Gilmar Mendes. *Diário da Justiça da União*, Brasília, DF, 7 maio 2012. Disponível em: http://stf.

do Estado por danos ambientais ocorre não apenas nos casos de ação estatal, mas de omissão, de acordo com a interpretação do art. 37, §6º, da Constituição Federal de 1988.[391] A presença dos pressupostos da responsabilidade civil, dano e nexo causal, ensejam a imputação de responsabilização estatal nos atos comissivos e omissivos dos seus agentes em caso de danos ambientais.

Todavia, em outros casos, o Estado pode aplicar o princípio da precaução de forma excessiva ao cassar a licença ou autorização de uma fábrica de medicamentos instalada em uma região pobre do país para atender à demanda de sua população por determinado medicamento genérico, por exemplo, embasado em um falso risco de dano ao meio ambiente ou em uma falsa incerteza científica.

Isso porque o custo-benefício deve ser levado em consideração quando da aplicação da medida, ainda que não exista a regulamentação de um procedimento do estilo no Brasil. Não se pode ignorar que os benefícios da fabricação de um medicamento mais acessível às populações carentes estão vinculados ao direito constitucional à vida, art. 5º, *caput*, e à saúde, art. 196, *caput*, ambos da Constituição Federal de 1988.

A ausência do risco de dano ambiental, ou o risco pequeno ou ínfimo de danos, não pode ter como consequência a paralisação do empreendimento. Essa aplicação excessiva do princípio da precaução, além de causar prejuízos para o propositor do projeto, perda de empregos diretos e indiretos à população local, principalmente, ocasionaria danos à saúde pública local que seria beneficiada com a fabricação de medicamento genérico a um custo mais baixo.

O Estado, quando da realização de suas políticas públicas, deve ter presente que os seus atos e omissões são pautados pelo princípio da precaução. O princípio da precaução deve ser aplicado sempre que houver uma situação de risco de dano ao meio ambiente somado a uma incerteza científica, proporcionalmente, observados os vetores do princípio da proporcionalidade de vedação do excesso e de inoperância.

No caso de o princípio ser aplicado de forma inoperante, o que inclui a sua não aplicação, decorrendo daí danos ao meio ambiente,

---

jusbrasil.com.br/jurisprudencia/ 21473686/ recurso-extraordinario-re-677283-pb-stf. Acesso em: 2 nov. 2014.

[391] BRASIL. Superior Tribunal de Justiça. Recurso especial n. 1071741/SP. Relator: Ministro Herman Benjamin. *Diário de Justiça Eletrônico*, Brasília, DF, 16 dez. 2010. Disponível em: http://www.lexml.gov.br/urn/urn:lex:br:superior.tribunal.justica;turma.2:acordao;resp:2009-03-24;1071741-1075754. Acesso em: 2 nov. 2014.

presente estará o dever de indenizar.[392] Por outro lado, aplicado o princípio pelo Estado de forma excessiva e causando danos ao meio ambiente, à saúde pública ou a particulares, em face dessa aplicação motivada pela falsa ideia de proteção ao meio ambiente, o dever de indenizar também estará presente.

3.3 Aplicação do princípio da precaução pelo Poder Judiciário brasileiro

É fundamental a análise de decisões do Poder Judiciário brasileiro quando da aplicação do princípio da precaução tendo em vista que o Estado-Juiz, impossibilitado de alegar o *non-liquet*, é corriqueiramente provocado a prestar jurisdição em demandas que envolvem o risco de dano ao meio ambiente e à saúde pública. O conflito entre valores constitucionalmente tutelados, como a proteção do meio ambiente e a saúde pública *versus* livre iniciativa, propriedade privada e desenvolvimento econômico, é uma constante na atividade jurisdicional

---

[392] O STJ também reconheceu a imprescritibilidade da ação que visa à reparação do dano ambiental, tendo em vista as peculiaridades do dano que se espraia e supera limites de tempo e espaço. É uma posição que visa dar máxima eficácia ao princípio da reparação do dano ambiental e colocar um mecanismo à disposição do Estado, da coletividade e do indivíduo capaz de tutelar o direito fundamental ao meio ambiente equilibrado em uma perspectiva intergeracional. Objetiva-se a reparação e a restauração do bem ambiental a qualquer tempo e impedir atividades de desenvolvimento insustentáveis. Mister é abandonar o comodismo no que tange às áreas degradadas e superar a aceitação passiva de tais áreas como fatos juridicamente consumados (BRASIL. Superior Tribunal de Justiça. Recurso especial n. 201002176431. Relator: Ministro Castro Meira. *Diário de Justiça Eletrônico*, Brasília, DF, 4 fev. 2013. Disponível em: http://www.lexml.gov.br/urn/urn:lex:br:superior.tribunal.justica;turma.2:acordao;resp:2009-09-08;769753-1112299. Acesso em: 2 nov. 2014). A obrigação de restaurar o ambiente ou reparar o dano ambiental, segundo a Corte, transmite-se ao proprietário adquirente do imóvel, mesmo que ele não tenha causado o dano. Esse é o posicionamento do STJ, que entende que a obrigação do adquirente do imóvel é de caráter *propter rem*. Esses precedentes estimulam o cumprimento da função social da propriedade no seu elemento e na sua acepção ambiental e estimulam o desenvolvimento ecologicamente sustentável, superando o individualismo civilista napoleônico e a lógica liberal burguesa do *laissez passer* e do *laissez faire* (BRASIL. Superior Tribunal de Justiça. REsp n. 201100461496. Relator: Ministro Herman Benjamin. *Diário da Justiça da União*, Brasília, DF, 11 set. 2012. Disponível em: http://stj.jusbrasil.com.br/jurisprudencia. Acesso em: 2 nov. 2014). A condenação por dano ambiental, nos casos de responsabilidade estatal, pode ocorrer solidariamente entre o Estado e o poluidor; porém, para que a coletividade não seja duplamente onerada pelo dano ambiental, o STJ tem entendido que a execução deve se dar em primeiro lugar sobre os bens do poluidor privado, que lucra com a atividade, e apenas na ausência de recursos deve a execução prosseguir, de modo subsidiário, contra o Estado, como devedor-garante (BRASIL. Superior Tribunal de Justiça. REsp n. 200801460435. Relator: Ministro Herman Benjamin. *Diário de Justiça da União*, Brasília, DF, 16 dez. 2010. Disponível em: http://stj.jusbrasil.com.br/jurisprudencia. Acesso em: 2 nov. 2014).

quando o tema é a aplicação do princípio da precaução. Assim, a ponderação de valores é exigida no caso concreto, cabendo ao Poder Judiciário resolver conflitos de interesses trazidos à sua apreciação pela sociedade.

Mota situa o âmbito de aplicação do princípio da precaução na política estatal, o que significa a responsabilidade institucional dos governantes, inserida no campo da razoabilidade, considerando as circunstâncias prementes e os dados disponíveis, de adotar as medidas pertinentes pelos meios políticos. A atuação do Poder Judiciário, pois, se restringirá às falhas e às faltas das medidas que implementam ou deixam de implementar o princípio da precaução.[393]

Ademais, é crescente em nosso país a importância da jurisprudência como fonte do direito. A influência do direito anglo-saxônico em nosso sistema judicial,[394] com o aumento da força vinculante das decisões das Cortes Superiores em relação à atuação dos demais poderes, inclusive por disposição constitucional, é notável. Em face disso serão sindicados casos enfrentados pelo Poder Judiciário em que a aplicação do princípio da precaução foi abordada, e, alguns deles, valores constitucionalmente tutelados ponderados.

3.3.1 Análise de *leading case* do Supremo Tribunal Federal e posição atual em relação ao princípio da precaução

É fundamental a análise deste *leading case* do Supremo Tribunal Federal em que a minoria da Corte pretendeu a aplicação do princípio da precaução a fim de evitar danos ao meio ambiente, mas a maioria dos ministros decidiu que a legislação impugnada não causava danos ao ambiente e, por consequência, embora não mencionada expressamente no acórdão,[395] não violava o princípio da precaução. Não se

---

[393] MOTA, Maurício. Princípio da precaução no direito ambiental: uma construção a partir da razoabilidade e da proporcionalidade. *Revista de Direito do Estado*, n. 4, ano 1, p. 245-276, out./dez. 2006.

[394] DAVID, René. *Les Grands Systèmes de Droit Contemporains*. Paris: Dalloz, 1964.

[395] Como referido por Nogueira, "o princípio da precaução vem sendo utilizado na fundamentação de decisões judiciais que tratam de questões de incertezas e às vezes, mesmo sem referência expressa ao princípio, são determinadas medidas de precaução" (NOGUEIRA, Ana Carolina Casagrande. O conteúdo do princípio da precaução, no direito ambiental brasileiro. *In*: CONGRESSO INTERNACIONAL DE DIREITO AMBIENTAL, 6. *Anais*... São Paulo: IMESP, 2002). O mesmo fenômeno ocorre nos Estados Unidos, segundo Sunstein: "In the United States, federal courts, without using the term explicity, have

pode deslembrar que, à época, o STF não mencionava expressamente o princípio da precaução em suas decisões.

O *leading case* do egrégio Supremo Tribunal Federal – Medida Cautelar em Ação Direta de Inconstitucionalidade nº 3.540-1/Distrito Federal – que teve como relator o Ministro Celso de Mello será analisado tendo por premissa dez questões de hermenêutica jurídica, com ênfase principal no princípio da precaução, a fim de imprimir maior tecnicidade no teste do caso.

São estas as questões:

a) a decisão comete a falácia da desintegração?
b) a decisão comete a falácia da hiperintegração?
c) a decisão respeita os cânones de Emílio Betti?
d) na decisão aparecem argumentações intencionalistas?
e) na decisão aparecem intenções racionalistas radicais?
f) na decisão quais foram as pré-compreensões determinantes?
g) a decisão é a única resposta correta?
h) na decisão respeitou-se a máxima da aplicação direta dos direitos fundamentais?
i) na decisão há justificação (interna e externa) suficiente?
j) a decisão em horizonte mais longo reduz ou amplia conflitos intertemporais?

A decisão é decorrente de medida cautelar em ação direta de inconstitucionalidade proposta pelo Ministério Público Federal impugnando o art. 4º, *caput*, e §§1º a 7º, da Lei nº 4.771, de 15.9.1965 (Antigo Código Florestal),[396] na redação dada pela Medida Provisória nº 2.166-67, de 24.8.2001.[397] Essas alterações passaram a permitir que a vegetação

---

endorsed a notion of precaution in some important cases, allowing or requiring regulation on the basis of conservative assumptions" (SUNSTEIN, Cass. *Laws of Fear*: Beyond the Precautionary Principle. New York: Cambridge Press, 2005, p. 16).

[396] A Lei nº 12.651/2012 instituiu o novo Código Florestal que estabelece normas gerais sobre a proteção da vegetação, áreas de Preservação Permanente e as áreas de Reserva Legal; a exploração florestal, o suprimento de matéria-prima florestal, o controle da origem dos produtos florestais e o controle e prevenção dos incêndios florestais, e prevê instrumentos econômicos e financeiros para o alcance de seus objetivos.

[397] "Art. 4º A supressão de vegetação em área de preservação permanente somente poderá ser autorizada em caso de utilidade pública ou de interesse social, devidamente caracterizados e motivados em procedimento administrativo próprio, quando inexistir alternativa técnica e locacional ao empreendimento proposto. §1º A supressão de que trata o 'caput' deste artigo dependerá de autorização do órgão ambiental estadual competente, com anuência prévia, quando couber, do órgão federal ou municipal de meio ambiente, ressalvado o disposto no §2º deste artigo. §2º A supressão de vegetação em área de preservação permanente situada em área urbana, dependerá de autorização do órgão ambiental competente, desde que o município possua conselho de meio ambiente

fosse suprimida de área de preservação permanente sem a edição de lei em sentido formal e material específica para cada corte. Contra esse fato, irresignou-se o Ministério Público Federal, que entendeu por vulnerado o art. 225 da Constituição Federal que protege de forma ampla o meio ambiente.

O então Ministro Presidente do Supremo Tribunal Federal, Nélson Jobim, durante o período de férias forenses (julho de 2005), suspendeu, cautelarmente e de modo precautório, a eficácia e a aplicabilidade do art. 1º da Medida Provisória nº 2.166-67, de 24.8.2001, na parte em que alterou o art. 4º, *caput* e §§1º, 2º, 3º, 4º, 5º, 6º e 7º, da Lei nº 4.771, de 15.9.1965, tendo em vista que "a extração de minério de zona de preservação permanente poderia causar danos ao meio ambiente".[398]

Referido entendimento não foi referendado pela maioria do Tribunal Pleno do egrégio Supremo Tribunal Federal,[399] respeitáveis

---

com caráter deliberativo e plano diretor, mediante anuência prévia do órgão ambiental estadual competente fundamentada em parecer técnico. §3º O órgão ambiental competente poderá autorizar a supressão eventual e de baixo impacto ambiental, assim definido em regulamento, da vegetação em área de preservação permanente. §4º O órgão ambiental competente indicará, previamente à emissão da autorização para a supressão de vegetação em área de preservação permanente, as medidas mitigadoras e compensatórias que deverão ser adotadas pelo empreendedor. §5º A supressão de vegetação nativa protetora de nascentes, ou de dunas e mangues, de que tratam, respectivamente, as alíneas 'c' e 'f' do art. 2º deste Código, somente poderá ser autorizada em caso de utilidade pública. §6º Na implantação de reservatório artificial é obrigatória a desapropriação ou aquisição, pelo empreendedor, das áreas de preservação permanente criadas no seu entorno, cujos parâmetros e regime de uso serão definidos por resolução do CONAMA. §7º É permitido o acesso de pessoas e animais às áreas de preservação permanente, para obtenção de água, desde que não exija a supressão e não comprometa a regeneração e a manutenção a longo prazo da vegetação nativa".

[398] Segundo decidido pelo ministro em sede de liminar: "Ocorre que, com fundamento no art. 4º da Medida Provisória ora impugnada, o CONAMA, por meio de Resolução, pode vir a autorizar o gestor ambiental local a suprimir a vegetação de uma área de preservação permanente, para fins de 'empreendimento de mineração' (fl. 7). A Constituição Federal impõe ao Poder Público o dever de defender e proteger o meio ambiente para as presentes e futuras gerações (art. 225, 'caput', da CF). Ora, a extração de minério causa danos irreparáveis e irreversíveis ao meio ambiente, eis que a área em que a atividade for desenvolvida não voltará ao seu estado anterior, presente por este motivo o *periculum in mora*. O *fumus boni iuris* encontra-se na norma constitucional (art. 225, §3º, III, da CF) que autoriza a supressão de área de preservação permanente somente por lei. Daí que a concessão da medida permitirá uma análise mais aprofundada sobre o tema e, ao mesmo tempo, não impedirá o perecimento do direito de eventuais interessados na exploração ambiental. Assim, defiro o pedido de medida cautelar para suspender, 'ad referendum' do Plenário, até o julgamento final desta ação, a eficácia do art. 4º, 'caput', e parágrafos 1º, 2º, 3º, 4º, 5º, 6º e 7º, da Lei nº 4.771, de 15 de setembro de 1965".

[399] Pode-se extrair da ementa do acórdão que: "1. a Medida Provisória nº 2.166-67, de 24/08/2001, na parte em que introduziu significativas alterações no art. 4º do Código

votos vencidos dos eminentes Ministros Carlos Ayres Britto e Marco Aurélio decidiram pela inconstitucionalidade dos dispositivos impugnados. O Ministro-Relator Nelson Jobim, por sua vez, reconsiderou a decisão proferida em sede de liminar.

Em suma, foi analisado no acórdão como questão de fundo aparente o conflito entre o dispositivo constitucional do desenvolvimento nacional (CF, art. 3º, II) e a necessidade de preservação da integridade do meio ambiente, pela implementação do princípio da precaução (art. 225). Em sentido estrito, a questão objeto da discussão é se seria necessária a edição de lei formal (princípio constitucional da reserva de lei) para a supressão de vegetação em área de preservação permanente. Isso porque a Medida Provisória nº 2.166-67/2001, na parte em que introduziu alterações no art. 4º do Código Florestal, permitiu a autorização da União, estados, Distrito Federal e municípios, sem a publicação de lei específica, para licenciar ou permitir a execução de obras e realização de serviços no âmbito dos espaços territoriais especialmente protegidos.

Segundo o Supremo Tribunal Federal, a lei que autoriza essas licenças permite a execução de obras e realização de serviços nas áreas de preservação permanente. É o próprio Código Florestal que permitiria, ele sim, medidas de precaução mediante um real controle pelos entes estatais das atividades desenvolvidas no âmbito das áreas de preservação permanente, em ordem a impedir ações predatórias e lesivas ao patrimônio ambiental, cuja situação de maior vulnerabilidade reclama proteção mais intensa.

Preliminarmente, observa-se que a interpretação conferida pela maioria da Corte está em consonância com os dez preceitos para uma

---

Florestal, longe de comprometer os valores constitucionais consagrados no art. 225 da Lei Fundamental, estabeleceu, ao contrário, mecanismos que permitem um real controle, pelo Estado, das atividades desenvolvidas no âmbito das áreas de preservação permanente, em ordem a impedir ações predatórias e lesivas ao patrimônio ambiental, cuja situação de maior vulnerabilidade reclama proteção mais intensa, agora propiciada, de modo adequado e compatível com o texto constitucional, pelo diploma normativo em questão; 2. somente a alteração e a supressão do regime jurídico pertinente aos espaços territoriais especialmente protegidos qualificam-se, por efeito da cláusula inscrita no art. 225, §1º, III, da Constituição, como matérias sujeitas ao princípio da reserva legal. 3. é lícito ao Poder Público – qualquer que seja a dimensão institucional em que se posicione na estrutura federativa (União, Estados-membros, Distrito Federal e Municípios) – autorizar, licenciar ou permitir a execução de obras e/ou a realização de serviços no âmbito dos espaços territoriais especialmente protegidos, desde que, além de observadas as restrições, limitações e exigências abstratamente estabelecidas em lei, não resulte comprometida a integridade dos atributos que justificaram, quanto a tais territórios, a instituição de regime jurídico de proteção especial (CF, art. 225, §1º, III)".

interpretação sistemática da Constituição defendidos por Freitas,[400] que podem ser úteis nas decisões do Poder Judiciário em matéria constitucional. Esses preceitos, somados à boa doutrina pátria e alienígena, em sede de hermenêutica constitucional, podem auxiliar na supressão de lacunas, na extinção de antinomias e, igualmente, na aplicação da lei adequada ao texto constitucional em casos a serem examinados pelo Estado-Juiz.

O mau entendimento e a incompreensão da Constituição nos dias atuais são a causa de equívocos cometidos nos julgados de nosso país que algumas vezes não aplicam o texto constitucional quando deveriam aplicar, aplicam o texto constitucional quando não deveriam aplicar, ou cometem as falácias da hiperintegração e da desintegração, bem referidas por Tribe e Dorf no seu clássico *On reading the constitution*.[401]

Todavia no caso em tela não se vislumbram as falácias da *hyper-integration* e da *dis-integration* que somadas ao originalismo são as formas falaciosas pelas quais, segundo Tribe e Dorf, não deve ser lido o texto constitucional.[402] A *dis-integration* é bem exemplificada pelos

---

[400] Os dez preceitos elaborados por Juarez Freitas são os seguintes: "Primeiro Preceito: Numa adequada interpretação tópico-sistemática da Constituição os princípios fundamentais são a base e o ápice do sistema. Segundo Preceito: As melhores interpretações são aquelas que sacrificam o mínimo para preservar o máximo de direitos fundamentais. Terceiro Preceito: Toda exegese sistemática constitucional tem o dever de garantir a maior tutela jurisdicional possível. Quarto Preceito: Uma interpretação sistemática constitucional deve buscar a maior otimização possível do discurso normativo. Quinto Preceito: Toda e qualquer exegese sistemática constitucional deve ser articulada a partir de uma fundamentação (hierarquização) racional, objetiva e impessoal das premissas eleitas. Sexto Preceito: Uma boa interpretação sistemática constitucional é aquela que se sabe, desde sempre, coerente e aberta. Sétimo Preceito: As melhores interpretações constitucionais sempre procuram zelar pela soberania da vitalidade do sistema, sem desprezar o texto, mas indo além dele, como requer o próprio texto constitucional. Oitavo Preceito: As melhores leituras sistemáticas da Constituição visualizam os direitos fundamentais como totalidade indissociável e, nessa medida, procuram restringir ao máximo as suas eventuais limitações, emprestando-lhes, quanto ao núcleo essencial, tutela reconhecedora da eficácia direta e imediata. Nono Preceito: Na perspectiva tópico-sistemática, uma lúcida interpretação das normas fundamentais sempre colima promover a preservação dos princípios constitucionais, ainda quando em colisão. Décimo Preceito: Uma pertinente e adequada interpretação sistemática só declara a inconstitucionalidade quando a afronta ao sistema revelar-se manifesta e insanável" (FREITAS, Juarez. *A interpretação sistemática do direito*. 3. ed. São Paulo: Malheiros, 2004, p. 7).

[401] TRIBE, Laurence; DORF, Michael. *On Reading the Constitution*. Cambridge: Harvard University Press, 1991.

[402] Referem Tribe e Dorf: "In effect, we want to offer some negative observations about ways no to read the Constitution, before turning in the remaining chapters to the more affirmative Project of reading the Constitution, against the backdrop of several actual as well as hypothetical cases. We have already rejected originalism as one way not to read the Constitution.Two additional ways not to read the Constitution are readily apparent; we will call them reading by disintegration and reading by hyper-integration" (TRIBE,

autores ao fazerem referência à interpretação dada pelo *Chief Justice* Burger em caso envolvendo a aplicação da pena de morte.[403]

No *leading case* do egrégio STF ora analisado, fez-se fundamental analisar a legislação de regência para se chegar à conclusão de que o acórdão não incorreu nas referidas falácias interpretativas. A análise da legislação atine, especialmente, ao art. 225 da Constituição Federal,[404] uma das fontes constitucionais do princípio da precaução, e ao art. 4º da Lei nº 4.771/65.[405]

Laurence; DORF, Michael. *On Reading the Constitution*. Cambridge: Harvard University Press, 1991, p. 20).

[403] Segundo Tribe e Dorf: "Consider more closely, then, the first fallacy – that of disintegration. Let us begin whith a straightforward example, one that was a favorite of former Chief Justice Burger. The Fifth Amendment says that 'no person [...] shall be prived of life, liberty, or property, without due process of law'. Chief Justice Burger used to argue, as have others, that the authors of the language obviously must have contemplated that, whith 'due process of law', a person may be deprived of life. Therefore, the argument goes, capital punishment is constitutional. It's very simple; why should the Court struggle over it? The conclusion may or may not be right. Whether the death penalty is unconstitutional in an era when the overwhelming majority of industrialized nations have rejected it is a perplexing question. But Chief Justice Burger's proposed method of answering it is profoundly dis-integrated and is not really a way of interpreting this Constitution, because the Fifth Amendment ratified as a separate part of the Constitution. It says that 'cruel and unusual punishments' shall not be imposed. Is the death penalty, then, cruel and unusual?" (TRIBE, Laurence; DORF, Michael. *On Reading the Constitution*. Cambridge: Harvard University Press, 1991, p. 21).

[404] "Art. 225. Todos têm direito ao meio ambiente ecologicamente equilibrado, bem de uso comum do povo e essencial à sadia qualidade de vida, impondo-se ao poder público e à coletividade o dever de defendê-lo e preservá-lo para as presentes e futuras gerações. §1º Para assegurar a efetividade desse direito, incumbe ao Poder Público: [...] III – definir, em todas as unidades da Federação, espaços territoriais e seus componentes a serem especialmente protegidos, sendo a alteração e a supressão permitidas somente através de lei, vedada qualquer utilização que comprometa a integridade dos atributos que justifiquem sua proteção".

[405] "Art. 4º A supressão de vegetação em área de preservação permanente somente poderá ser autorizada em caso de utilidade pública ou de interesse social, devidamente caracterizados e motivados em procedimento administrativo próprio, quando inexistir alternativa técnica e locacional ao empreendimento proposto. §1º A supressão de que trata o 'caput' deste artigo dependerá de autorização do órgão ambiental estadual competente, com anuência prévia, quando couber, do órgão federal ou municipal de meio ambiente, ressalvado o disposto no §2º deste artigo. §2º A supressão de vegetação em área de preservação permanente situada em área urbana, dependerá de autorização do órgão ambiental competente, desde que o município possua conselho de meio ambiente com caráter deliberativo e plano diretor, mediante anuência prévia do órgão ambiental estadual competente fundamentada em parecer técnico. §3º O órgão ambiental competente poderá autorizar a supressão eventual e de baixo impacto ambiental, assim definido em regulamento, da vegetação em área de preservação permanente. §4º O órgão ambiental competente indicará, previamente à emissão da autorização para a supressão de vegetação em área de preservação permanente, as medidas mitigadoras e compensatórias que deverão ser adotadas pelo empreendedor. §5º A supressão de vegetação nativa protetora de nascentes, ou de dunas e mangues, de que tratam, respectivamente, as alíneas 'c' e

O referido dispositivo infraconstitucional é uma garantia de observância ao princípio da precaução, pois nele consta que haverá um procedimento administrativo quando houver supressão de vegetação em área de preservação permanente, e mais, essa supressão somente poderá ser autorizada em casos de utilidade pública ou de interesse social de forma motivada e, ainda, somente naqueles casos em que não houver alternativa técnica ou de local ao empreendimento proposto. Observa-se, por parte do Estado-Legislador, uma observância expressa ao princípio da precaução.

Assim, o Poder Público possui em suas mãos um mecanismo legal, de acordo com o princípio da precaução, que permite a defesa e a preservação do meio ambiente para as presentes e futuras gerações, como previsto no art. 225, *caput*, de nossa Magna Carta. A referida disposição constitucional torna compatível a preservação do meio ambiente, como direito constitucional de terceira geração, com os princípios gerais da atividade econômica, entre os quais se salienta a livre iniciativa. O texto constitucional tem como princípio a defesa do meio ambiente, inclusive, mediante a adoção de um mecanismo de ação do princípio da precaução, qual seja, o "tratamento diferenciado conforme o impacto ambiental dos produtos e serviços e de seus processos de elaboração e prestação" (art. 170, inc. IV).

Seria pouco crível, e violaria o princípio constitucional da proporcionalidade, se para cada árvore ou arbusto, que, por algum motivo especial, tivesse de ser cortado, fosse necessária a edição de lei formal para a realização de referido corte. Aqui pode ser relembrada aquela máxima de Fleiner de que "não é dado ao Estado abater com um fuzil um pardal",[406] ao referir-se ao poder de polícia utilizado de forma abusiva. Beck, por sua vez, refere que na sociedade de riscos em que estamos inseridos existe uma tendência à adoção do totalitarismo contra os perigos em menoscabo a princípios democráticos básicos,[407]

'f' do art. 2º deste Código, somente poderá ser autorizada em caso de utilidade pública. §6º Na implantação de reservatório artificial é obrigatória a desapropriação ou aquisição, pelo empreendedor, das áreas de preservação permanente criadas no seu entorno, cujos parâmetros e regime de uso serão definidos por resolução do CONAMA. §7º É permitido o acesso de pessoas e animais às áreas de preservação permanente, para obtenção de água, desde que não exija a supressão e não comprometa a regeneração e a manutenção a longo prazo da vegetação nativa".

[406] FLEINER, Fritz. *Les Principes Généraux du Droit Administratif Allemand*. Paris: Dalagrave, 1933.

[407] BECK, Ulrich. *La Sociedad del Riesgo*: Hacia una Nueva Modernidad. Barcelona: Surcos, 2006, p. 112.

entre os quais se pode citar a livre iniciativa e a propriedade privada. É justamente esse totalitarismo que leva aos excessos na aplicação do princípio da precaução.

A interpretação deve ser feita a ponto de não esvaziar um direito constitucional (livre iniciativa) em benefício de outro princípio constitucionalmente tutelado: o princípio da precaução como instrumento de tutela do meio ambiente. Deve haver proporcionalidade na ponderação desses valores, o núcleo essencial de cada qual deve ser preservado e a proteção deve ser suficiente, não podendo ser insuficiente em face do vetor da vedação de inoperância e tampouco não pode superestimar determinado princípio em face da possibilidade da violação do vetor da proibição de excesso, ambos corolários do princípio da proporcionalidade. Como afirmado por Freitas, "o intérprete constitucional deve ser o guardião de uma perspectiva proporcional da Carta".[408]

Pode-se dizer que, no caso em tela, a não exigência de lei para a supressão de vegetação de área de preservação permanente, além de não impedir a proteção do meio ambiente, também não inviabiliza investimentos da iniciativa privada importantes sempre para o desenvolvimento econômico sustentável. É certo afirmar, também, que o Supremo Tribunal Federal mediante uma interpretação sistemática afastou as falácias da *dis-integration* e da *hyper-integration*. Com efeito, Freitas refere que "[...] uma interpretação sistemática madura afasta, entre outras, as falácias da dis-integration e da hyper-integration, sem sucumbir a niilismo de qualquer espécie".[409]

Referidas falácias, portanto, encontram-se expungidas do *leading case* justamente porque a interpretação do texto constitucional em seu conjunto cotejado com a legislação infraconstitucional já citada harmoniza o desenvolvimento econômico e a livre iniciativa com o princípio da precaução como instrumento de tutela do meio ambiente.

---

[408] Assinala Juarez Freitas: "O segundo preceito a referir é o de que o intérprete constitucional deve ser o guardião de uma perspectiva proporcional da Carta, não entendida a proporcionalidade apenas como adequação meio-fim. Proporcionalidade significa, sobremodo, que estamos obrigados a sacrificar o mínimo para preservar o máximo de direitos. Esta parece ser uma fórmula suficientemente esclarecedora para o preceito, vendo-o também como algo mais do que a simples vedação de excessos. Em nenhuma circunstância, um Direito Constitucional deve suprimir, por inteiro, outro direito" (FREITAS, Juarez. O intérprete e o poder de dar vida à Constituição: preceitos de exegese constitucional. *Revista do Tribunal de Contas de Minas Gerais*, v. 35, n. 2, p. 50-80, abr./jun. 2000).

[409] FREITAS, Juarez. O intérprete e o poder de dar vida à Constituição: preceitos de exegese constitucional. *Revista do Tribunal de Contas de Minas Gerais*, v. 35, n. 2, p. 64, abr./jun. 2000.

A análise da legislação foi procedida de forma integrada na aplicação ao caso concreto.

A interpretação conferida pela Corte está de acordo com os quatro cânones propostos por Betti para serem integrados ao procedimento hermenêutico.[410] Assim, para Betti, a diferença entre o processo interpretativo e qualquer outro processo de conhecimento, em que se confrontam sujeito e objeto, é que o objeto está constituído por objetivações do espírito, cabendo, como já referido, ao hermeneuta a missão de "reconstruir" após "reconhecer" a mensagem, os códigos e as intenções manifestadas nas objetivações.

Feitas as referidas considerações, fica claro que o cânone da autonomia restou demonstrado quando o princípio constitucional da proteção ao meio ambiente foi extraído do art. 225 da Constituição Federal na medida certa e nada mais foi dali absorvido para alterar o significado do referido princípio.

O cânone da totalidade restou demonstrado de forma cabal no *leading case* à medida que o princípio da preservação do meio ambiente restou interpretado em harmonia com o princípio da livre iniciativa e do desenvolvimento sustentável. A interpretação majoritária analisou, nesse sentido, o texto como um todo e não mediante princípios, valores e regras isoladas de nossa Carta Política.

O cânone da atualidade do compreender foi observado tendo em vista que o julgado não foi passivo, mas reconstrutivo, restando preservada a subjetividade do intérprete. Isso porque, se fosse levado em consideração apenas o princípio da preservação do meio ambiente, ou o princípio da precaução, considerados de forma literal e ignorada a abrangência do texto inserto no velho Código Florestal pela Medida Provisória nº 2.166/67, esta deveria ser declarada inconstitucional. Todavia, a Suprema Corte entendeu que os mecanismos inseridos no art. 4º do antigo Código Florestal permitiam um real controle pelo Estado

---

[410] Os quatro cânones de Emilio Betti são os seguintes: "1º. Cânon da autonomia: o sentido deve ser aquilo que se encontra no dado e dele se extrai, e não um sentido que para ele se transfere a partir de fora; 2º. Cânon da totalidade: as partes de um texto são iluminadas pelo sentido do texto inteiro, e o texto em seu conjunto se compreende no contínuo confronto com suas partes; 3º. Cânon da atualidade do compreender: a atitude do intérprete não deve ser "passivamente receptiva, mas factualmente reconstrutiva": isto quer dizer que seria absurdo se a subjetividade do intérprete (e seus preconceitos, suas expectativas) fosse cancelada; o importante é que não seja imposta arbitrariamente sobre o objeto; 4º. Cânon da adequação do compreender: o intérprete deve estar congenialmente disposto em relação ao objeto a interpretar, no justo nível espiritual para uma compreensão adequada" (REALE, Giovanni; ANTISERI, Dario. Hans Georg Gadamer e a teoria da hermenêutica. *In*: ANTISERI, Dario. *História da filosofia*. São Paulo: Paulus, 2004, p. 265. v. 6).

das atividades desenvolvidas no âmbito das áreas de preservação permanente e, dessa forma, impediam ações predatórias e lesivas ao patrimônio ambiental. Por essa interpretação, portanto, restou hígido o princípio da precaução em face de proteger o bem ambiental dos riscos de danos.

A partir da edição da medida provisória, a supressão de vegetação, por medida de precaução, somente poderia ocorrer com autorização do Poder Público em casos de utilidade pública ou de interesse social, de forma motivada, e após procedimento administrativo próprio. Ainda, a supressão da vegetação somente ocorreria quando inexistisse alternativa técnica e locacional ao empreendimento proposto.

Em relação ao quarto cânone, aliás, afirmou Betti:

> Um quarto cânone ermeneutico, strettamente conesso col precedente e,come questo, attinente al soggeto del processo interpretativo: quello che proporremo di chiamare il cânone dell' adequazione dell' intendere, o cânone della retta correspondenza o consonanza ermeneutica, per cui l'interprete deve sforzarsi di mettere la própria vivente attualità in intima adesione e armonia col messagio che – secondo la calzante immaginedei Humboldt – gli perviene dall'oggetto, per modo che l'una e l'altro vibrino in perfetto uníssono.[411]

Como referido por Pessoa, a respeito do quarto cânone de Betti, em complementação:

> A participação do sujeito foi introduzida com um sentido bastante determinado. O intérprete deve repercorrer em sentido inverso o processo criativo, mas não pode empreender esse percurso de maneira qualquer. O intérprete não está totalmente livre para tanto. O quarto cânone prescreveu condições que o intérprete deve satisfazer nesse processo de reconstrução do espírito originário. Duas foram as condições. Ele deve, sob o aspecto negativo, livrar-se dos prejulgamentos e, sob o aspecto positivo, ampliar seus horizontes, tudo isso de modo a poder colocar-se em "íntima harmonia" com a mensagem que lhe é enviada na forma representativa. Nem todos podem assim captar as mensagens inscritas nas formas representativas, mas somente aqueles que conseguirem satisfazer a essa exigência de adequação.[412]

---

[411] BETTI, Emilio. *Teoria Generale Della Interpretazione*. Milano: Dott. A. Giuffrè Editore, 1990, p. 319.

[412] PESSOA, Leonel Cesarino. A teoria da interpretação jurídica de Emílio Betti: dos métodos interpretativos à teoria hermenêutica. *Revista Trimestral de Direito Civil*, Rio de Janeiro, v. 6, abr./jun. 2001.

No *leading case*, o Tribunal Pleno, por maioria, na condição de guardião da Constituição, "repercorreu" o *iter* interpretativo e "reconstruiu" o espírito originário do texto da medida provisória que estava em consonância com o texto constitucional no sentido de preservar o meio ambiente, com a ponderada observância do princípio da precaução, sem tolher o desenvolvimento econômico e a livre iniciativa.

É importante referir as pré-compreensões determinantes da decisão. Segundo Gadamer, o intérprete se aproxima dos textos não com a mente semelhante a uma tábula rasa, mas com a sua "pré-compreensão" (*Vor-verständnis*), seus "pré-juízos" (*Vor-urteile*), suas "pressuposições" e suas expectativas. Analisa-se o texto, assim, por uma pré-compreensão do intérprete. O hermeneuta possui em seu intelecto um significado preliminar do texto e é por isso que o texto é lido por ele com expectativas predeterminadas, que derivam de sua pré-compreensão. É com este *Vor-verständnis* que o intérprete se aproxima do texto e é sempre a colisão entre alguma parte da pré-compreensão do intérprete e o texto propriamente dito que atrai a sua atenção. E isso ocorre nos casos em que o texto não possui qualquer sentido e também naqueles outros casos em que o texto contrasta com as expectativas do intérprete.

Com efeito, Gadamer afirma:

> São esses choques que forçam o hermeneuta a se dar conta de seus próprios pré-juízos e a pôr em movimento a cadeia das interpretações sempre mais adequadas. Com efeito, quem procura compreender fica exposto aos erros derivados de pressuposições que não encontram confirmação no objeto. Consequentemente, a compreensão de tudo o que se deve compreender consiste totalmente na elaboração desse projeto preliminar, que obviamente é revisto continuamente com base no resultado da penetração ulterior do texto.[413]

Desse modo o trabalho hermenêutico posterior nada mais é do que a elaboração ou "reelaboração" da chamada pré-compreensão que é revista continuamente com base no resultado da penetração ulterior do texto.

No *leading case*, observa-se que no voto condutor restou evidenciada uma pré-compreensão determinante no sentido de proteger

---

[413] REALE, Giovanni; ANTISERI, Dario. Hans Georg Gadamer e a teoria da hermenêutica. In: ANTISERI, Dario. *História da filosofia*. São Paulo: Paulus, 2004, p. 251. v. 6.

o meio ambiente e manter hígido o princípio da precaução por meio de uma leitura harmônica do texto constitucional com a aludida medida provisória que alterou o Código Florestal.

Nos votos vencidos,[414] esteve embutido certo preconceito que insula a leitura do texto constitucional quando este protege o meio ambiente. Ou seja, invocar o art. 225 da Constituição Federal não traz a pré-compreensão necessária do texto constitucional, pois não o adapta à atividade econômica ecologicamente correta (art. 170, inc. VI). E, tampouco, observa que a medida provisória que alterou o antigo Código Florestal aperfeiçoou-o na medida em que criou critérios com base no processo administrativo a fim de evitar o desmatamento criminoso e irracional. Não se pode manejar indiscriminadamente o princípio da precaução sob o pretexto de proteção do meio ambiente.

Discorda-se, portanto, da técnica hermenêutica aplicada nos dissensos.

Por quais motivos? Não se observa o círculo hermenêutico.[415] Poderia ter sido esmiuçado o texto da medida provisória em cotejo com a Constituição Federal em sua inteireza, respeitada certa porosidade nesse processo interpretativo que permitisse a observância da realidade econômica, social e ambiental do país na época. Houve ausência do reconhecimento e de afirmação de nosso sistema jurídico. Os votos vencidos aplicaram simplesmente o princípio da precaução sem considerar esse contexto. Parece não haver incidido a máxima de Gadamer[416] de "interpretar aplicando", ao contrário, a aparência é de

---

[414] Sobre um estudo criterioso de históricos dissensos na Suprema Corte dos Estados Unidos da América, ver: WEDY, Gabriel; FREITAS, Juarez. O legado dos votos vencidos na Suprema Corte dos Estados Unidos da América. *Revista Interesse Público*, v. 87, p. 15-46, 2014.

[415] Em boa hora, Streck refere que "a interpretação do Direito é um ato de integração, cuja base é o círculo hermenêutico (o todo deve ser entendido pela parte, e a parte só adquire sentido pelo todo), sendo que o sentido hermeneuticamente adequado se obtém das concretas decisões por essa integração coerente na prática jurídica, assumindo especial importância a autoridade da tradição (que não se aprisiona, mas funciona como possibilidade)" (STRECK, Lenio Luiz. *Verdade e consenso*: Constituição, hermenêutica e teorias discursivas. 6. ed. São Paulo: Saraiva, 2017, p. 689.)

[416] Refere Bittar que "é uma constatação importante da teoria de Gadamer que só há hermenêutica jurídica quando há um sistema jurídico vigente para todos os membros de uma comunidade, inclusive e, sobretudo, para aqueles que elaboram as leis e ditam as regras sociais. Se algo é vinculante e não abolível, o único recurso racional à solução necessária para a decisão é o recurso à hermenêutica. Aí neste ponto fica evidenciada a importância do pensamento de Gadamer para a hermenêutica jurídica, principalmente os conceitos de experiência, de compreensão, de historicidade e de lingüisticidade que sempre foram combatidos e ignorados pelas tendências mais conservadoras da hermenêutica jurídica. A hermenêutica jurídica é o resultado híbrido do passado e

"aplicação sem interpretação" em sentido técnico, com a agravante do emprego de preconceitos que foram adotados como premissas. Em suma, soa a uma interpretação, decorrente de leitura isolada do dispositivo constitucional, com a intenção de proteção do meio ambiente a qualquer custo, ainda que outros direitos fundamentais fossem também sacrificados.

Como afirmado por Palmer, "a interpretação de um texto, não é, pois uma abertura passiva, mas, sim, uma interação dialética com o texto, não é uma simples confirmação, mas, sim, uma criação, um novo evento na compreensão".[417] É necessário "repercorrer" os próprios preconceitos e pré-compreensões para se chegar a uma interpretação mais razoável e mais próxima da verdade e, no caso do direito, da justiça.

Pasqualini, por sua vez, afirma que "quem interpreta, ao mesmo tempo, aplica (Gadamer) e hierarquiza (Freitas), então o jogo da exegese representa, mais do que qualquer outra coisa, perseguir o melhor possível (*belstiston ekton dynaton*)".[418] E foi isso que fez a maioria da Corte no *decisum*.

Na decisão, por maioria, respeitou-se a máxima da aplicação direta dos direitos fundamentais. O direito ao meio ambiente ecologicamente equilibrado, como é sabido, é um direito constitucional fundamental de terceira dimensão (art. 225, §3º) (seguindo o conhecido critério de direitos constitucionais de primeira, segunda e terceira dimensões referidos por Celso Ribeiro Bastos),[419] em que pese a sua localização no texto constitucional esteja fora do rol do art. 5º.[420] O princípio da precaução, no caso, foi preservado com a manutenção da higidez do texto impugnado.

Miranda, ao comentar a Constituição portuguesa, é por demais claro e refere que "os preceitos constitucionais respeitantes aos direitos e

---

do presente, assim a aplicação demanda sempre a pré-compreensão, em um círculo de passado, presente e futuro que envolve a compreensão do ser pelo próprio ser" (BITTAR. Hans-Georg Gadamer: a experiência hermenêutica e a experiência jurídica. *In:* BOUCAULT; RODRIGUEZ. Hermenêutica plural, p. 180.180-201).

[417] PALMER, Richard E. *Hermenêutica*. Tradução Maria Luísa Ribeiro Ferreira. Lisboa: Edições 70, 1986, p. 24.

[418] PASQUALINI, Alexandre. Hermenêutica: uma crença intersubjetiva na busca da melhor leitura possível. *In:* BOUCAULT, Carlos de Abreu; RODRIGUEZ, José Rodrigo. *Hermenêutica plural*. São Paulo: Martins Fontes, 2005, p. 159-179.

[419] BASTOS, Celso Ribeiro. *Curso de direito constitucional*. São Paulo: Celso Bastos, 2007.

[420] SARLET, Ingo Wolfgang. *A eficácia dos direitos fundamentais*. 7. ed. rev., atual. e ampl. Porto Alegre: Livraria do Advogado, 2007, p. 80.

garantias são diretamente aplicáveis".[421] Aliás, referida asserção provém da dicção literal da primeira parte do art. 18º do diploma constitucional luso praticamente transplantado para o art. 5º, §2º, de nossa Magna Carta, mencionado pela Corte na decisão.

Para Miranda o sentido essencial da norma não pode deixar de salientar o caráter preceptivo, e não programático, das normas de direitos, liberdades e garantias. A norma deve afirmar que esses direitos se fundam na Constituição e não na lei. E por fim a norma deve sublinhar (em expressão conhecida na doutrina tedesca) que é a lei que deve mover-se no âmbito dos direitos fundamentais, e não são os direitos fundamentais que devem mover-se no âmbito da lei.[422]

De outra banda, sem ignorar as lições de Hesse,[423] contrárias a Nipperday,[424] que em sua essência admite a aplicação direta dos direitos fundamentais no âmbito das relações privadas, Mendes entende que sendo as relações entre particulares, com base no direito privado, decididas pelo Estado-Juiz, está a jurisdição vinculada aos direitos fundamentais. Desse modo, a matéria constitucional assume sempre relevo nas decisões dos tribunais ordinários como na Corte Constitucional.[425]

Freitas, por sua vez, defende a redução ao máximo das limitações dos direitos fundamentais:

> Os direitos fundamentais não devem ser apreendidos separada ou localizadamente, como se estivessem todos encartados no art. 5º da Constituição Federal (no caso brasileiro). De outra parte, devem ser interpretados restritivamente às limitações, havendo, a rigor, regime unitário dos direitos fundamentais das várias gerações, donde segue que, no âmago, todos os direitos têm eficácia direta e imediata, reclamando crescente acatamento, notadamente tendo em vista os direitos sociais, encontrando-se peremptoriamente vedados os retrocessos [...]. Com efeito, uma vez reconhecido qualquer direito fundamental, a sua ablação e a sua inviabilização de exercício mostram-se inconstitucionais.[426]

---

[421] SARLET, Ingo Wolfgang. *A eficácia dos direitos fundamentais*. 7. ed. rev., atual. e ampl. Porto Alegre: Livraria do Advogado, 2007, p. 135.

[422] SARLET, Ingo Wolfgang. *A eficácia dos direitos fundamentais*. 7. ed. rev., atual. e ampl. Porto Alegre: Livraria do Advogado, 2007, p. 135.

[423] *Apud* MENDES, Gilmar Ferreira. *Direitos fundamentais e controle de constitucionalidade*. 2. ed. São Paulo: Celso Bastos, 1999, p. 223.

[424] *Apud* MENDES, Gilmar Ferreira. *Direitos fundamentais e controle de constitucionalidade*. 2. ed. São Paulo: Celso Bastos, 1999, p. 223.

[425] *Apud* MENDES, Gilmar Ferreira. *Direitos fundamentais e controle de constitucionalidade*. 2. ed. São Paulo: Celso Bastos, 1999, p. 223.

[426] *Apud* MENDES, Gilmar Ferreira. *Direitos fundamentais e controle de constitucionalidade*. 2. ed. São Paulo: Celso Bastos, 1999, p. 206.

Tendo presentes referidas lições doutrinárias, em cotejo com o corpo do acórdão sindicado, observa-se de chofre que a máxima da aplicação imediata dos direitos fundamentais verificou-se no caso em tela. Referida aplicação, entretanto, no caso concreto, observou as máximas da vedação de excesso e de inoperância. Não fosse essa a interpretação da Corte, estar-se-ia aplicando de forma excessiva, *ad absurdum*, o princípio da precaução, e exigindo-se a edição de lei formal para o corte de uma árvore ou de um arbusto em uma área de preservação permanente.

A decisão do Supremo Tribunal Federal, nesse caso, por exceção,[427] foi a única resposta jurídica correta em uma visão apressada da obra de Dworkin.[428] Ficaria, talvez, mais bem definida como uma decisão compatível com o texto constitucional. Ou, de modo mais claro, citando a tese de autoria de Streck, perfeitamente aplicável ao caso analisado, no sentido de uma simbiose entre as teorias de Gadamer e Dworkin, que culmina na oferta de uma resposta que não é nem a única nem a melhor, mas simplesmente adequada à Constituição.[429] Pretender a aplicação do art. 225, §3º, da Constituição em detrimento da medida provisória impugnada inviabilizaria toda e qualquer atividade econômica, em especial de subsistência, em áreas de preservação permanente, em

---

[427] Segundo Juarez Freitas, inexiste a única resposta jurídica correta, como pretendiam, nas suas versões extremadas, os remanescentes cultores da jurisprudência dos conceitos ou aqueles que adotam uma distinção forte entre princípios e regras (FREITAS, Juarez. *A interpretação sistemática do direito*. 3. ed. São Paulo: Malheiros, 2004, p. 249). Segundo Canaris, "as considerações sobre a necessidade da plenitude dos axiomas deixaram claro, da utopia de que, dentro de determinada ordem jurídica, todas as decisões de valor necessárias se deixam formular definitivamente – decorre, portanto, de um pré-julgamento tipicamente positivista, que hoje pode considerar-se como definitivamente rejeitado" (CANARIS, Claus-Wilhelm. *Pensamento sistemático e conceito de sistema na ciência do direito*. 3. ed. Tradução A. Menezes Cordeiro. Lisboa: Fundação Calouste Guilbenkian, 2002, p. 44-45).

[428] Sobre a tese da única resposta correta de Dworkin ou, ainda, de Habermas, ver: DWORKIN, Ronald. *Taking Rights Seriously*. London: Gerald Duckworth, 1977. E HABERMAS, Jurgen. *Truth and Justification*. Boston: The Massachusetts Institute of Technology Press, 2003.

[429] STRECK, Lenio Luiz. *Verdade e consenso*: Constituição, hermenêutica e teorias discursivas. 6. ed. São Paulo: Saraiva, 2017, p. 690. A decisão (resposta) estará adequada, para Streck, "na medida em for respeitada, em maior grau, a autonomia do Direito (que se pressupõe produzido democraticamente), evitada a discricionariedade (além da abolição de qualquer atitude arbitrária) e respeitada a coerência e a integridade do Direito, a partir de uma detalhada fundamentação. O direito fundamental a uma resposta correta, mais do que o assentamento de uma perspectiva democrática (portanto, de tratamento equânime, de respeito ao contraditório e à produção legislativa) é um produto filosófico, porque o caudatário de um novo paradigma que ultrapassa o esquema sujeito-objeto predominante nas duas metafísicas" (STRECK, Lenio Luiz. *Verdade e consenso*: Constituição, hermenêutica e teorias discursivas. 6. ed. São Paulo: Saraiva, 2017, p. 689.)

menoscabo aos princípios gerais da atividade econômica insertos no art. 170 da Constituição Federal. A aplicação do princípio da precaução nestes termos geraria o efeito paralisante[430] decorrente da sua aplicação excessiva.

É certo que o direito ambiental deve cada vez mais ser um direito de tutela não do homem, mas do meio ambiente como um todo, e ter como um dos seus nortes a observância do princípio da precaução. O meio ambiente deve ser vigorosamente protegido contra atividades econômicas nocivas, inescrupulosas e irresponsáveis ambientalmente, pela aplicação do princípio da precaução.

Todavia a interpretação deve ser tópico-sistemática, alijando falácias interpretativas diversas. Assim, dificultar e impedir o desenvolvimento mediante uma interpretação forte do princípio da precaução não protege o meio ambiente, nem atende às noções de justiça preconizadas por Rawls, com base em princípios políticos apriorísticos (e não morais),[431] e de equidade lecionadas por Aristóteles em *A política*.[432]

Os votos vencidos parecem afetados por uma interpretação textualista radical que não extraiu do texto constitucional o seu sentido mais sublime e, tampouco, analisou a medida provisória em seu âmago, que, ao exigir motivação e procedimento administrativo para a supressão de vegetação, estava a proteger e tutelar o meio ambiente de acordo com o princípio da precaução.

Parece ser indiscutível que no *leading case* aparecem argumentações intencionalistas. Essa posição intencionalista, imbuída da noção de *voluntas legislatoris*, está inarredavelmente ligada à posição majoritária do excelso sodalício. É bem verdade que, ao referir-se ao intencionalismo, mister faz se reportar aos hermeneutas norte-americanos que se dividem entre os interpretativistas e os não interpretativistas que, sem preconceito, podem ser chamados de novos hermeneutas. Entre os interpretativistas, temos os originalistas,[433] que

---

[430] Sobre o efeito paralisante do princípio da precaução, Sunstein refere: "For now, my only claim is that the principle is a crude and sometime perverse way of promoting desirable goals – and that if it is taken for all that it is worth, it is paralyzing, and therefore not helpful at all" (SUNSTEIN, Cass. *Laws of Fear*: Beyond the Precautionary Principle. New York: Cambridge University Press, 2005, p. 34).

[431] RAWLS, John. *A Theory of Justice*. Cambridge: Harvard University Press, 1981.

[432] ARISTOTLE. *Politics*. Oxford: Oxford Classic Texts, 1988.

[433] SCALIA, Antonin. Originalism: the Lesser Evil. *University of Cincinnati Law Review*, v. 57, n. 849, p. 856-857, 1989.

pretendem extrair da norma ou do texto original o seu significado. Também, entre os interpretativistas, temos os intencionalistas que buscam na interpretação do texto jurídico extrair a intenção do seu autor e, no mesmo sentido, do texto legal pretendem extrair a intenção do legislador ao editar determinada norma.

Entre os interpretativistas, e também intencionalistas, podem-se destacar o falecido *Justice* Scalia (*A Matter of the Interpretation*)[434] e Bork,[435] o qual entre outras contribuições para o direito deixou a sua célebre polêmica com Dworkin sobre "o originalismo e a interpretação". Esta talvez a sua mais concreta contribuição no campo da hermenêutica, seja em face dos seus sólidos argumentos, seja pelo fôlego e vigor intelectual do adversário, autor de *Taking Rights Seriously*.[436]

Como afirmado por Gutmann no prefácio de *A Matter of Interpretation*, a essência da filosofia da lei desenvolvida pelo *Justice* Scalia na obra é chamada de originalismo ou textualismo e visa buscar o significado original do texto e aplicá-lo às presentes circunstâncias. É assim que deveria, para Scalia, ser dirigida a interpretação das leis e da Constituição.[437]

O *Justice* Scalia, de indiscutível coragem moral e intelectual, demonstrada em *A Matter of Interpretation*, pela sua exposição às críticas de juristas do porte de Wood, Tribe, Glendon e Dworkin, defende com altivez o que ele entende por textualismo. Afirma que o textualismo não deve ser confundido com o que é apenas chamado de construtivismo, a forma degradada de textualismo traz uma filosofia como um todo desacreditada. Refere, no entanto, que não é um construcionista estrito e afirma que ninguém deve sê-lo. Ele supõe ser esta posição melhor do que a de um não textualista. Assevera que o texto não deveria ser interpretado estritamente e lenientemente, mas deveria ser interpretado razoavelmente e abranger todos os significados de forma justa.[438]

---

[434] SCALIA, Antonin. *A Matter of Interpretation*. Princeton: Princeton University Press, 1997.

[435] BORK, Robert. *The Tempting of América*: the political seduction of the law. New York: Touchstone, 1991.

[436] DWORKIN, Ronald. *Taking Rights Seriously*. London: Gerald Duckworth, 1977.

[437] Segundo Scalia: "This is the essence of the philosophy of law that Justice Scalia develops here in more detail. The philosophy is called textualism, or originalism, since it is the original meaning of the text –applied to present circumstances – that should govern judicial interpretation of statutes and the Constitution" (SCALIA, Antonin. *A Matter of Interpretation*. Princeton: Princeton University Press, 1997, p. 3).

[438] Refere Scalia: "Textualism should not be confused whith so-called strict constructionism, a degraded form of textualism that brings the whole philosophy into disrepute. I am not a strict constructionist, and no one ought to be – though better that, I suppose, than

Bork, criticado ferozmente por Dworkin,[439] se caracteriza por ser um *strict constructionist*, ou seja, por ser um originalista radical, assim como Berger e Rehnquist. Esse pensamento de um *strict constructionism* nada mais é do que um originalismo radical e fica bem resumido em duas asserções bem expostas por Beltrán de Felipe nestes termos: "(a) La interpretacion de la Constitución ha de regirse única y exclusivamente por la original intent y (b) cuando van más Allá de esta original intent, los Jueces del Tribunal Supremo le imponen sus ideas a la nación, usurpándole el poder al Pueblo".[440]

Mostra-se, porém, temerário voltar-se exclusivamente para a *voluntas legislatoris* na hora de interpretar uma lei ou ater-se exclusivamente ao texto legal ao interpretá-lo. O círculo hermenêutico neste caso não se completa, e o trabalho do hermeneuta torna-se empobrecido. Observa-se que o Ministro Marco Aurélio afirma que o art. 225 da Constituição Federal incide no caso concreto e protege o meio ambiente. Mas não observa que, mesmo que essa disposição constitucional esteja no texto para proteger o meio ambiente e permita a aplicação do princípio da precaução, não pode ser interpretada de modo a não o proteger, e mais, de inviabilizar o desenvolvimento econômico e, em especial, a subsistência dos mais pobres, em um país que padece de imensa desigualdade. Isso porque, se nem o direito fundamental à vida é absoluto, o que se dirá do direito à proteção do meio ambiente que se compreende deve prevalecer sobre o direito fundamental à livre iniciativa, mas não pode solapá-lo, destruí-lo ou bani-lo do sistema jurídico. E vai-se além, até mesmo o princípio da dignidade da pessoa humana poderia ter sido violado pela decisão, pois alijaria, por exemplo, pequenos agricultores, índios, quilombolas e populações tradicionais do cultivo e da obtenção do próprio alimento.

Em outros termos, o argumento parece posto no sentido de que toda e qualquer atividade viola o direito ao meio ambiente equilibrado e nada mais pode ser feito, projetado e elaborado, sob pena de violação ao art. 225 da Constituição Federal. Este argumento é colocado *ad terrorem* e não se sustenta, pois não vem devidamente motivado e justificado.

---

a nontextualist. A text should not be construed strictly, and it should not be construed leniently; it should be construed reasonably, to contain all that it fairly means" (SCALIA, Antonin. *A Matter of Interpretation*. Princeton: Princeton University Press, 1997, p. 23).

[439] BELTRÁN DE FELIPE, Miguel. *Originalismo e Interpretacion*. Dworkin vs. Bork: una polémica constitucional. Madrid: Civitas, 1989.

[440] BELTRÁN DE FELIPE, Miguel. *Originalismo e Interpretacion*. Dworkin vs. Bork: una polémica constitucional. Madrid: Civitas, 1989, p. 57.

A intocabilidade do meio ambiente é uma utopia, tal qual a busca quixotesca do risco zero.

Em contrapartida, sempre os argumentos do Supremo Tribunal Federal trazem "um quê" de intencionalismo pela própria disposição constitucional que o eleva a guardião e intérprete maior do texto constitucional (art. 102, da CF). Assim, o intencionalismo sempre está presente nas interpretações do Supremo Tribunal Federal. Impõe-se à Corte policiar-se para não assumir uma posição intencionalista radical, o que seria incompatível com o conceito de Estado Socioambiental de Direito e feriria de morte o princípio da separação dos poderes (art. 2º), marcado pelos *checks and balances*. Deve ser afastada ao máximo a nefasta figura do juiz-legislador, contra a qual a doutrina positivista de Kelsen, novamente festejada em nossos dias,[441] pode ser usada com notável êxito,[442] ao menos nesse ponto.

Evidentemente, a hermenêutica, principalmente quando aborda direitos fundamentais, deve ir além do textualismo.[443] Essa técnica não resolve antinomias e questões de difícil interpretação que envolvam conflitos de direitos fundamentais, de regras, valores e princípios. É necessária uma interpretação que busque em um sistema aberto de princípios, valores e regras, uma saída que não descaracterize o Estado Socioambiental de Direito e, mais, o direito em uma concepção de equidade.

---

[441] Não se pode descurar da oportuna advertência de Streck de que o positivismo é bem mais complexo do que a discussão lei *versus* direito (STRECK, Lenio Luiz. *Verdade e Consenso*: Constituição hermenêutica e teorias discursivas. São Paulo: Saraiva, 2017, p. 681).

[442] Para Kelsen "O Direito é sempre Direito positivo, e sua positividade repousa no fato de ter sido criado e anulado por atos de seres humanos, sendo, desse modo, independente da moralidade e de sistemas similares de normas. Esse fato constitui a diferença entre Direito positivo e Direito natural, o qual, como a moralidade, é deduzido a partir de uma norma fundamental presumivelmente auto evidente, considerada como sendo a expressão da vontade da natureza ou da razão pura. A norma fundamental de uma ordem jurídica positiva nada mais é que a regra básica de acordo com a qual várias normas da ordem devem ser criadas. Ela qualifica certo evento como o evento inicial na criação de várias normas jurídicas. É o ponto de partida de um processo criador de normas e, desse modo, possui um caráter inteiramente dinâmico. As normas particulares da ordem jurídica não podem ser logicamente deduzidas a partir dessa norma fundamental, como pode a norma "ajude o próximo quando ele precisar de ajuda" ser deduzida da norma "ame o próximo". Elas têm de ser criadas por um ato especial de vontade, e não concluídas a partir de uma premissa por meio de uma operação intelectual" (KELSEN, Hans. *General Theory of Law and State*. Cambridge: The President and Fellows of Harvard College, 1945, p. 166-167).

[443] Nesse sentido Juarez Freitas: "Numa perspectiva tópico-sistemática, indo além do textualismo, o núcleo basilar dos direitos fundamentais não pode deixar de ser respeitado, no presente, não apenas pelo legislador, mas pelo intérprete, mormente em sistemas de jurisdição única" (FREITAS, Juarez. *A interpretação sistemática do direito*. 3. ed. São Paulo: Malheiros, 2004, p. 46).

Na decisão encontra-se justificação interna e externa razoável e suficiente. A essa conclusão se chega ao se sindicar os conceitos de sistemas interno e externo de acordo com Canaris,[444] Larenz,[445] Guastini[446] e Alexy.[447] Referidos sistemas não são incompatíveis, mas complementam-se[448] e não são despidos de valor.[449] Está aí a importância fulcral do chamado sistema externo e de seu inquestionável valor: a possibilidade de, ao analisar este sistema, prever a provável decisão e com isso oferecer e irradiar segurança jurídica aos jurisdicionados.

A decisão considerou a alteração da legislação infraconstitucional, via medida provisória, constitucional e não violadora do princípio da precaução. Portanto restaram protegidas as áreas de proteção permanente e a sua vegetação. Foi considerado, também, o texto constitucional no sentido de compatibilizar o princípio da livre iniciativa com o princípio da precaução. Nesse sentido, valeram-se os ministros em seus votos, em especial o relator, de citações de doutrina de direito constitucional e ambiental. Houve também referências a *leading cases* do Supremo Tribunal Federal. Ficaram nítidas a eleição e a adoção de premissas internas e externas. A decisão, por consequência, restou com sólida justificação interna e externa e de difícil contestação.

---

[444] CANARIS, Claus-Wilhelm. *Pensamento sistemático e conceito de sistema na ciência do direito*. 3. ed. Tradução A. Menezes Cordeiro. Lisboa: Fundação Calouste Guilbenkian, 2002.

[445] LARENZ, Karl. *Metodologia da ciência do direito*. 4. ed. Introdução e tradução José Lamego. Lisboa: Fundação Calouste Gulbenkian, 2005.

[446] GUASTINI, Riccardo. *Dalle Fonti alle Norme*. Torino: Giappichelli, 1992.

[447] ALEXY, Robert. *Teoria de los Derechos Fundamentamentales*. Madrid: Centro de Estudios Constitucionales, 1997.

[448] Como afirmado por Karl Larenz, o sistema interno é, além disso, fragmentário, no sentido de que não podem integrar-se nele todas as normas ou regulamentações. Tanto as regulações de índole preponderantemente técnico-jurídica – por exemplo, o regime cadastral formal, a natureza da autenticação, os regulamentos de polícia –, como as leis-medida se subtraem a ele, pelo menos em grande escala. Para pôr numa ordem externa a massa dessas normas e poder manejá-las é preciso, agora como dantes, o sistema externo. Só que não se deve esperar dele nenhuma resposta a questões jurídicas ou acreditar que só com a sua ajuda se podem descobrir as conexões de sentido internas do direito – sem cujo conhecimento a matéria jurídica é no seu conjunto uma massa inerte na qual, em última instância, se pode operar de um ou doutro modo (LARENZ, Karl. *Metodologia da ciência do direito*. 4. ed. Introdução e tradução José Lamego. Lisboa: Fundação Calouste Gulbenkian, 2005, p. 696-697).

[449] Para Canaris, exaltando a importância do sistema externo e respondendo àqueles que o entendem despido de valor: "Com certeza que semelhante sistema não fica, com isso, despido de valor; pelo contrário: ele é de grande significado para que o Direito possa ser visto no seu conjunto e, com isso, para a praticabilidade da sua aplicação, bem como, mediatamente, também, para a segurança jurídica, no sentido da previsibilidade da decisão" (CANARIS, Claus-Wilhelm. *Pensamento sistemático e conceito de sistema na ciência do direito*. 3. ed. Tradução A. Menezes Cordeiro. Lisboa: Fundação Calouste Guilbenkian, 2002, p. 26).

Na decisão, não aparecem intenções racionalistas radicais. Todo radicalismo ou niilismo tornam-se perigosos, pois além da ausência de lógica, carecem de juízo dialético, contraponto suficiente de ideias, de análise de prós e contras, de uma visão ampliada de sistema jurídico e da razoabilidade de um pensamento que se possa chamar de tópico e sistemático.

O racional ponderado e refletido em um discurso dialético é positivo. No caso em tela, observam-se intenções racionalistas e raciocínios que levam em consideração aquela máxima da tridimensionalidade do direito exposta na filosofia jurídica de Reale,[450] levando em consideração a premissa maior e a premissa menor que levam a uma conclusão lógica. Portanto, analisando os votos vencedores, observa-se que foram analisados o texto constitucional e a combatida norma infraconstitucional em primeiro lugar (premissa maior). Foram analisadas as hipóteses fáticas que poderiam ser marcadas por consequências nefastas com a suspensão da lei (premissa menor). E chegou-se à conclusão lógica de que poderiam ser causados prejuízos à economia, ao meio ambiente e à coletividade como um todo, se a liminar deferida fosse ratificada e o princípio da precaução fosse aplicado de modo excessivo.

Observa-se um *decisum* racionalista, prudente, em que foram analisadas as hipóteses de decisões, contrário *sensu*, e suas consequências. Não seria razoável decidir ao contrário do que foi decidido por ausência de fundamentos constantes nos sistemas interno e externo.

A decisão em horizonte mais longo reduz conflitos intertemporais. Ela demonstrou-se atual, pois protege o meio ambiente, o que vem sendo uma preocupação mundial nos últimos anos. Em nossos dias, observa-se que os textos constitucionais e infraconstitucionais, ao redor do mundo, surgem com redações que, de forma crescente, embasados em acontecimentos reais e fatos científicos, como as mudanças climáticas, protegem o meio ambiente como um todo.

Partindo, portanto, da premissa de que a alteração infraconstitucional por aludida medida provisória é benéfica ao meio ambiente, e mantém hígida a observância ao princípio da precaução, pode-se dizer que a decisão em horizonte mais longo não apenas reduz conflitos intertemporais como também, no ponto nevrálgico da questão debatida, os elimina. Isso porque dos dias de hoje até os finais dos tempos, o desenvolvimento econômico e social deverá estar em harmonia com

---

[450] REALE, Miguel. *Filosofia do direito*. 8. ed. São Paulo: Saraiva, 1978. v. 2.

a observância do princípio da precaução a fim de se tutelar o meio ambiente como uma forma não apenas de preservação da espécie humana, mas de todos os seres vivos.[451] Não se trata aqui de exercício de dialética erística, como aquele referido por Schopenhauer,[452] mas aproxima-se do afirmado por Dworkin em combate à tese de Posner:

> Não há dúvida de que os juízes devem levar em consideração as consequências de suas decisões, mas eles só podem fazê-lo na medida em que forem guiados por princípios inseridos no direito como um todo, princípios que ajudem a decidir quais consequências são pertinentes e como se deve avaliá-las, e não por suas preferências pessoais ou políticas.[453]

A lei impugnada não poderia ser alterada por decisionismo judicial,[454] sob pena de violação ao princípio da precaução, pois permitiria que a vegetação das áreas de preservação permanente fosse extirpada pelo Poder Público ou por particulares sem o competente processo administrativo, sem o estudo de impacto ambiental e sem motivação fática e legal. Esse ponto parece pacífico e, nesse sentido, jamais poderia a medida provisória ser modificada por decisão judicial. Na mesma linha, é intuitivo que a intenção da medida de cunho legislativo era proteger o meio ambiente, tendo o princípio da precaução como instrumento. A tutela do ambiente, pontua-se, será um desafio

---

[451] A perspectiva do antropocentrismo alargado está presente na decisão, pois a humanidade está na origem dos valores protegidos pelo *leading case*, sem desrespeitar o meio ambiente. Em defesa do antropocentrismo alargado ver: STEIGLEDER, Annelise Monteiro. *Responsabilidade civil ambiental*: as dimensões do dano ambiental no direito brasileiro. Porto Alegre: Livraria do Advogado, 2004, p. 91-95. No mesmo sentido: LOPERENA ROTA, Demetrio. *Los Principios del Derecho Ambiental*. Madrid: Civitas, 1998, p. 30-32.

[452] SCHOPENHAUER, Arthur. *Como vencer um debate sem precisar ter razão*: em 38 estratagemas (Dialética Erística). Introdução, notas e comentários de Olavo de Carvalho. Rio de Janeiro: Topbooks, 2003.

[453] DWORKIN, Ronald. *Justice in Robes*. Cambridge: Harvard University Press, 2006, p. 146.

[454] É de se observar que existem importantes antídotos hermenêuticos contra decisionismos, pode-se colher na obra de Streck vários deles. De acordo com o referido autor, por exemplo, "há a necessidade de uma justificação moral mais abrangente para a teoria jurídica, o que não pode significar que o Direito seja tomado de moralismos pessoalistas. No fundo, cumprir o Direito em sua integridade evidencia a melhor forma de condução da comunidade política. Essa melhor forma não representa uma exclusão da moral, mas, antes, incorpora-a. A moral não é outsider. O Direito não ignora a moral, pois o conteúdo de seus princípios depende dessa informação. Todavia, quando o Direito é aplicado, não podemos olvidar dos princípios, tampouco aceitar que eles sejam qualquer moral. Aqui devemos também pensar em Habermas" (STRECK, Lenio Luiz. *Verdade e consenso*: Constituição, hermenêutica e teorias discursivas. 6. ed. São Paulo: Saraiva, 2017, p. 686.)

constante ao longo da história e esta deve se dar em consonância com o princípio e o direito fundamental ao desenvolvimento sustentável.

É desnecessário, assim, recorrer aos ensinamentos de Ost em *O tempo e o direito*,[455] ou extrair o sumo da polêmica entre Gabba e Robier[456] sobre o direito intertemporal para se chegar à conclusão de que a decisão é boa hoje, como foi satisfatória ontem e será no mínimo suficiente no futuro. Infere-se, portanto, que o *leading case* reduz e até mesmo extingue conflitos intertemporais e está de acordo com o princípio constitucional da precaução e do desenvolvimento sustentável, este último ancorado em quatro pilares: ambiental, econômico, social e de boa governança.[457]

Aliás, o STF, quebrando paradigmas, mais recentemente, passou a aplicar expressamente o princípio constitucional da precaução, como quando julgou procedente ação de descumprimento de preceito fundamental, utilizando como um dos fundamentos tal princípio para restringir a importação de pneus usados, por risco de dano à saúde pública e ao meio ambiente.[458] Também manteve hígida decisão de

---

[455] Ost faz constante ligação entre o direito e o passado, o presente e o futuro, dividindo sua obra em 4 capítulos do seguinte modo: Capítulo 1. Memória. Ligar o passado. Capítulo 2. Perdão. Desligar o passado. Capítulo 3. Promessa. Ligar o futuro. Capítulo 4. Questionamento. Desligar o futuro (OST, François. *Le Temps du Droit*. Paris: Editions Odile Jacob, 1999).

[456] PEREIRA, Caio Mário da Silva. *Instituições do direito civil*. 8. ed. Rio de Janeiro: Forense, 2001. v. 1

[457] Sobre o tema ver, WEDY, Gabriel. *Desenvolvimento sustentável na era das mudanças climáticas*: um direito fundamental. São Paulo: Saraiva, 2018.

[458] "EMENTA: ARGÜIÇÃO DE DESCUMPRIMENTO DE PRECEITO FUNDAMENTAL: ADEQUAÇÃO. OBSERVÂNCIA DO PRINCÍPIO DA SUBSIDIARIEDADE. ARTS. 170, 196 E 225 DA CONSTITUIÇÃO DA REPÚBLICA. CONSTITUCIONALIDADE DE ATOS NORMATIVOS PROIBITIVOS DA IMPORTAÇÃO DE PNEUS USADOS. RECICLAGEM DE PNEUS USADOS: AUSÊNCIA DE ELIMINAÇÃO TOTAL DE SEUS EFEITOS NOCIVOS À SAÚDE E AO MEIO AMBIENTE EQUILIBRADO. AFRONTA AOS PRINCÍPIOS CONSTITUCIONAIS DA SAÚDE E DO MEIO AMBIENTE ECOLOGICAMENTE EQUILIBRADO. COISA JULGADA COM CONTEÚDO EXECUTADO OU EXAURIDO: IMPOSSIBILIDADE DE ALTERAÇÃO. DECISÕES JUDICIAIS COM CONTEÚDO INDETERMINADO NO TEMPO: PROIBIÇÃO DE NOVOS EFEITOS A PARTIR DO JULGAMENTO. ARGUIÇÃO JULGADA PARCIALMENTE PROCEDENTE. 1. Adequação da arguição pela correta indicação de preceitos fundamentais atingidos, a saber, o direito à saúde, direito ao meio ambiente ecologicamente equilibrado (arts. 196 e 225 da Constituição Brasileira) e a busca de desenvolvimento econômico sustentável: princípios constitucionais da livre iniciativa e da liberdade de comércio interpretados e aplicados em harmonia com o do desenvolvimento social saudável. Multiplicidade de ações judiciais, nos diversos graus de jurisdição, nas quais se têm interpretações e decisões divergentes sobre a matéria: situação de insegurança jurídica acrescida da ausência de outro meio processual hábil para solucionar a polêmica pendente: observância do princípio da subsidiariedade. Cabimento da presente ação. 2. Argüição de descumprimento dos

preceitos fundamentais constitucionalmente estabelecidos: decisões judiciais nacionais permitindo a importação de pneus usados de Países que não compõem o Mercosul: objeto de contencioso na Organização Mundial do Comércio – OMC, a partir de 20.6.2005, pela Solicitação de Consulta da União Europeia ao Brasil. 3. Crescente aumento da frota de veículos no mundo a acarretar também aumento de pneus novos e, consequentemente, necessidade de sua substituição em decorrência do seu desgaste. Necessidade de destinação ecologicamente correta dos pneus usados para submissão dos procedimentos às normas constitucionais e legais vigentes. Ausência de eliminação total dos efeitos nocivos da destinação dos pneus usados, com malefícios ao meio ambiente: demonstração pelos dados. 4. Princípios constitucionais (art. 225) a) do desenvolvimento sustentável e b) da equidade e responsabilidade intergeracional. Meio ambiente ecologicamente equilibrado: preservação para a geração atual e para as gerações futuras. Desenvolvimento sustentável: crescimento econômico com garantia paralela e superiormente respeitada da saúde da população, cujos direitos devem ser observados em face das necessidades atuais e daquelas previsíveis e a serem prevenidas para garantia e respeito às gerações futuras. Atendimento ao princípio da precaução, acolhido constitucionalmente, harmonizado com os demais princípios da ordem social e econômica. 5. Direito à saúde: o depósito de pneus ao ar livre, inexorável com a falta de utilização dos pneus inservíveis, fomentado pela importação é fator de disseminação de doenças tropicais. Legitimidade e razoabilidade da atuação estatal preventiva, prudente e precavida, na adoção de políticas públicas que evitem causas do aumento de doenças graves ou contagiosas. Direito à saúde: bem não patrimonial, cuja tutela se impõe de forma inibitória, preventiva, impedindo-se atos de importação de pneus usados, idêntico procedimento adotado pelos Estados desenvolvidos, que deles se livram. 6. Recurso Extraordinário n. 202.313, Relator o Ministro Carlos Velloso, Plenário, DJ 19.12.1996, e Recurso Extraordinário n. 203.954, Relator o Ministro Ilmar Galvão, Plenário, DJ 7.2.1997: Portarias emitidas pelo Departamento de Comércio Exterior do Ministério do Desenvolvimento, Indústria e Comércio Exterior – Decex harmonizadas com o princípio da legalidade; fundamento direto no art. 237 da Constituição da República. 7. Autorização para importação de remoldados provenientes de Estados integrantes do Mercosul limitados ao produto final, pneu, e não às carcaças: determinação do Tribunal ad hoc, à qual teve de se submeter o Brasil em decorrência dos acordos firmados pelo bloco econômico: ausência de tratamento discriminatório nas relações comerciais firmadas pelo Brasil. 8. Demonstração de que: a) os elementos que compõem o pneus, dando-lhe durabilidade, é responsável pela demora na sua decomposição quando descartado em aterros; b) a dificuldade de seu armazenamento impele a sua queima, o que libera substâncias tóxicas e cancerígenas no ar; c) quando compactados inteiros, os pneus tendem a voltar à sua forma original e retornam à superfície, ocupando espaços que são escassos e de grande valia, em especial nas grandes cidades; d) pneus inservíveis e descartados a céu aberto são criadouros de insetos e outros transmissores de doenças; e) o alto índice calorífico dos pneus, interessante para as indústrias cimenteiras, quando queimados a céu aberto se tornam focos de incêndio difíceis de extinguir, podendo durar dias, meses e até anos; f) o Brasil produz pneus usados em quantitativo suficiente para abastecer as fábricas de remoldagem de pneus, do que decorre não faltar matéria-prima a impedir a atividade econômica. Ponderação dos princípios constitucionais: demonstração de que a importação de pneus usados ou remoldados afronta os preceitos constitucionais de saúde e do meio ambiente ecologicamente equilibrado (arts. 170, inc. I e VI e seu parágrafo único, 196 e 225 da Constituição do Brasil). 9. Decisões judiciais com trânsito em julgado, cujo conteúdo já tenha sido executado e exaurido o seu objeto não são desfeitas: efeitos acabados. Efeitos cessados de decisões judiciais pretéritas, com indeterminação temporal quanto à autorização concedida para importação de pneus: proibição a partir deste julgamento por submissão ao que decidido nesta arguição. 10. Arguição de Descumprimento de Preceito Fundamental julgada parcialmente procedente" (ADPF nº 101. Rel. Min. Cármen Lúcia. Tribunal Pleno. Julg. 24.6.2009. DJe-108. Divulg. 1º.6.2012. Public. 4.6.2012).

Tribunal *a quo* que aplicou o princípio da precaução para impedir a poluição sonora provocada por ar-condicionado.[459]

Em face da não demonstração dos requisitos (1) do risco de dano ao meio ambiente e à saúde pública e (2) da incerteza científica que justificassem a aplicação do princípio da precaução para obrigar as concessionárias de energia elétrica a reduzir os campos

---

[459] "Ementa: AGRAVO REGIMENTAL NO AGRAVO DE INSTRUMENTO. CIVIL E PROCESSO CIVIL. DIREITO DE VIZINHANÇA. POLUIÇÃO SONORA. LEI MUNICIPAL. LIMITES. RESOLUÇÃO DO CONAMA. PROVA. REDUÇÃO DE RUÍDO. AR-CONDICIONADO. AUSÊNCIA DO NECESSÁRIO PREQUESTIONAMENTO. OFENSA REFLEXA AO TEXTO DA CONSTITUIÇÃO FEDERAL. REEXAME DO CONJUNTO FÁTICO-PROBATÓRIO JÁ CARREADO AOS AUTOS. IMPOSSIBILIDADE. INCIDÊNCIA DA SÚMULA 279/STF. 1. O requisito do prequestionamento é indispensável, por isso que inviável a apreciação, em sede de recurso extraordinário, de matéria sobre a qual não se pronunciou o Tribunal de origem, incidindo o óbice da Súmula 282 do Supremo Tribunal Federal. 2. A violação indireta ou reflexa das regras constitucionais não enseja recurso extraordinário. Precedentes: AI n. 738.145 – AgR, Rel. Min. CELSO DE MELLO, 2ª Turma, DJ 25.02.11; AI n. 482.317-AgR, Rel. Min. ELLEN GRACIE, 2ª Turma DJ 15.03.11; AI n. 646.103-AgR, Rel. Ministra CÁRMEN LÚCIA, 1ª Turma, DJ 18.03.11. 3. A alegação de ofensa aos postulados da legalidade, do devido processo legal, da ampla defesa, da motivação dos atos decisórios, do contraditório, dos limites da coisa julgada e da prestação jurisdicional, se ocorrente, seria indireta ou reflexa. Precedentes: AI n. 803.857-AgR, Rel. Min. CELSO DE MELLO, 2ª Turma, DJ 17.03.11; AI n. 812.678-AgR, Rel. Min. ELLEN GRACIE, 2ª Turma, DJ 08.02.11; AI n. 513.804-AgR, Rel. Min. JOAQUIM BARBOSA, 1ª Turma, DJ 01.02.11. 4. A Súmula 279/STF dispõe verbis: Para simples reexame de prova não cabe recurso extraordinário. 5. É que o recurso extraordinário não se presta ao exame de questões que demandam revolvimento do contexto fático-probatório dos autos, adstringindo-se à análise da violação direta da ordem constitucional. 6. In casu, o acórdão originariamente recorrido assentou: 'APELAÇÃO CÍVEL. DIREITO DE VIZINHANÇA. POLUIÇÃO SONORA. LEI MUNICIPAL. LIMITES. RESOLUÇÃO DO CONAMA. PROVA. REDUÇÃO DE RUÍDO. AR-CONDICIONADO. DECISÃO INTERLOCUTÓRIA. MULTA DIÁRIA ASTREINTES. TÍTULO JUDICIAL. LUCROS CESSANTES INDEVIDOS. 1. A norma municipal fixa limites máximos que, na realidade, são superiores aos limites máximos fixados na resolução pelo órgão ambiental federal competente (Resolução nº 01/90 do Conama e NBR 10.152), devendo a última se sobrepor à norma local. 2. A perícia judicial comprovou que, no período da noite, a emissão de ruído decorrente do acionamento do aparelho de ar-condicionado do réu, ultrapassa o nível permitido para o período noturno. Assim, devem ser tomadas medidas para evitar tal efeito, por dizer respeito ao princípio da precaução, vigente no direito ambiental. 3. Havendo decisão interlocutória que, em antecipação de tutela, impôs obrigação de fazer mediante astreintes, essa pena pecuniária deverá ser determinada no título judicial, em relação à unidade temporal dessa multa (dia, semana ou mês) e a data a partir de quando devida, devendo ser fixada na decisão que julga definitivamente a demanda, caso haja elementos para assim o fazer. 4. Conforme o §6º, do art. 461 do CPC, o juiz pode revisar a periodicidade das astreintes de ofício, quando se mostrar desproporcional. 5. Não há lucros cessantes quando não há comprovação cabal de que o faturamento do autor restou consideravelmente diminuído por causa do ruído causado pelo ar-condicionado do réu. Deram parcial provimento ao primeiro apelo e, quanto ao segundo, desacolheram a preliminar e negaram provimento. Unânime.' 7. Agravo regimental desprovido" (AI nº 781.547 AgR. Rel. Min. Luiz Fux. Primeira Turma. Julg. 13.3.2012. DJe-064. Divulg. 28.3.2012. Public. 29.3.2012).

eletromagnéticos das linhas de transmissão abaixo do patamar fixado em lei, em sentido oposto, decidiu a Corte pelo provimento de recursos extraordinários para o julgamento de improcedência de ações civis públicas que invocavam a necessidade do provimento precautório.[460]

Em outro *leading case*, decidiu o Supremo Tribunal Federal, em voto condutor de lavra do eminente Ministro Luiz Fux, no sentido de fixação de competência federal para processar e julgar crimes contra a fauna e a flora, em face de lesão e ameaça de lesão a bens ambientais federais, deixando exposto e bem definido o exato conceito do princípio constitucional da precaução para a Corte.[461]

---

[460] "Ementa. Recurso extraordinário. Repercussão geral reconhecida. Direito Constitucional e Ambiental. Acórdão do tribunal de origem que, além de impor normativa alienígena, desprezou norma técnica mundialmente aceita. Conteúdo jurídico do princípio da precaução. Ausência, por ora, de fundamentos fáticos ou jurídicos a obrigar as concessionárias de energia elétrica a reduzir o campo eletromagnético das linhas de transmissão de energia elétrica abaixo do patamar legal. Presunção de constitucionalidade não elidida. Recurso provido. Ações civis públicas julgadas improcedentes. 1. O assunto corresponde ao Tema nº 479 da Gestão por Temas da Repercussão Geral do portal do STF na internet e trata, à luz dos arts. 5º, caput e inciso II, e 225, da Constituição Federal, da possibilidade, ou não, de se impor a concessionária de serviço público de distribuição de energia elétrica, por observância ao princípio da precaução, a obrigação de reduzir o campo eletromagnético de suas linhas de transmissão, de acordo com padrões internacionais de segurança, em face de eventuais efeitos nocivos à saúde da população. 2. O princípio da precaução é um critério de gestão de risco a ser aplicado sempre que existirem incertezas científicas sobre a possibilidade de um produto, evento ou serviço desequilibrar o meio ambiente ou atingir a saúde dos cidadãos, o que exige que o estado analise os riscos, avalie os custos das medidas de prevenção e, ao final, execute as ações necessárias, as quais serão decorrentes de decisões universais, não discriminatórias, motivadas, coerentes e proporcionais. 3. Não há vedação para o controle jurisdicional das políticas públicas sobre a aplicação do princípio da precaução, desde que a decisão judicial não se afaste da análise formal dos limites desses parâmetros e que privilegie a opção democrática das escolhas discricionárias feitas pelo legislador e pela Administração Pública. 4. Por ora, não existem fundamentos fáticos ou jurídicos a obrigar as concessionárias de energia elétrica a reduzir o campo eletromagnético das linhas de transmissão de energia elétrica abaixo do patamar legal fixado. 5. Por força da repercussão geral, é fixada a seguinte tese: no atual estágio do conhecimento científico, que indica ser incerta a existência de efeitos nocivos da exposição ocupacional e da população em geral a campos elétricos, magnéticos e eletromagnéticos gerados por sistemas de energia elétrica, não existem impedimentos, por ora, a que sejam adotados os parâmetros propostos pela Organização Mundial de Saúde, conforme estabelece a Lei nº 11.934/2009. 6. Recurso extraordinário provido para o fim de julgar improcedentes ambas as ações civis públicas, sem a fixação de verbas de sucumbência" (RE nº 627189. Rel. Min. Dias Toffoli. Tribunal Pleno. Julg. 08.6.2016. *DJe*-066. Divulg. 31.3.2017. Public. 3.4.2017).

[461] De acordo com o Ministro Luiz Fux: "Outrossim, o Estado Brasileiro ratificou sua adesão ao Princípio da Precaução, ao assinar a Declaração do Rio, durante a Conferência das Nações Unidas sobre Meio Ambiente e Desenvolvimento (RIO 92) e a Carta da Terra, no "Fórum Rio+5"; com fulcro neste princípio fundamental de direito internacional ambiental, os povos devem estabelecer mecanismos de combate preventivos às ações que ameaçam a utilização sustentável dos ecossistemas, biodiversidade e florestas, fenômeno jurídico que, a toda evidência, implica interesse direto da União quando a conduta revele

3.3.2 Aplicação do princípio da precaução no âmbito do STJ

O egrégio STJ tem adotado uma posição extremamente progressista em matéria de direito ambiental. Não é diferente em relação ao princípio da precaução, que tem sido aplicado em diversas decisões no sentido de tutelar o meio ambiente e a saúde pública. Assim, a Corte tem adotado o que há de mais moderno na doutrina internacional sobre o tema e se aproxima de uma visão ecocentrista. Como no caso de inversão do ônus da prova contra usina hidrelétrica em relação a riscos de danos causados à fauna, à flora e à saúde pública.[462] Também

---

repercussão no plano internacional.... A ratio essendi das normas consagradas no direito interno e no direito convencional conduz à conclusão de que a transnacionalidade do crime ambiental, voltado à exportação de animais silvestres, atinge interesse direto, específico e imediato da União, voltado à garantia da segurança ambiental no plano internacional, em atuação conjunta com a Comunidade das Nações" (RE nº 835558/SP. Rel. Min. Luiz Fux. Tribunal Pleno. Julg. 08.6.2016. DJe-174. Divulg. 07.8.2017. Public. 8.8.2017).

[462] "Ementa: PROCESSUAL CIVIL. AÇÃO CIVIL PÚBLICA. USINA HIDRELÉTRICA. LICENCIAMENTO. REFLEXOS SÓCIO-AMBIENTAIS. DIREITOS INDIVIDUAIS HOMOGÊNEOS. DEFESA DO MEIO AMBIENTE. LEGITIMIDADE ATIVA DO MINISTÉRIO PÚBLICO FEDERAL. OFENSA AO ART. 535 DO CPC NÃO CONFIGURADA. JULGAMENTO EXTRA PETITA NÃO CONFIGURADO. MATÉRIA FÁTICO-PROBATÓRIA. INCIDÊNCIA DA SÚMULA 7/STJ 1. Hipótese em que o Tribunal local consignou: 'há um pedido específico, na alínea 'c', às fls. 16, colocado como pedido principal, no sentido de condenar-se o Ibama, que tem o dever legal de fiscalizar a realização do estudo prévio de impacto ambiental, para que exija do empreendedor a correta mitigação dos impactos provocados pelo empreendimento com o cálculo da indenização, sem qualquer tipo de depreciação e a inclusão de danos morais. Este pedido é específico no sentido de exigir a fiscalização do Ibama na realização do estudo prévio de impacto ambiental, o que entendo se tratar de um pedido dentro da perfeita linha do princípio da precaução, para que o Ibama possa, assim, compreender que não se trata apenas de impactos da flora e da fauna, mas, sobretudo, como quer a Constituição, o meio ambiente ecologicamente equilibrado, e assim também o diz a Lei 6.938/81, que há de se voltar, sobretudo, para a sadia qualidade de vida das pessoas, das presentes e futuras gerações. Então, essa me parece a dimensão desse pedido específico do Ministério Público. E depois a condenação da ENERPEIXE S/A, que é a empreendedora, em reavaliar todos os imóveis, incluindo prédios, benfeitorias e as cessões, sem qualquer depreciação, e a pagar os danos morais suportados pelos impactados, com mudança de residência em valor equivalente a 50% do total fixado para os danos patrimoniais, inclusive de todos os imóveis e perdas impactadas já indenizadas. Então, são dois pedidos, um de natureza específica e outro de natureza condenatória' e 'isso é exatamente o que quer o Ministério Público nesta demanda, que o Ibama fiscalize e avalie se, efetivamente, esses acordos estão atendendo às exigências da legislação ambiental e da Constituição Federal' (fls. 1.471-1.472, e-STJ). 2. Não se configura a ofensa ao art. 535 do Código de Processo Civil, uma vez que o Tribunal de origem julgou integralmente a lide e solucionou a controvérsia, tal como lhe foi apresentada. 3. Não configurou julgamento extra petita a decisão do Tribunal de origem que apreciou o pleito inicial interpretado em consonância com a pretensão deduzida na exordial como um todo. Sendo assim, não ocorre julgamento ultra petita se o Tribunal local decide questão que é reflexo do pedido na Inicial. 4. A jurisprudência do Superior Tribunal de Justiça é uníssona no sentido de que o Ministério Público tem legitimidade para atuar em causas

no caso da aplicação do princípio da precaução para se inverter o ônus da prova contra o potencial poluidor para se constatar possíveis danos ao meio ambiente e à saúde dos habitantes da região que poderiam ser causados pela construção da linha de transmissão de energia elétrica no trecho Fortaleza/Pici. Segundo estudos acostados pelo MPF nos autos do referido processo, os danos provenientes dos campos eletromagnéticos na saúde da população poderiam ocasionar doenças como leucemia, câncer no cérebro e alterações no potencial genético. Tais danos, portanto, se de fato viessem a ocorrer, seriam de cunho irreversível.[463]

---

que tratem de danos causados ao meio ambiente, conforme consignado pelo Tribunal a quo. Nesse sentido: REsp 1.479.316/SE, Rel. Ministro Humberto Martins, Segunda Turma, *DJe* 1º.9.2015; AgRg nos EDcl no REsp 1.186.995/SP, Rel. Ministro Benedito Gonçalves, Primeira Turma, *DJe* 10.12.2014; AgRg no AREsp 139.216/SP, Rel. Ministro Og Fernandes, Segunda Turma, *DJe* 25.11.2013; REsp 1.197.654/MG, Rel. Ministro Herman Benjamin, Segunda Turma, *DJe* 8.3.2012; AgRg no Ag 1.309.313/SP, Rel. Ministra Eliana Calmon, Segunda Turma, *DJe* 26.08.2010. 5. A jurisprudência do STF e do STJ assinala que, quando se trata de interesses individuais homogêneos, a legitimidade do Ministério Público para propor Ação Coletiva é reconhecida se evidenciado relevante interesse social do bem jurídico tutelado, atrelado à finalidade da instituição, mesmo em se tratando de interesses individuais homogêneos disponíveis. Nesse sentido: AgRg no REsp 1.301.154/RJ, Rel. Ministro Og Fernandes, Segunda Turma, *DJe* 19.11.2015; AgRg no REsp 1.381.661/PA, Rel. Ministro Mauro Campbell Marques, Segunda Turma, *DJe* 16.10.2015; REsp 1.480.250/RS, Rel. Ministro Herman Benjamin, Segunda Turma, *DJe* 08.09.2015; AgRg no AREsp 681.111 MS, Rel. Ministra Maria Isabel Gallotti, Quarta Turma, *DJe* 13.08.2015. 6. É evidente que, para modificar o entendimento firmado no acórdão recorrido, acerca da existência de relevância social apta a concretizar a legitimidade do Ministério Público, seria necessário exceder as razões colacionadas no acórdão vergastado, o que demanda incursão no contexto fático-probatório dos autos, vedada em Recurso Especial, conforme Súmula 7 do Superior Tribunal de Justiça. 7. Agravo Regimental não provido" (AgRg no REsp nº 1.356.449/TO. Rel. Min. Herman Benjamin. Segunda Turma. Julg. 3.5.2016. *DJe*, 25 maio 2016).

[463] "Ementa: PROCESSUAL CIVIL E AMBIENTAL. AÇÃO CIVIL PÚBLICA. CHESF. CONSTRUÇÃO DE LINHAS DE TRANSMISSÃO DE ENERGIA ELÉTRICA NO TRECHO FORTALEZA/PICI. VIOLAÇÃO DO ART. 535, II, DO CPC. DEFICIÊNCIA NA FUNDAMENTAÇÃO. SÚMULA 284/STF. ART. 267, IV E VI, DO CÓDIGO DE PROCESSO CIVIL. ART. 15 DA LEI 11.934/2009. AUSÊNCIA DE PREQUESTIONAMENTO. SÚMULA 211/STJ. EFEITOS NOCIVOS DOS CAMPOS ELETROMAGNÉTICOS AO MEIO AMBIENTE E À SAÚDE DA POPULAÇÃO. PRINCÍPIO DA PRECAUÇÃO. NECESSIDADE DE REALIZAÇÃO DE PERÍCIA. REVISÃO DE TAL ENTENDIMENTO. INCIDÊNCIA DA SÚMULA 7/STJ. Trata-se, na origem, de Ação Civil Pública proposta pelo Ministério Público Federal contra Companhia Hidroelétrica do São Francisco – CHESF, com o objetivo de condenar a ré a não construir a Linha de Transmissão de 230Kv correspondente ao trecho Fortaleza/Pici, que perpassa bairros habitacionais, salvo se respeitada a distância mínima supracitada entre as linhas elétricas e as residências. Não se conhece de Recurso Especial em relação a ofensa ao art. 535, II, do Código de Processo Civil quando a parte não aponta, de forma clara, o vício em que teria incorrido o acórdão impugnado. Incidência, por analogia, da Súmula 284/STF. A alegação de afronta ao art. 267, IV e VI, do Código de Processo Civil e ao art. 15 da Lei 11.934/2009, a despeito da oposição de Embargos Declaratórios, não foi apreciada pelo Tribunal a quo. Incide a Súmula 211/STJ porque, para que se tenha por atendido o requisito do prequestionamento, é indispensável também a emissão de juízo de valor sobre a matéria. O Tribunal de origem, com base

Relevante a aplicação do princípio da precaução contra concessionária que estava a explorar hidrelétrica no sentido de necessitar provar, em sede de ação civil pública, que a sua atividade não estava a causar danos ao meio ambiente e à comunidade de pescadores local,[464] em um clássico caso de possível dano ricochete.[465]

Em um, infelizmente, corriqueiro caso de loteamento irregular e de edificação em área de preservação permanente, reconheceu a Corte, demonstrando bom senso, pela aplicação do princípio da precaução para afastar os riscos de dano ao meio ambiente.[466] No mesmo sentido, nessa

---

no conjunto probatório dos autos, consignou que 'no caso em análise, a aplicação do princípio da precaução sustenta-se pelos possíveis danos ao meio ambiente e à saúde dos habitantes da região que poderão ser causados pela construção da linha de transmissão de energia elétrica no trecho Fortaleza/Pici. Segundo estudos acostados pelo MPF nos autos, os danos provenientes dos campos eletromagnéticos na saúde da população poderiam ocasionar doenças como leucemia, câncer no cérebro e alterações no potencial genético. Tais danos, portanto, se de fato vierem a ocorrer, são de cunho irreversível. Por todas essas razões, norteado pelo princípio da precaução, entendo pela necessidade de realização de perícia técnica a respeito dos campos eletromagnéticos formados pela construção dos referidos 'linhões', confrontando-se com os limites de exposição humana e determinando-se a distância mínima segura entre as linhas e as residências dos habitantes da região' (fls. 1.427-1.428, e-STJ). A revisão desse entendimento implica reexame de matéria fático-probatória, o que atrai o óbice da Súmula 7/STJ. Precedente: AgRg no AREsp 515.088/CE, Rel. Ministro Humberto Martins, Segunda Turma, DJe 13.08.2014; e AgRg no REsp 1.367.251/SC, Rel. Ministro Mauro Campbell Marques, Segunda Turma, DJe 19.05.2014. Recurso Especial não conhecido" (REsp nº 1.437.979/CE. Rel. Min. Herman Benjamin. Segunda Turma. Julg. 10.11.2015. DJe, 18 maio 2016).

[464] "Ementa: AGRAVO REGIMENTAL NO AGRAVO EM RECURSO ESPECIAL. DIREITO CIVIL E DIREITO AMBIENTAL. USINA HIDRELÉTRICA. CONSTRUÇÃO. PRODUÇÃO PESQUEIRA. REDUÇÃO. RESPONSABILIDADE OBJETIVA. DANO INCONTESTE. NEXO CAUSAL. PRINCÍPIO DA PRECAUÇÃO. INVERSÃO DO ÔNUS DA PROVA. CABIMENTO. PRECEDENTES. INOVAÇÃO EM RECURSO ESPECIAL. NÃO OCORRÊNCIA. 1. A Lei nº 6.938/1981 adotou a sistemática da responsabilidade objetiva, que foi integralmente recepcionada pela ordem jurídica atual, de sorte que é irrelevante, na espécie, a discussão da conduta do agente (culpa ou dolo) para atribuição do dever de reparação do dano causado, que, no caso, é inconteste. 2. O princípio da precaução, aplicável à hipótese, pressupõe a inversão do ônus probatório, transferindo para a concessionária o encargo de provar que sua conduta não ensejou riscos para o meio ambiente e, por consequência, para os pescadores da região. 3. Não há inovação em recurso especial se, ainda que sucintamente, a matéria foi debatida no tribunal de origem. 4. Agravo regimental não provido" (AgRg no AREsp nº 183.202/SP. Rel. Min. Ricardo Villas Bôas Cueva. Terceira Turma. Julg. 10.11.2015. DJe 13 nov. 2015).

[465] Para uma análise mais aprofundada de um caso específico julgado pelo Superior Tribunal de Justiça, ver: WEDY, Gabriel. Princípio da precaução, comentário ao AgRg na SLS 1.552-BA (Rel. Ministro Ary Pargendler). Revista do Superior Tribunal de Justiça, Brasília, ano 27, n. 237, p. 352-359, 2015.

[466] "Há de se considerar que as obrigações do município detectadas nesta demanda não podem ser afastadas. A ilicitude das construções é acentuada pela ausência da imprescindível licença ambiental para tanto. Por sua natureza preventiva, o sistema de licenciamento ambiental visa assegurar o princípio da precaução, que constitui um dos fundamentos do Direito Ambiental. Acrescente-se, ainda, que as ações de reflorestamento

era de aquecimento global e de desastres ambientais, oportunamente, a Corte entendeu por aplicar o princípio da precaução para impedir o desmatamento, comércio e transporte ilegal de madeira.[467]

---

só se iniciaram após o ajuizamento da demanda, restando evidente a omissão culposa do Município em impedir o resultado danoso perpetrado pelos demais réus. 4. Dessume-se que o Tribunal de origem, à luz dos fatos e das provas dos autos, concluiu que o parcelamento ilegal ocorreu em razão da falta de fiscalização do ente público municipal. Incidência, no caso, da Súmula 7/STJ. 5. Ademais, na forma da jurisprudência do STJ, incumbe ao Município o poder-dever de agir para fiscalizar e regularizar loteamento irregular, sendo do ente municipal a responsabilidade pelo parcelamento, uso e ocupação do solo urbano, atividade vinculada e não discricionária" (REsp nº 1826761 / RJ. Rel. Min. Ricardo Villas Bôas Cueva. Terceira Turma. Julg. 17.10.2019. DJe 20 out. 2019).

[467] "PROCESSUAL CIVIL E AMBIENTAL. MANDADO DE SEGURANÇA. DESMATAMENTO ILEGAL. CASTANHEIRA (BERTHOLLETIA EXCELSA). TRANSPORTE E COMÉRCIO IRREGULAR DE MADEIRA. ESTADO DE DIREITO AMBIENTAL. INFRAÇÃO. INTERDIÇÃO/EMBARGO E SUSPENSÃO ADMINISTRATIVOS, PREVENTIVOS OU SUMÁRIOS, PARCIAIS OU TOTAIS, DE OBRA, EMPREENDIMENTO OU ATIVIDADE. LACRE DE ESTABELECIMENTO COMERCIAL. ART. 72, INCISOS VII E IX, DA LEI 9.605/1998. ART. 45 DA LEI 9.784/1999. ART. 70 DA LEI 12.651/2012. LISTA NACIONAL OFICIAL DE ESPÉCIES DA FLORA AMEAÇADAS DE EXTINÇÃO (PORTARIA 443/2014 DO MINISTÉRIO DO MEIO AMBIENTE).LAVANDERIAS FLORESTAIS. HISTÓRICO DA DEMANDA. 1. Cuida-se, na origem, de Mandado de Segurança, com pedido de liminar, ajuizado em 2004 por empresa madeireira – antes já autuada administrativamente por doze vezes, a maioria por depósito e comercialização ilícitos de "castanheira" (Bertholletia excelsa) – contra ato do Instituto Brasileiro do Meio Ambiente e dos Recursos Naturais Renováveis-Ibama em Marabá (PA). A impetrante requereu ordem de levantamento imediato do embargo administrativo da atividade e do lacre por 90 dias do seu estabelecimento comercial, bem como a anulação do auto de infração e multa por estoque de madeira ilegal. A medida liminar pleiteada foi parcialmente deferida pelo juiz federal, determinando a suspensão dos efeitos do "Termo de Embargo/Interdição", providência posteriormente confirmada por sentença. 2. Ao julgar a Apelação do Ibama, o Tribunal Regional Federal da 1ª Região concluiu que "a irregularidade da manutenção em depósito de uma espécie de madeira não afeta toda a atividade da empresa e deveria haver tão-somente apreensão e imposição de penalidade administrativa pecuniária. A medida prevista no artigo 72, VII e IX da Lei 9.605/98 deve ser aplicada em situações em que há ilicitude de toda atividade da empresa" (grifo acrescentado). TESE JURÍDICA DO ACÓRDÃO RECORRIDO 3. Ao interpretar o art. 72 da Lei 9.605/1998, o Tribunal de origem adota a seguinte tese jurídica: o "embargo de obra ou atividade" (inciso VII) e a "suspensão parcial ou total de atividades" (inciso IX), previstos expressamente na lei, somente incidem quando ocorrer "ilicitude de toda atividade da empresa". TRANSPORTE E COMÉRCIO ILEGAL DE MADEIRA 4. Infelizmente, vivemos época de agigantado e empedernido desmatamento ilegal. Explica-se, pois, que, para a lei, infrator seja tanto quem – brandindo motosserra ou tição a espalhar fogo e brasas, ou, mais grave, usando "correntão" com extremidades presas a dois tratores, – abate a vegetação nativa, muito dela composto de árvores centenárias e endêmicas, como quem, empregando veículo ou balcão de negócio, transporta ou comercializa madeira irregularmente colhida. Assim há de ser, pois os três núcleos de agentes envolvidos (desmatador, transportador e comerciante) constituem atores centrais e indissociáveis, elos imprescindíveis ao processo e à cadeia de exploração criminosa das florestas. Na verdade, o transportador e o comerciante urbano que violam a legislação alimentam diretamente o desmatamento predatório ao viabilizarem o escoamento e proporcionarem a sustentação financeira – e mesmo a lucratividade – da produção madeireira ilícita. PROTEÇÃO ESPECIAL DA CASTANHEIRA-DO-BRASIL (BERTHOLLETIA EXCELSA), TAMBÉM CONHECIDA POR CASTANHEIRA-DO-PARÁ

5. Imponente e bela, dotada de tronco retilíneo de até 60m de altura, que sobressai no meio da floresta densa, produtora de fruto (castanha) apreciado em todo o mundo, a castanheira (Bertholletia excelsa) é espécie símbolo da Floresta Amazônica, fundamental à ecologia e à socioeconomia da região. Por isso mesmo, seu corte e derrubada estão vedados onde quer que se ache (art. 29 do Decreto 5.975/2006, recepcionado pelo art. 70 da Lei 12.651/2012, aplicável também à "seringueira" – Hevea spp). Não obstante tal proibição peremptória, essas árvores majestosas e longevas (chegam a viver 800 anos) continuam a padecer de incessante e acelerada destruição, efetuada por desmatamento, incêndio e até envenenamento, encontrando-se hoje à beira de desaparecimento. Daí sua inclusão na Lista Nacional Oficial de Espécies da Flora Ameaçadas de Extinção (Portaria 443/2014, do Ministério do Meio Ambiente). CAUTELARES ADMINISTRATIVAS AMBIENTAIS 6. Pelo viés da indispensabilidade e da garantia de implementação legal eficaz, as cautelares administrativas justificam-se tanto quanto as cautelares judiciais. Ambas visam propiciar a total realização da ordem jurídica e evitar o esvaziamento ou a desmoralização cotidianos de direitos e obrigações, sobretudo os de ordem pública, pela natural demora da ação e dos procedimentos ordinários da Administração, que são dotados de prazos e ritos talhados para resguardar o contraditório e a ampla defesa do infrator, pilares do Estado de Direito. 7. Fundado nos princípios da prevenção e da precaução, o embargo administrativo preventivo (o u sumário) – medida temporária de restrição da liberdade econômica e de prevalência do interesse público sobre o privado, financeiro ou não – impõe-se como instrumento cautelar a cargo da Administração para estancar, de imediato, conduta danosa ou que ponha em risco futuro o bem jurídico tutelado pela norma em questão, aplicável não só em infrações permanentes como nas instantâneas. O embargo sumário, total ou parcial, ao paralisar obra, empreendimento ou atividade, impede, além do risco de dano futuro, a continuidade, a repetição, o agravamento ou a consolidação de prejuízos coletivos ou individuais, patrimoniais ou extrapatrimoniais, entre outras hipóteses a disparar sua aplicação. 8. No embargo preventivo ou sumário, a ampla defesa e o contraditório, embora plena e totalmente abonados, são postergados, isto é, não antecedem a medida administrativa. O se e o quando do levantamento da constrição dependem de prova cabal, a cargo do infrator, de haver sanado integralmente as irregularidades apontadas, de forma a tranquilizar a Administração e a sociedade em face de legítimo e compreensível receio de cometimento de novas infrações, reparando, ademais, eventuais danos causados. Nessas circunstâncias, descabe falar, pois, em ofensa aos princípios do devido processo legal, do contraditório e da ampla defesa. 9. Assim, consoante o que dispõe o art. 45 da Lei 9.784/1999, nada impede, aliás é de rigor – desde que presentes os requisitos legais ("risco iminente") e cumpridos os procedimentos formais ("motivadamente") –, que a Administração, juntamente com o auto de infração (multa) e sem prévia manifestação do interessado (inaudita altera parte), resguardado, para o futuro, o espaço dialético de defesa e prova, lavre termo de embargo, apreensão e depósito. Ela o faz como medida acautelatória de evidências e do interesse público contra a possibilidade de continuação da conduta ilícita ou de exacerbação tanto do risco de dano futuro, como de degradação já acontecida. 10. Sem dúvida, comercializar, transportar ou manter em depósito madeira irregular caracteriza risco iminente à ordem pública ambiental, risco esse incompatível com o imperativo de legitimidade e de legalidade da ordem econômica (art. 170, VI, da Constituição Federal). Impõe-se, nessa hipótese, o exercício do poder de polícia cautelar, mais ainda quando se trata de empresa que não possui comprovação da origem dos produtos e subprodutos em seu poder derivados de espécie ameaçada de extinção. 11. Incumbe a quem transporta, tem em depósito ou comercializa produtos ilegais ou de procedência suspeita, no caso madeira de origem não identificada, peremptoriamente provar que sua empresa não mais será utilizada para atividades ilícitas. Cabe-lhe, igualmente, implantar mecanismos rigorosos de controle interno, mormente quando se considera o questionamento da autuação administrativa na via estreita do Mandado de Segurança. Inexiste, pois, in casu, violação do art. 70, §4º, da Lei 9.605/1998. CASO CONCRETO: INCITAÇÃO AO FUNCIONAMENTO DE "LAVANDERIAS FLORESTAIS" 12. O art. 72 da Lei 9.605/1998 lista várias sanções administrativas que se organizam em numerus apertus, pois complementadas com outras previstas em normas não ambientais, como as do domínio sanitário, urbanístico, da navegação etc. Várias dessas sanções podem – e em alguns casos,

3.3.3 Aplicação do princípio da precaução no âmbito do TRF da 4ª Região

O Tribunal Regional Federal da 4ª Região traz a marca de ser a primeira Corte Federal no Brasil a se especializar no julgamento de causas envolvendo o meio ambiente e, também, na implantação da primeira vara federal ambiental no país instalada na cidade de Porto Alegre. Em face dessa tradição no enfrentamento de questões ambientais, os precedentes do egrégio Tribunal Regional Federal da 4ª Região, em matéria de aplicação do princípio da precaução, de relevância especial na tutela do meio ambiente e da saúde pública, não poderiam deixar de ser mencionados. Será feito, portanto, o estudo de *leading cases* em que foram analisadas situações de risco ao meio ambiente e à saúde pública sob a ótica do princípio da precaução.

No primeiro *leading case* em matéria ambiental a ser comentado, foi aplicado o princípio da precaução a fim de se evitar o desmatamento da Mata Atlântica. No voto condutor de lavra do Juiz Federal Convocado José Paulo Baltazar Júnior, ficou estabelecido que o princípio da precaução pode ser aplicado a fim de proteger e preservar a Mata Atlântica, por meio da criação de unidades de conservação.[468]

---

precisam – ser impostas cautelarmente e inaudita altera parte. 13. A criação judicial do requisito de ilicitude da atividade total da empresa, de modo a obstruir a imposição de medida administrativa cautelar, confere interpretação contrária aos nobres objetivos do art. 72 da Lei 9.605/1998, quais sejam impedir, conter e desestimular a degradação ambiental de qualquer modalidade, e, na hipótese de ataque inconcesso à flora, enfrentar com rigor o acelerado desmatamento ilegal e coibir o comércio espúrio que, concomitantemente, o alimenta e dele se beneficia. Na seara florestal, tal construção hermenêutica judicial, em afronta ao espírito e à ratio da norma, produz o perverso resultado de impulsionar e viabilizar a exploração dilapidadora das florestas, inclusive de espécies ameaçadas de extinção, rigidamente protegidas, como a castanheira-do-pará ou castanheira-do-brasil (Bertholletia excelsa). 14. A interpretação judicial não deve conduzir a resultado concreto que, direta ou indiretamente, negue, distorça, dificulte ou enfraqueça as finalidades sociais maiores da lei, in casu com o efeito prejudicial complementar de incentivar o aparecimento e o funcionamento, à vista e sob chancela do juiz, de verdadeiras "lavanderias florestais". A se validar o critério da "ilicitude de toda atividade da empresa", bastaria ao empresário, em alguma medida, "diluir" ou "batizar" com produto lícito seus depósitos de madeira ilegal para, facilmente, bloquear a atuação cautelar dos órgãos de fiscalização. Imagine-se a adoção da mesma tese judicial (judicial, sim, pois ausente da lei) noutros campos da criminalidade, como em estabelecimentos só parcialmente voltados a atividades transgressoras, que tenham em depósito ou vendam entorpecentes, bens contrabandeados, produtos piratas ou originados de receptação. Nessa linha, o STJ entende que "as normas ambientais devem atender aos fins sociais a que se destinam" (REsp 1.367.923/RJ, Rel. Ministro Humberto Martins, Segunda Turma, DJe6/9/2013).15. Recurso Especial provido). (REsp. REsp nº 1668652/PA. Rel. Min. Herman Benjamin. Segunda Turma. Julg. 27.11.2018. *DJe* 11 fev. 2019).

[468] As unidades de conservação são reguladas pela Lei nº 9.985/2000.

As unidades de conservação, é bom ressaltar, segundo Machado:

> São espaços territoriais e seus recursos ambientais, incluindo as águas jurisdicionais, com características naturais relevantes, legalmente instituídos pelo Poder Público, com objetivos de conservação e limites definidos, sob regime especial de administração, ao qual se aplicam garantias adequadas de proteção.[469]

A Convenção da Diversidade Biológica, por sua vez, promulgada pelo Decreto nº 2.519/98, em seu art. 2º, definiu área de conservação como a "área definida geograficamente, que é destinada, ou regulamentada, e administrada para alcançar objetivos específicos de conservação".

Como restou decidido no referido acórdão, na aplicação do princípio da precaução, o risco sempre milita a favor da proteção do meio ambiente. Nesse ponto, observa-se, que a questão foi apreciada tendo presente a inversão do ônus da prova, seguindo a máxima *in dúbio pro ambiente*, o que facilitou a implantação das unidades de conservação.

Foi determinado na decisão o prosseguimento do procedimento de implantação das unidades de conservação, a fim de evitar o risco de continuação do desmatamento na área a ser protegida. Isso porque o desmatamento de expressiva área de Mata Atlântica é insuscetível de reparação, pois esta, patrimônio nacional declarado pela própria Constituição Federal, é coberta por vegetação milenar.[470]

---

[469] MACHADO, Paulo Affonso Leme. *Direito ambiental brasileiro*. 13. ed. São Paulo: Malheiros, 2005, p. 783.

[470] "Ementa: BRASIL. Tribunal Regional da 4ª Região. ADMINISTRATIVO. DIREITO AMBIENTAL. CRIAÇÃO DE UNIDADES DE CONSERVAÇÃO. ESTUDOS TÉCNICOS. CONSULTA PÚBLICA. PRINCÍPIO DA PRECAUÇÃO E DA RAZOABILIDADE. IBAMA. MATA ATLÂNTICA. RESERVA BIOLÓGICA DAS PEROBAS. DESAPROPRIAÇÃO POR INTERESSE PÚBLICO. Afastada preliminar de ilegitimidade do Ibama, pois ele é executor do Sistema Nacional de Unidades de Conservação (Lei nº 9988, art. 6º, III) – Verossimilhança reconhecida para criação de reserva biológica encontra fundamento legal na Constituição Federal e na Lei nº 9.985/2000 e no Decreto nº 4340/2002. Inegável o risco de dano irreparável, diante da degradação do meio ambiente. A Mata Atlântica foi declarada Patrimônio Nacional pela própria Constituição, sendo notória a necessidade de sua preservação, incluída a Floresta de Araucárias, que dela faz parte. Em matéria ambiental, por aplicação do princípio da precaução, o risco milita a favor da proteção do meio ambiente, devendo prosseguir o procedimento de implantação das unidades de conservação, a fim de evitar o risco de continuação do desmatamento na área a ser protegida. O interesse público na preservação do meio ambiente supera o direito dos proprietários das terras onde serão implantadas unidades de conservação, quando atendidos os requisitos legais. Eventuais desacertos quanto a áreas indevidamente incluídas nas Unidades de Conservação, poderão, no curso do procedimento administrativo ou judicial, com a adequada dilação probatória, ser excluídos, sendo incabível, porém, a paralisação de todo o procedimento com base em alegações genéricas em tal sentido. A participação popular no procedimento

No segundo caso, foi determinada pelo Tribunal Regional Federal da 4ª Região a suspensão da construção da rodovia BR-277, com fundamento no princípio da precaução. Nesse *leading case* que teve como prolatora do voto condutor a Desembargadora Federal Marga Tessler, foi substituída a sentença que julgou antecipadamente a lide sem determinar a realização de perícia que poderia constatar se a construção da rodovia, no estado do Paraná, poderia estar se dando em área de preservação permanente e causando danos irreversíveis à natureza.

Foi reconhecido pelo acórdão que o desenvolvimento sustentável é aquele que atende às necessidades do presente, sem comprometer a possibilidade de as gerações futuras atenderem às suas próprias necessidades. No caso concreto, havia manifesto potencial de poluição e degradação ambiental em virtude da obra impugnada.

É de se observar neste caso a perfeita aplicação do princípio da precaução, isso porque não havia certeza de a rodovia estar sendo construída em área de preservação permanente. Havia indícios, mera probabilidade, de que a obra estava sendo construída em área de Mata Atlântica. Em virtude do perigo abstrato, foi determinada a anulação da sentença para que fosse realizada perícia a fim de constatar se a rodovia estava ou não sendo construída em área de preservação permanente e, por consequência, se a referida obra estava ou não causando danos ao meio ambiente.[471]

---

administrativo de criação das unidades de conservação (Lei nº 9.985/00, arts. 5º e 22) e D. 4.340/02, art. 5º), além de concretizar o princípio democrático, permite levar a efeito, da melhor forma possível, a atuação administrativa, atendendo, tanto quanto possível, aos vários interesses em conflito. Não há, porém, obrigatoriedade: a) da intimação pessoal de todos os proprietários atingidos; b) da realização de reuniões em todos os Municípios atingidos; c) da realização de reuniões públicas, desde que seja assegurada a oitiva da população e demais interessados por outra forma (D. 4.320/02, art. 5º, §1º). A realização de estudos técnicos prévios à implantação das Unidades de Conservação (Lei nº 9.985/00, art. 22, §2º) foi comprovada no caso concreto. A criação de reserva biológica prescinde de consulta pública. (Lei nº 9985/2000, art. nº 22, §4º). Prequestionamento quanto à legislação invocada estabelecido pelas razões de decidir. Agravo de instrumento provido" (Agravo de Instrumento nº 200504010294191/PR. Agravante: Instituto Brasileiro do Meio Ambiente e dos Recursos Naturais Renováveis – Ibama. Agravado: José Roque Ferreira e Outros. Rel. José Paulo Baltazar Júnior, 19.4.2006).

[471] "Ementa: BRASIL. Tribunal Regional da 4ª Região. ADMINISTRATIVO. AMBIENTAL. AÇÃO CIVIL PÚBLICA. CONSTRUÇÃO DE RODOVIA. ÁREA DE PRESERVAÇÃO PERMANENTE. IBAMA. INTERESSE NA LIDE. DESENVOLVIMENTO SUSTENTÁVEL. PRINCÍPIO DA PRECAUÇÃO. PERÍCIA. CERCEAMENTO DE DEFESA. 1. Ação civil pública ajuizada pelo Ministério Público Federal e pelo Ministério Público do Estado do Paraná, a fim de vedar a construção de rodovia entre a BR-277 e o Porto de Antonina. 2. A participação do IBAMA na lide pode se dar como simples interessado, na forma do

O terceiro *leading case* a ser analisado trata de uma ação civil pública movida pelo Ministério Público Federal, em que foi determinada a proibição do uso e comercialização do desinfetante sanitário conhecido como organofosforado clorpirifós por causar risco de dano à saúde pública.[472]

Foi mencionado no acórdão, que teve como prolator do voto condutor o Desembargador Federal Carlos Eduardo Thompson Flores Lenz, que foram avaliadas pelo Grupo Técnico Permanente de Trabalho e pelo Grupo de Referência do Grupo Hospitalar Conceição – formados para o monitoramento das condições de saúde dos funcionários desse hospital porto-alegrense – trinta e três pessoas, expostas ao referido produto.

A sintomatologia apresentada pelos examinados foi caracterizada por distúrbios cognitivos (cefaleia, fadiga, cansaço, irritabilidade, diminuição da memória e concentração, dificuldade para processar informações), neurocomportamentais (crises de choro repentinas, sem motivo aparente, sensação de insegurança, indisposição para realizar atividades do cotidiano, inquietação, episódios de depressão, fuga de ideias) e clínicos (borramento visual, tonturas, cãibras, fasciculações, formigamento, dores articulares, dificuldade para realizar determinadas atividades físicas antes executadas e quedas frequentes, como se de repente as pernas não aguentassem o corpo).

---

art. 5º, parágrafo único, da Lei nº 9.469/97, sendo possível, de ofício, determinar o correto posicionamento das partes na ação. 3. É desimportante a declaração judicial acerca da competência para licenciamento da obra, seja do órgão ambiental estadual, seja do federal, uma vez que a discussão foge aos limites da lide. 4. O desenvolvimento sustentável é aquele que atende às necessidades do presente, sem comprometer a possibilidade de as gerações futuras atenderem a suas próprias necessidades. 5. Manifesto potencial de poluição e degradação da obra impugnada, havendo indícios inclusive no sentido de que a rodovia pode ser construída sobre área de preservação permanente. 6. Imprescindibilidade da realização de prova pericial, de modo a instruir os autos com suporte probatório suficiente quanto ao real impacto da obra sobre a vegetação e os sítios arqueológicos da região, bem como no tocante à eficácia das medidas mitigadoras previstas no projeto. 7. Anulação da sentença, que indeferiu o pedido de prova pericial requerido pelas partes, julgando a lide antecipadamente, visto estar caracterizado o cerceamento de defesa. 8. Apelação do IBAMA parcialmente procedente. Prejudicada a apelação do Ministério Público Federal e do Ministério Público do Estado do Paraná" (Apelação Cível nº 200070080011848/PR. Apelante: Instituto Brasileiro do Meio Ambiente e dos Recursos Naturais Renováveis – Ibama. Apelada: Departamento de Estradas de Rodagem do Estado do Paraná – DER/PR. Rel. Marga Inge Barth Tessler, 7.5.2003).

[472] "Ementa: BRASIL. Tribunal Regional da 4ª Região. Fiscalização. Agrotóxicos" (Apelação Cível nº 200471000207352/RS. Apelante: AENDA – Associação Brasileira dos Defensivos Genéricos. Apelado: Ministério Público Federal. Rel. Carlos Eduardo Thompson Flores Lenz, 13.1.2006).

Nos 33 funcionários avaliados, em 10 foi estabelecido o possível nexo ocupacional entre os agravos clínicos e neurológicos, apresentados em abril de 2004 por eles, e a intoxicação aguda, ocorrida em junho de 1999, como constou no relatório firmado pela coordenadora do Grupo de Trabalho do Grupo Hospitalar Conceição e pela gerente de recursos humanos. Aí presente, portanto, o risco de dano à saúde pública.

Foi mencionado, ainda, no referido acórdão que nos Estados Unidos o clorpirifós foi proibido em várias aplicações urbanas a partir de um acordo da Environmental Protection Agency com a Down Agrosciences, principal fabricante desse produto.

No caso em tela foi aplicado o princípio da precaução para impedir o uso do referido produto em desinfetantes e determinado o cancelamento dos registros de produção e comercialização das empresas titulares desses produtos. Assim, o risco de dano à saúde pública e a incerteza científica determinaram a vedação do uso do referido produto. Observou-se, no caso, o reconhecimento da causalidade latente do risco como exige uma consciência moderna e civilizatória, na expressão de Beck, "[...] ha aparecido la conciencia moderna y civilizatória del riesgo com su causalidad latente, no perceptible y sin embargo presente por doquier" isto porquê, como complementado pelo referido autor, "[...] tras las inofensivas fachadas se esconden substancias peligrosas, hostiles".[473]

No quarto caso a ser analisado, o princípio da precaução foi aplicado no sentido de suspender empreendimento, em que a licença ambiental já tinha sido emitida, pois havia risco de dano ao meio ambiente. Neste *leading case*, que teve como prolator do voto condutor o Desembargador Federal Luiz Carlos de Castro Lugon, restou decidido que a licença ambiental não gera direito adquirido ao poluidor para danificar o meio ambiente.

De fato, como refere Leme Machado, "a Administração Pública pode intervir periodicamente para controlar a qualidade ambiental da atividade licenciada. Não há na licença ambiental o caráter de ato administrativo definitivo".[474] Por consequência, é devida a posterior intervenção do Poder Judiciário, após ser provocado por uma ação judicial, para paralisar e suspender a atividade que causa risco de dano ao meio ambiente, mediante revisão da licença ambiental.

---

[473] BECK, Ulrich. *La sociedad del riesgo*: hacia una nueva modernidad. Barcelona: Surcos, 2006, p. 103.

[474] MACHADO, Paulo Affonso Leme. *Direito ambiental brasileiro*. 13. ed. São Paulo: Malheiros, 2005, p. 783.

Ademais, conforme constou no acórdão, o princípio da precaução está previsto no princípio 15, da Rio 92, e é o instrumento adequado para que se possa evitar um dano ambiental irreversível e de grande magnitude. Restou também assente no referido acórdão que o direito ao meio ambiente sadio vem previsto na Constituição Federal para a preservação das presentes e futuras gerações.[475]

O egrégio TRF4 tem aplicado a inversão do ônus da prova como um dos elementos constitutivos do princípio da precaução e transferido ao potencial poluidor o dever de demonstrar que a sua atividade não gera riscos de dano ao bem ambiental.[476] No caso de demonstração nos

---

[475] "Ementa: BRASIL. Tribunal Regional Federal da 4ª Região. AGRAVO DE INSTRUMENTO. EMPREENDIMENTO. LICENÇA AMBIENTAL. O licenciamento ambiental está fundado no princípio da proteção, da precaução ou da cautela, basilar do Direito Ambiental, que veio estampado na Declaração do Rio, de 1992 (princípio 15). O direito a um meio ambiente sadio está positivado na Lei Maior. Mesmo que se admitisse a possibilidade de direito adquirido contra a Constituição, ter-se-ia, num confronto axiológico, a prevalência da defesa ambiental. Conquanto assegure ao seu titular uma certa estabilidade, a licença não pode ser tida como direito adquirido, já que é obrigatória a sua revisão, por força do que dispõe o inciso IV, do artigo 9º, da Lei nº 6.938. O mero risco de dano ao meio ambiente é suficiente para que sejam tomadas todas as medidas necessárias a evitar a sua concretização. Isso decorre tanto da importância que o meio ambiente adquiriu no ordenamento constitucional inaugurado com a Constituição de 1988 quanto da irreversibilidade e gravidade dos danos em questão, e envolve inclusive a paralisação de empreendimentos que, pela sua magnitude, possam implicar em significativo dano ambiental, ainda que este não esteja minuciosamente comprovado pelos órgãos protetivos" (Agravo de Instrumento nº 200704000040570/RS. Agravante: Cotiza S/A Incorporações Participações Planejamentos e Empreendimentos. Agravado: Projeto Mira-Serra. Rel. Luiz Carlos de Castro Lugon, 20.6.2007).

[476] "Ementa: ADMINISTRATIVO E AMBIENTAL. EMBARGOS DE DECLARAÇÃO. OMISSÃO. OCORRÊNCIA. INTEGRAÇÃO. EFEITOS INFRINGENTES. DANO AMBIENTAL. PRINCÍPIO DA PRECAUÇÃO. INVERSÃO DO ÔNUS PROBATÓRIO. 1. Os embargos de declaração destinam-se à supressão de omissão, contradição ou obscuridade na decisão impugnada. Constatada a ausência de enfrentamento de questão relevante para a solução do litígio, impõe-se a integração do julgado. 2. No direito ambiental, vigora o princípio da precaução, segundo o que incumbe ao empreendedor a adoção de medidas acautelatórias para a proteção do meio ambiente. Em outros termos, a precaução orienta as atividades humanas e incorpora parte de outros conceitos como justiça, equidade, respeito, senso comum e prevenção. Com efeito, constitui a garantia contra os riscos potenciais que, no estado atual do conhecimento, não podem ser ainda identificados. 3. Como derivação do princípio da precaução, aplica-se a regra da inversão do ônus da prova, transferindo ao réu a comprovação de que sua atividade econômica não causa dano ao meio ambiente. 4. TRF4, AC 2004.72.12.002923-6, QUARTA TURMA, Relatora VIVIAN JOSETE PANTALEÃO CAMINHA, D.E. 18/07/2016). No mesmo sentido: EMENTA: AÇÃO CIVIL PÚBLICA. DANO AMBIENTAL. PROVA PERICIAL. PRINCÍPIO DA PRECAUÇÃO. INVERSÃO DO ÔNUS DA PROVA. 1. Aquele que cria ou assume o risco de danos ambientais tem o dever de reparar os danos causados e, em tal contexto, transfere-se a ele todo o encargo de provar que sua conduta não foi lesiva. 2. O princípio da precaução pressupõe a inversão do ônus probatório, competindo a quem supostamente promoveu o dano ambiental comprovar que não o causou ou que a substância lançada ao meio ambiente não lhe é potencialmente lesiva. 3. Nesse sentido

autos eletrônicos do risco de dano ao meio ambiente e da presença da incerteza científica, a Corte, ao analisar casos concretos, tem deferido medidas antecipatórias e, igualmente, prolatado decisões definitivas, de mérito, com a aplicação do princípio constitucional da precaução.[477]

Nota-se, após a análise dos referidos *leading cases*, a importância do princípio da precaução, pois mediante a sua aplicação impediram-se possíveis danos ao meio ambiente e à saúde pública. É de se observar que, se o princípio da precaução não fosse um princípio consagrado pelo direito, esses riscos de danos talvez se convolassem em danos efetivos ao meio ambiente e à saúde pública, com consequências possivelmente trágicas.

Assim, em situações de risco de dano e de incerteza científica, não há outra alternativa dentro do direito que não passe pela aplicação precisa do princípio da precaução. Evidentemente, que o Poder Judiciário terá que cada vez mais aplicar o princípio da precaução, inserido na sociedade de risco em que vivemos, levando em consideração os recursos disponíveis para tal e a relação custo-benefício sem olvidar, obviamente, a busca pela melhor tecnologia disponível para a implementação do princípio.

---

e coerente com esse posicionamento, é direito subjetivo do suposto infrator a realização de perícia para comprovar a ineficácia lesiva de sua conduta, não sendo suficiente para torná-la prescindível informações obtidas de sítio da internet. 4. A prova pericial é necessária sempre que a prova do fato depender de conhecimento técnico, o que se revela aplicável na seara ambiental ante a complexidade do bioma e da eficácia lesiva decorrente do engenho humano" (TRF4, Terceira Turma. AC nº 2004.72.12.003149-8. Rel. Fernando Quadros da Silva. *D.E.*, 5 jul. 2011).

[477] "AGRAVO DE INSTRUMENTO. AMBIENTAL. MANUTENÇÃO DA TUTELA ANTE-CIPADA EM RAZÃO DO PRINCÍPIO DA PRECAUÇÃO. AUSÊNCIA DE PERIGO DA IRREVERSIBILIDADE DA TUTELA JURISDICIONAL. 1. O princípio da precaução exige seja o meio ambiente acautelado. Assim, a mera probabilidade de serem ocasionados danos ao meio ambiente, impõe a necessidade de adoção de medidas acautelatórias para a sua proteção, uma vez que degradado, o meio ambiente, difícil ou impossível a sua recuperação. 2. Deve ser mantida a decisão agravada, visto a irreversibilidade de eventuais danos ambientais que venham a ocorrer na região em tela, e considerando o fato de não haver perigo da irreversibilidade da tutela jurisdicional deferida" (TRF4, Terceira Turma. AG nº 5004090-21.2017.4.04.0000. Rel. Marga Inge Barth Tessler. D.E., 19 nov. 2019).

CAPÍTULO 4

O PRINCÍPIO DA PRECAUÇÃO NO MERCOSUL

O Tratado de Assunção, firmado em 1990, pela Argentina, Brasil, Paraguai e Uruguai, significou um marco decisivo no sentido do início de um processo de integração e cooperação econômica internacional entre os países do Cone Sul, pela criação do Mercosul.[478] Referido diploma regional foi aprovado pelo Congresso Nacional, em 25.9.1991 (Decreto Legislativo nº 197/91), e promulgado pelo Presidente da República pelo Decreto nº 350/91, de 22 de novembro, do mesmo ano. Após o depósito das devidas ratificações, o Tratado de Assunção entrou em vigor em 29.11.1991.

O Protocolo de Brasília para a Solução de Controvérsias, assinado em 7.12.1991, em complementação ao Tratado de Assunção, previu que a solução de disputas ocorrerá no plano diplomático, por meio de negociações diretas (art. 2º), da Intervenção do Grupo Mercado Comum (art. 4º) e, esgotada essa via, pelo procedimento arbitral. Esse protocolo reconhece como obrigatória a jurisdição do Tribunal Arbitral, composto de três árbitros, não podendo ser o terceiro nacional dos Estados-partes na disputa.

Na data de 17.12.1994, foi firmado em Ouro Preto o Protocolo Adicional ao Tratado de Assunção sobre a estrutura institucional do Mercosul. A partir daí foi superada a fase transitória do bloco e iniciou-se

---

[478] Este processo histórico possui a sua fonte, talvez, nos sonhos libertários de Simon Bolívar no sentido de transplantar para a América Latina a experiência federalista norte-americana que uniu Estados independentes sob uma única bandeira. Ver: PANEBIANCO, Massimo. Teoria da integração latino-americana no século XIX. In: LANDIN, José Francisco Paes (Coord.). Direito e integração. Brasília: Universidade de Brasília, 1981, p. 57-64.

a fase definitiva caracterizada pela criação da personalidade jurídica do Mercosul.

O Protocolo de Olivos foi firmado pelos países signatários do Mercosul, em 18.2.2002, no qual foram estabelecidas novas regras para a resolução de controvérsias no âmbito do bloco. A partir daí o Tribunal Arbitral *ad hoc* passou a ser considerado modelo para a resolução dos conflitos entre os membros do Mercosul. Foi criado, também, o Tribunal Permanente de Resolução de Controvérsias. Segundo Rios, o Protocolo de Olivos propiciou mediante regulamentação dos Tribunais, *ad hoc* e permanente, "de forma consistente e sistemática, a correta aplicação e cumprimento dos instrumentos fundamentais do processo de integração e conjunto normativo do Mercosul".[479]

Diferentemente da União Europeia, o Mercosul optou pela criação de instituições intergovernamentais, sem caráter supranacional, e, como nota Rios, "com órgãos sem autonomia em relação aos Governos dos Estados-membros, ressentindo-se de uma Corte de Justiça autônoma e de uma aplicação direta e imediata das normas produzidas no contexto da integração".[480]

O Mercosul foi criado, conforme previsto na sua exposição de motivos, disposta no Tratado de Assunção, com o objetivo de alcançar:

a) ampliação dos mercados nacionais;
b) integração como condição fundamental para acelerar seu processo de desenvolvimento econômico com justiça social;
c) aproveitamento eficaz dos recursos disponíveis;
d) preservação do meio ambiente;
e) melhoramento de interconexões físicas;
f) coordenação de políticas macroeconômicas e complementação dos diferentes setores da economia, com base nos princípios da gradualidade, flexibilidade e equilíbrio;
g) adequada inserção internacional para os Estados-partes;

---

[479] RIOS, Aurélio Virgílio Veiga. O Mercosul, os agrotóxicos e o princípio da precaução. *Revista de Direito Ambiental*, São Paulo, n. 28, ano 7, p. 40-57, out./dez. 2002. Ver: A Carta de Gramado, publicada em 4.5.2003, pela Associação Brasileira do Ministério Público do Meio Ambiente, que fez constar em seu texto que: "a- Recomenda-se, a longo prazo, a criação de uma organização mundial própria, com atribuições de para julgar matérias internacionais ambientais; b- Há a necessidade de controle social sobre os representantes do País nas negociações internacionais inerentes ao Mercosul; c- Há necessidade de revisão das resoluções do Mercosul sobre o registro por equivalência dos agrotóxicos" (Disponível em: http://www.abradecel.org.br. Acesso em 15 jan. 2008).

[480] RIOS, Aurélio Virgílio Veiga. O Mercosul, os agrotóxicos e o princípio da precaução. *Revista de Direito Ambiental*, São Paulo, n. 28, ano 7, p. 40-57, out./dez. 2002.

h) desenvolvimento científico e tecnológico, modernizando a economia, ampliando a oferta e a qualidade dos bens e serviços disponíveis com o objetivo de melhorar as condições de vida dos seus habitantes.

Resta claro, portanto, que existe uma preocupação presente no Mercosul acerca da preservação do meio ambiente e do aproveitamento eficaz dos recursos disponíveis. Em 1992, por exemplo, foi assinada a Declaração de Canela pelos países integrantes do bloco no sentido de que "as transações comerciais devem incluir os custos ambientais causados nas etapas produtivas sem transferi-los às gerações futuras".[481]

Foi criado também o Subgrupo de Trabalho 6, pelo Grupo do Mercado Comum (GMC), substituindo a extinta Rema,[482] com o intuito de dispor sobre o meio ambiente, sobre a sua proteção e sobre o desenvolvimento sustentável. Como resultado da atividade do Subgrupo 6, foi criada e aprovada a Resolução GMC nº 10/94, que contém as diretrizes básicas da política ambiental do Mercosul. Essa resolução faz referência ao desejo dos Estados de promover o desenvolvimento sustentável e, também, por outro lado, evitar distorções e restrições ao comércio.

Essa evolução normativa culminou com a aprovação da Decisão nº 2/2001, do Conselho do Mercado Comum (CMC), que aprovou o Acordo-Quadro sobre o Meio Ambiente do Mercosul, hoje documento essencial na proteção ambiental no âmbito do bloco. Referido acordo foi promulgado pelo governo brasileiro pelo Decreto nº 5.208/2004.

No referido decreto consta a necessidade de cooperar para a proteção do meio ambiente e "para a utilização sustentável dos recursos naturais, com vista a alcançar a melhoria da qualidade de vida e o desenvolvimento econômico, social e ambiental sustentável". É referido no documento, também, que os Estados se comprometem a promover o desenvolvimento sustentável, evitando "a adoção de medidas que restrinjam ou distorçam de maneira arbitrária ou injustificável a livre-circulação de bens e serviços no âmbito do Mercosul".[483]

---

[481] MARTINS, Paula Lígia. Direito ambiental brasileiro, direito ambiental internacional e direito de integração. In: CASELLA, Paulo Borba (Coord.). Mercosul: integração regional e globalização. Rio de Janeiro: Renovar, 2000, p. 599-616 (em especial p. 612).

[482] O GMC (Grupo do Mercado Comum) criou a Rema (Reunião Especializada do Meio Ambiente) de acordo com a Resolução nº 22/92. Após cinco reuniões a Rema foi extinta definitivamente.

[483] Art. 3, c, e, b, do Acordo.

Passos de Freitas cita três casos que afetaram negativamente o meio ambiente dos países do Mercosul que "não deixam margem a dúvidas sobre a necessidade de uma política integrada de proteção ambiental".[484] O primeiro caso citado pelo referido autor é a chuva ácida que causou danos à saúde da população da cidade de Melo, no Uruguai. A chuva ácida teria sido causada pela poluição atmosférica decorrente da produção de energia elétrica da Usina de Candiota, no Rio Grande do Sul – Brasil.

O segundo caso foi o protesto da população da cidade de Porto Murtinho, Mato Grosso do Sul – Brasil, contra a pesca com redes praticada pelos paraguaios, que afetou a quantidade de pescados do Rio Paraguai e, consequentemente, o turismo na região, fonte de sobrevivência de grande quantidade de famílias.[485] Aqui se observa que o dano ambiental também afetou negativamente a economia da população atingida. Logo, a preservação ambiental, ao invés de causar prejuízos ao meio ambiente, pode trazer lucros, no caso em tela aos setores da pesca e do turismo.

O caso, todavia, paradigmático citado por Passos de Freitas, foi o ocorrido em 16.7.2000, em Araucária, Paraná – Brasil, na Refinaria Getúlio Vargas, pertencente à Petrobras. Nesta data e localidade, ocorreu um vazamento de quatro milhões de litros de petróleo cru, o qual percorreu 2.800m, até encontrar o Rio Barigui e depois o Rio Iguaçu, com danos catastróficos[486] ao meio ambiente, colocando em risco a saúde de paraguaios, argentinos e uruguaios.[487]

---

[484] FREITAS, Vladimir Passos de. Mercosul e meio ambiente. *In:* FREITAS, Vladimir Passos de (Org.). *Direito ambiental em evolução.* Curitiba: Juruá, 2002, p. 357-365. v. 3.

[485] FREITAS, Vladimir Passos de. Mercosul e meio ambiente. *In:* FREITAS, Vladimir Passos de (Org.). *Direito ambiental em evolução.* Curitiba: Juruá, 2002, p. 357-365. v. 3. Ver, *Jornal El Pais,* Segunda Sección, Montevideo, p. 32, 23 nov. 1996.

[486] Em casos de riscos de danos catastróficos, Sunstein defende uma aplicação de uma versão do princípio da precaução que denomina de *catastrofic harm precautionary principle*: "If we focus on the risk of catastrophe, a distinctive version of the Precautionary Principle is possible. When risks have catastrophic worst-case scenarios, it makes sense to take special measures to eliminate those risks, even when existing information does not enable regulators to make a reliable judgment about the probability that the worst-case scenarios will ocurr. I shall call this the Catastrophic Harm Precautionary Principle" (SUNSTEIN, Cass. *Worst-Case Scenarios.* Cambridge: Harvard University Press, 2007, p. 119).

[487] FREITAS, Vladimir Passos de. Mercosul e meio ambiente. *In:* FREITAS, Vladimir Passos de (Org.). *Direito ambiental em evolução.* Curitiba: Juruá, 2002. v. 3. Ver também: *Correio do Estado,* Campo Grande, p. 6-12, jun. 1998; ALBUQUERQUE, Fabíola Santos. O meio ambiente como objeto de direito no Mercosul. *Revista de Informação Legislativa,* Brasília, ano 37, n. 148, out./dez. 2000.

Albuquerque, ao analisar este caso especificamente, refere que ele evidencia que a disparidade de tratamento constitucional no plano jurídico prejudica em demasia o processo integracionista, pois a produção legislativa conjunta, materializada por meio de tratados, que requer rapidez e dinamicidade, perde essas características em razão do tempo que leva para sua conversão em lei. Aduz que, se o processo integracionista estivesse em funcionamento pleno, por certo, os princípios da cooperação, da prevenção e da responsabilização das condutas lesivas ao meio ambiente estariam "reluzindo com muito mais intensidade e servindo de norte para outros princípios".[488]

Em face da legislação de regência e dos fatos narrados, faz-se necessária a implementação do princípio da precaução no âmbito do Mercosul a fim de que danos à saúde pública e ao meio ambiente possam ser evitados a tempo. Isso porque os danos não conhecem fronteiras[489] e, inseridos em uma sociedade de risco, devem sempre ser evitados. Como referido por Cafferatta "en la sociedad tradicional, el riesgo es individual; en la sociedad industrial, el riesgo es colectivo; en la sociedad de riesgos, riesgos generalizados, en su origen y en sus efectos".[490] Todavía, para ser aplicado, o princípio debe estar revestido dos seus elementos que, para Facciano, são "la situación de incertidumbre, la evaluación del riesgo de producción del daño y el nivel de gravedad, el cual debe ser grave e irreversible".[491]

O princípio da precaução, por outro lado, é uma regra de direito internacional como disposto em diversas legislações, tratados e convenções internacionais, podendo-se dar especial destaque ao princípio 15 previsto na Declaração Rio 92, que o previu expressamente. Os países do Mercosul, signatários da Rio 92, estão naturalmente inseridos na comunidade internacional e, portanto, não escapam da obrigatória observância ao princípio da precaução.[492]

---

[488] ALBUQUERQUE, Fabíola Santos. O meio ambiente como objeto de direito no Mercosul. *Revista de Informação Legislativa*, Brasília, ano 37, n. 148, out./dez. 2000.

[489] FREITAS, Vladimir Passos de. Mercosul e meio ambiente. In: FREITAS, Vladimir Passos de (Org.). *Direito ambiental em evolução*. Curitiba: Juruá, 2002, p. 357-365. v. 3.

[490] CAFFERATTA, Néstor. Princípio Precautório en el Derecho Argentino y Brasileño. *Revista de Derecho Ambiental*, Buenos Aires, n. 5, p. 68-97, jan./mar. 2006. Ver também: IRIBAREN, Federico J. La inclusión del princípio precautório en la ley general del ambiente. *Revista de Derecho Ambiental*, Buenos Aires, p. 87-97, n. 1, jan./mar. 2005.

[491] FACCIANO, Luiz A. La agricultura transgénica y las regulaciones sobre bioseguridad em la Argentina y en el orden internacional. Protocolo de Cartagena de 2000. In: ENCUENTRO DE COLÉGIOS DE ABOGADOS SOBRE TEMAS DE DERECHO AGRÁRIO, III. Rosário: Instituto de Derecho Agrário del Colégio de Abogados de Rosário, 2000, p. 247 i.

[492] Cafferatta refere que na Argentina "La Ley General del Ambiente, 25.675, sancionada el 06.11.2002, promulgada parcialmente por Dec. 2413, el 27.11.2002, contiene una serie de

Como refere Rios, no âmbito do Mercosul:

> Os Estados devem aplicar o princípio da precaução, de acordo com suas respectivas capacidades, de modo a evitar sérios e irreversíveis danos ambientais, mesmo se não houver ainda uma definitiva evidência científica dos efeitos de certos produtos e substâncias químicas ao meio ambiente, como ocorre com novos produtos agrotóxicos.[493]

É importante referir que o princípio da precaução está inserido implicitamente nos ordenamentos constitucionais dos países que compõem o Mercosul, pois todos optaram pela democracia. A opção democrática faz com que os Estados assumam o compromisso da sustentabilidade ambiental, que apenas pode-se dar com a observância do princípio da precaução.[494]

O princípio da precaução foi analisado por cortes arbitrais e pela Corte Internacional de Haia, em cima de casos práticos que ocorreram no Mercosul. O primeiro caso a ser mencionado é a chamada "Guerra dos Pneus" envolvendo o Brasil e o Uruguai. O Uruguai recorreu ao Tribunal Arbitral *ad hoc* em face de irresignação contra a Portaria da Secretaria de Comércio Exterior do Ministério de Desenvolvimento, Indústria e Comércio Exterior (Secex) nº 8/2000, de 25.9.2000, que proibiu a concessão de licenças de importação de pneumáticos remoldados[495] e usados.

---

principios de política ambiental, que en su parte pertinente se transcribe seguidamente: art. 4º: Principio precautório. Cuando haya peligro de daño grave o irreversible, la ausencia de información o certeza científica no deberá utilizarse como razón para postergarla adopción de medidas eficaces, en función de los costos para impedir la degradación de medio ambiente" (CAFFERATTA, Néstor. Princípio Precautório en el Derecho Argentino y Brasileño. *Revista de Derecho Ambiental*, Buenos Aires, n. 5, p. 68-97, jan./mar. 2006).

[493] RIOS, Aurélio Virgílio Veiga. O Mercosul, os agrotóxicos e o princípio da precaução. *Revista de Direito Ambiental*, São Paulo, n. 28, ano 7, p. 40-57, out./dez. 2002.

[494] O Protocolo de Ushuaia dá especial relevância ao compromisso democrático no âmbito do Mercosul. Segundo Ventura o compromisso democrático no Mercosul se deu com a Declaração de São Luiz, de 1996, inserida no Protocolo de Ushuaia, de 1998. Esta declaração, dos presidentes dos Estados-membros do bloco, ocorreu após a ordem democrática ter periclitado no Paraguai, em razão da ameaça de um golpe de Estado. É referido também pela autora que o compromisso democrático foi assumido também no âmbito internacional pelos Estados mercosulinos quando da assinatura da cooperação inter-regional entre a União Europeia e o Mercosul (VENTURA, Deisy. *As assimetrias entre o Mercosul e a União Européia*: os desafios de uma associação inter-regional. Barueri: Manole, 2003, p. 437-438).

[495] Consta no item 72 do laudo arbitral sobre pneus remoldados no litígio Uruguai *v.* Argentina que "[...] o pneu remoldado é um produto que utiliza uma carcaça de pneu usado, já inspecionada e que esteja em bom estado, sobre a qual se reconstrói o pneu, abrangendo essa reconstrução a banda de rodagem, os ombros e as laterais do pneu"

Segundo o Uruguai, tal proibição estabelecida pela referida portaria introduziu uma proibição nova ao estender a vedação da importação, que atingia apenas os pneumáticos usados, os tipos de pneumáticos remoldados, violando diversas normas vigentes no Mercosul, especialmente as disposições do Tratado de Assunção.

O Tribunal Arbitral invocando os princípios da proporcionalidade, da reserva da soberania, da razoabilidade e da previsibilidade comercial decidiu, por unanimidade, que a Portaria nº 8 do Secex era incompatível com as leis mercosulinas, devendo o Brasil, por consequência, adaptar sua legislação interna em consideração à citada incompatibilidade.[496] O Brasil, é bom que se ressalte, não invocou o princípio da precaução em sua defesa no caso concreto.

O Ministério Público Federal, por sua vez, ajuizou ação contra a União, exigindo por meio de ação civil pública o não cumprimento do laudo arbitral. Invocou o *parquet* as consequências nocivas ao meio ambiente em face da disposição inadequada de pneus inservíveis no comércio e sustentou não ser razoável o sacrifício da proteção ambiental unicamente para atender a exigências econômicas e a interesses comerciais privados. O fundamento base do Ministério Público Federal foi justamente a violação ao princípio da precaução, em face do previsto no art. 225 da Constituição Federal, ocasionada pela importação de pneus remoldados.[497] Referida questão, contudo, restou superada em virtude de decisão do Supremo Tribunal Federal que julgou procedente ADPF no sentido de, com base também no princípio da precaução, impedir a importação de pneus remoldados.[498]

(Disponível em: http://www.escrap.com.ar/descargas/laudoarbitral-Mercosul.pdf. Acesso em: 1º fev. 2008).

[496] Na data de 11.2.2003 foi acrescentado pelo Decreto nº 4.592/2003 um parágrafo ao art. 47-A do Decreto nº 3.179/99, isentando do pagamento de multa a importação de pneus reformados procedentes do Mercosul. A Portaria Secex nº 2/2002 autorizou o licenciamento das importações de pneumáticos remoldados (art. 1º) e mencionou, em seus considerandos, a decisão do VI Laudo Arbitral *ad hoc* do Mercosul.

[497] BRASIL. Tribunal Regional da 4ª Região, 6ª Vara Federal de Porto Alegre. *Ação Civil Pública nº 2003.71.00.033004-2*. Ver: AURVALLE, Luís Alberto D'Azevedo. Importação de pneus usados e remoldados. *Revista de Direito Ambiental*, São Paulo, n. 41, p. 156-166, 2006.

[498] O STF julgou procedente ação de descumprimento de preceito fundamental, utilizando como um dos fundamentos o princípio da precaução, para restringir a importação de pneus usados por risco de dano à saúde pública e ao meio ambiente. Nesse sentido: BRASIL. Supremo Tribunal Federal. Ação de descumprimento de preceito fundamental n. 101/DF. Relatora: Ministra Carmen Lúcia. *Diário da Justiça da União*, Brasília, DF, 4 jun. 2009. Disponível em: http://stf.jusbrasil.com.br/ jurisprudencia/14771646/arguicao-de-descumprimento-de-preceito-fundamental-adpf-101-df-stf. Acesso em: 2 nov. 2014.

Observa-se de fato típica violação ao princípio da precaução, pois pneus remoldados, reaproveitados, causam risco de dano à vida, no momento em que são colocados em veículos automotores que transitam nas precárias e sucateadas rodovias brasileiras.

Em outro caso, envolvendo a "Guerra dos Pneus", houve um segundo laudo arbitral, diversamente, aplicando o princípio da precaução no caso concreto.[499] Em caso quase idêntico ao primeiro, o Uruguai recorreu ao Tribunal Arbitral *ad hoc* em demanda contra a Argentina, pelo fato de esta impor barreiras, através de lei, à importação de pneus remoldados.

A Argentina, pela Lei nº 25.656, proibiu a importação de pneumáticos remoldados para todo o seu território. Para a Argentina, a lei impugnada tinha o fim de prevenir danos potenciais causados pelos resíduos de reciclagem que colocariam em risco a vida e a saúde das presentes e futuras gerações.

O Uruguai, por seu turno, alegou que exportou ininterruptamente pneumáticos para a Argentina, de 1997 até 2001, livremente e sem qualquer restrição, e que o referido produto não gerava riscos de danos ao ambiente e à segurança das pessoas.

Os árbitros, todavia, reconheceram que o direito de integração do Mercosul aceitou determinadas medidas de proteção ambiental e restritivas ao livre comércio na região, desde que justificadas e não arbitrárias. O princípio da precaução foi invocado pelos árbitros ao decidirem o caso, ressaltando que "a proteção ao meio ambiente não pode ser prejudicada pela falta de certeza científica".[500] Os árbitros referiram, ainda, que existe uma inversão do ônus da prova "de sorte a incumbir à parte, que pretenda implantar uma atividade considerada nociva ou potencialmente perigosa ao meio ambiente, provar que a mesma é segura e não constitui perigo ecológico".[501]

Segundo os árbitros, para os pneumáticos produzidos, novos ou remoldados, ao final de sua vida útil, não existe um processo de reciclagem viável economicamente, o que transforma os pneus em inservíveis. Esses, por consequência, tornam-se fonte de contaminação

---

[499] Disponível em: http://www.escrap.com.ar/descargas/Laudoarbitral-Mercosul.pdf. Acesso em: 10 fev. 2008.
[500] Item 70 do laudo (Disponível em: http://www.escrap.com.ar/descargas/Laudoarbitral-Mercosul.pdf. Acesso em: 10 fev. 2008).
[501] Item 70 do laudo (Disponível em: http://www.escrap.com.ar/descargas/Laudoarbitral-Mercosul.pdf. Acesso em: 10 fev. 2008).

e criadouro de insetos, podendo ainda liberar elementos danosos para águas e solo.

Os árbitros do Tribunal, inclusive, fizeram a distinção entre o caso Brasil *v.* Uruguai e Argentina *v.* Uruguai, porque a Argentina, ao contrário do Brasil, fundou os seus argumentos em questões ambientais e em especial no princípio da precaução. Argumentaram os árbitros, também, no sentido de que, no primeiro laudo sobre pneus remoldados, não foram analisados os princípios de direito internacional nem os princípios ambientais específicos do Mercosul, bem como as cláusulas autorizativas do art. 50 do Tratado de Montevidéu, que foram a base da argumentação expendida no segundo laudo.[502]

Constata-se, então, a importância do princípio da precaução no direito do Mercosul, pois, ao ser invocado pela Argentina, mudou completamente os rumos da decisão em um caso quase idêntico ao Brasil *v.* Uruguai. Ressalta-se, contudo, que o Tribunal *ad hoc* não era o mesmo, o que não afasta a relevância do princípio na proteção da saúde pública e do meio ambiente.

O laudo foi reformado pelo Tribunal Permanente de Revisão, após recurso do Uruguai que não se conformou com o laudo *a quo*, favorável à Argentina. Este, por sinal, foi o primeiro recurso apreciado pelo Tribunal Permanente de Revisão, criado pelo Protocolo de Olivos. O histórico recurso foi apreciado pelos árbitros Wilfrido Fernández (Presidente do Paraguai), Nicolas Eduardo Becerra (Argentina) e Ricardo Olivera (Uruguai).[503]

O TPR decidiu que a conduta da Argentina, ao editar a Lei nº 25.656, foi desproporcional, pois o pneu remoldado não é nem um resíduo inservível, nem um pneu usado. No mesmo sentido, a Corte reconheceu que o dano alegado não era grave ou irreversível, estando inviabilizada a aplicação do princípio da precaução, segundo a ótica do Tribunal. Constata-se que, no entendimento do TPR, as medidas de precaução contra possíveis danos ambientais deveriam ser relacionadas somente à limitação e à eliminação de pneus inservíveis.

---

[502] Ver itens 110 e 111 do laudo (Disponível em: http://www.escrap.com.ar/descargas/Laudoarbitral-Mercosul.pdf. Acesso em: 10 fev. 2008).

[503] ASUNCIÓN. Tribunal Permanente de Revisión. Prohibición de Importación de Neumáticos Remoldeados procedentes del Uruguay. *Laudo nº 1/2005*. Recorrente: República Oriental do Uruguay. Recorrido: República Argentina. Presidente: Wilfrido Fernández. 20 dez. 2005 (Disponível em: http://www.mercosur.int/msweb/SM/es/Controversias/TPR/TPR_Laudo001-2005_Importacion%20de%20 Neumaticos%20Remoldeados.pdf. Acesso em: 10 jan. 2008).

O TPR concluiu que o laudo do Tribunal *ad hoc* deveria ser anulado e que fosse determinado à Argentina que derrogasse a Lei nº 25.656 e não adotasse qualquer ato de restrição à importação de pneus remoldados do Uruguai, até que o Mercosul edite norma específica sobre o tema.

A decisão do TPR não atendeu a um critério de proporcionalidade, porque não fez um cotejo direto entre o princípio da precaução e o livre comércio, inclusive, negando que houvesse o conflito desses princípios. Apenas enfatizou o livre comércio como único princípio, com exceções admitidas (proteção à vida e à saúde) e tergiversou ao enfrentar a questão ambiental. O preâmbulo do Tratado de Assunção e o Acordo Marco sobre o Meio Ambiente foram simplesmente desconsiderados, embora sejam diplomas claros no sentido de fontes de normas de tutela do meio ambiente.

A Corte desconsiderou o impacto negativo dos pneumáticos remoldados sobre o meio ambiente[504] e enfatizou unicamente o problema da reciclagem dos pneus que seria custosa e difícil. O fato de os pneus remoldados não poderem ser reciclados e o consequente aumento do passivo ambiental, bem alegados no primeiro laudo, também não foram considerados pelo TPR.

Estando evidenciado o risco de dano à saúde pública e ao meio ambiente, somado à evidente incerteza científica em relação à importação de pneumáticos remodelados pela Argentina, o princípio da precaução deveria ter sido aplicado para prevalecer a restrição comercial imposta pela legislação argentina.

O terceiro caso emblemático a ser analisado é o conflito entre o Uruguai e a Argentina em relação às "papeleras".[505] Lafer acerca do caso referiu que "na especificidade do Mercosul, a disputa tem grande relevância pelas tensões políticas que vem provocando".[506] Em suma,

---

[504] Sobre os efeitos negativos dos pneumáticos remoldados sobre o meio ambiente ver: MOROSINI, Fábio; MARQUES, Cláudia Lima. *Trade and Environment*: in Re-Trade Practices Maintained by Brazil in Relation to Imports of Retired Tires, p. 504. Disponível em: http://www.planetaverde.org/modules/piCal/teses2006/pos_graduados2.pdf. Acesso em: 2 jan. 2008.

[505] DARNAS DE CLÉMENT, Zlata. El Diferendo de las Celulósicas de Fray Bentos a la Ley del Derecho Internacional. *Revista de Derecho Ambiental*, Buenos Aires, n. 6, 2006; VENTURA, Deisy. O caso das "papeleras" e o papelão do Mercosul. *Revista Ponte*, São Paulo, v. 2, n. 2, 2006; SALSAY, Daniel. *Las Plantas de Celulosa en el Rio Uruguai*. Buenos Aires: Comitê Farn, 2006.

[506] LAFER, Celso. Argentina, Uruguai e as "papeleras". *O Estado de São Paulo*, São Paulo, 20 ago. 2008. Disponível em: http://www.estado.com.br/editorias/2006/08/20/opi-1_93.29.20060820.1.1.xml. Acesso em: 20 fev. 2008.

o Uruguai decidiu autorizar em seu território a implantação de dois grandes projetos de fábricas de papel e celulose.

A Argentina, invocando o princípio da precaução, alegou que as fábricas eram uma ameaça à qualidade das águas do Rio Uruguai, que banham o seu território, com consequências para a sua população naquela área. Para a Argentina, as informações recebidas do Uruguai e das fábricas acerca do projeto eram insuficientes e, por isso, havia o risco de danos irreparáveis à sua economia e ao meio ambiente da região. Além disso, os moradores do lado argentino do Rio Uruguai temiam sérios riscos à saúde da população, à piscicultura, à agricultura e ao turismo.

A disputa entre a Argentina e o Uruguai não foi encaminhada ao sistema de solução de controvérsias do Mercosul em um primeiro momento. O Brasil, inclusive, não aceitou mediar o conflito conforme solicitado pelo Uruguai. Em face disso, foi formulado pedido cautelar pela Argentina no sentido de determinação de suspensão de atividade das "papeleras", que foi apreciado pela Corte Internacional de Justiça de Haia, com base num tratado de 1975 – o Estatuto do Rio Uruguai.

A Corte de Haia, em sentença de 13.7.2006, decidiu que não havia elementos que justificassem o deferimento de uma medida cautelar, pois a decisão do Uruguai de autorizar a construção das fábricas não constituía uma ameaça iminente de dano irreparável para o meio ambiente do Rio Uruguai e para os interesses socioeconômicos de habitantes ribeirinhos do lado argentino do rio. Ressaltou, porém, que o Uruguai assumia os riscos inerentes a qualquer decisão que a Corte tomasse quando decidisse sobre o mérito da questão, e que a construção das fábricas não poderia ser entendida como um fato consumado. A Corte, portanto, resguardou-se para apreciar eventuais falhas e responsabilidades do Governo uruguaio e das "papeleras" quando do julgamento do mérito da questão.

Segundo Lafer, o indeferimento da medida cautelar foi, no plano jurídico, uma contenção da "aplicação excessiva do princípio da precaução". Refere o autor que "fábricas de papel e celulose que atendem aos requisitos de controles ambientais rigorosos não comportam uma analogia com movimentos transfronteiriços de resíduos perigosos e seu depósito",[507] pois estes são regulados pela Convenção da Basileia.

---

[507] LAFER, Celso. Argentina, Uruguai e as "papeleras". *O Estado de São Paulo*, São Paulo, 20 ago. 2008. Disponível em: http://www.estado.com.br/editorias/2006/08/20/opi-1_93.29.20060820.1.1.xml. Acesso em: 20 fev. 2008.

A referida convenção está embasada no princípio do consentimento prévio e explícito e reconhece o direito soberano de qualquer Estado de proibir a sua entrada e depósito. Este não era o caso das "papeleras". Portanto, em sede de juízo cautelar, parece correta a não aplicação do princípio da precaução pela Corte Internacional de Haia, em face da ausência da presença do risco de dano e da incerteza científica.

E, no caso concreto, foi o que ocorreu em 20.4.2010, quando a Corte Internacional de Justiça decidiu a questão em sentença final e irrecorrível. O Tribunal considerou que o Uruguai violou suas obrigações processuais de cooperar com a Argentina e com a Comissão Administrativa do Rio Uruguai (Caru), durante o desenvolvimento de planos para as fábricas de celulose CMB (Ence) e Orion (Botnia). Por outro lado, a Corte declarou que o Uruguai não violou suas obrigações materiais para a proteção do meio ambiente previstas pelo Estatuto do Rio Uruguai ao autorizar a construção e financiamento da usina de Orion (Botnia).[508]

É de se verificar que os casos narrados, em cotejo com a legislação de regência do Mercosul, levam à conclusão de que deve haver um verdadeiro equilíbrio entre os princípios do livre comércio e o da proteção ao meio ambiente que tem como um dos seus principais mecanismos de tutela o princípio da precaução. É importante que haja uma ponderação de valores entre as normas integracionistas e as normas ambientais, que devem ser aplicadas sempre com a observância do princípio da proporcionalidade.

Neste sentido é de se adotar a lição de Lima Marques no sentido de que o diálogo das fontes "permite a aplicação simultânea, coerente e coordenada das plúrimas fontes legislativas convergentes".[509] É o caso do Mercosul, deve haver o diálogo das fontes legislativas que afetam o direito interno dos países-membros sem descurar as normas e princípios do direito internacional.

As normas internacionais que garantem o livre comércio devem ser aplicadas em harmonia com as normas internacionais de proteção ao meio ambiente que, de outra banda, devem também guardar harmonia na sua aplicação com as normas constitucionais e infraconstitucionais dos países do Mercosul que tutelam o meio ambiente, mediante adoção

---

[508] A PAPER settlement. *The Economist*, 22 abr. 2010. Disponível em: http://www.economist.com/node/15977211. Acesso em: 20 jan. 2017.
[509] MARQUES, Cláudia Lima *et al. Comentários ao Código de Defesa do Consumidor*. 2. ed. São Paulo: Revista dos Tribunais, 2006, p. 28-29.

do princípio da precaução. Não podem ser ignoradas, contudo, as normas constitucionais que reconhecem a livre iniciativa como um dos princípios da ordem econômica dos Estados mercosulinos. O princípio da precaução deve ser aplicado não como uma forma de protecionismo disfarçado,[510] mas unicamente com o fim de tutelar a saúde pública e o meio ambiente no âmbito do Mercosul.

---

[510] DALLARI, Sueli Gandolfi; VENTURA, Deysy de Freitas Lima. O princípio da precaução. Dever do Estado ou protecionismo disfarçado? *São Paulo em Perspectiva*, v. 16, n. 2, p. 53-63, jun. 2002.

CAPÍTULO 5

O PRINCÍPIO CONSTITUCIONAL DA PRECAUÇÃO E A ATIVIDADE DE MINERAÇÃO NO BRASIL SOB A ÓTICA DO DIREITO DOS DESASTRES

Não são poucos os assuntos a serem tratados relacionados ao princípio constitucional da precaução, entre ele se podem citar: as mudanças climáticas, os desastres ambientais, os desmatamentos, a diminuição acelerada da biodiversidade e as novas complexidades de todos os tipos de poluições.

Nesse cenário, relevante é tecer algumas considerações, em tese, simples e bastante despretensiosas, sobre a inobservância do princípio da precaução em catástrofes ambientais, como no caso de Brumadinho, e as suas consequências jurídicas, em especial, no que se refere à responsabilidade civil dos responsáveis pela inobservância do princípio da precaução, em face das ações e omissões inconstitucionais.

5.1 Princípio da precaução e o desastre de Brumadinho

Pouco após a tragédia de Mariana, apenas três anos, repetiu-se catástrofe ambiental em Brumadinho em virtude da má gestão de barragens. Parece que pouco, ou nada, se aprendeu em matéria de gestão de riscos ou de educação ambiental em relação à atividade de mineração, em especial no que tange à observância do princípio constitucional da precaução consagrado em nosso sistema jurídico.[511]

---

[511] Sobre o tema, ver: WEDY, Gabriel. O princípio constitucional da precaução: origem, conceito e análise crítica. *Revista Direito Federal*, Brasília, DF, ano 26, n. 93, p. 223-270, 2013;

O referido episódio, gerador de imensos prejuízos humanos, ambientais, econômicos e sociais, causado pelo rompimento da Barragem 1 da Mina Feijão, mais uma vez, envolveu a empresa Vale do Rio Doce e, porque não dizer, o Poder Público.

Não bastasse a catástrofe ambiental, entre mortos, desaparecidos e feridos, foram mais de 400 pessoas vitimadas. A catástrofe mais uma vez expôs as fragilidades do Brasil perante o mundo no que tange à promoção do desenvolvimento sustentável,[512] à observância do princípio da precaução e à gestão dos riscos da mineração, como demonstrado em matéria publicada em célebre jornal norte-americano.[513]

Um grupo de importantes ONGs, integrado por *Greenpeace Brasil*, *Mining Watch Canada* e *Global Justice Clinic* of the *New York University*, chegou a pedir a exclusão da Vale do *Pacto das Nações Unidas sobre Desastres em Barragens*.[514]

Por recomendação da Agência Nacional de Mineração (ANM), o Ministério de Minas e Energia (MME), por sua vez, definiu uma série de medidas de precaução de acidentes nas cerca de mil barragens existentes no país, que devem prosseguir em implementação até 2021. As medidas incluem a extinção ou a descaracterização das barragens, chamadas *a montante*, até 15 de agosto de 2021.

Lúcida medida, pois dos tipos de barragens disponíveis para a mineração, como se sabe, as barragens *a montante* são as menos seguras

---

WEDY, Gabriel. O princípio da precaução como instrumento de eficácia do tombamento. *Revista Interesse Público*, Belo Horizonte, ano 15, n. 81, p. 145-166, 2013; WEDY, Gabriel. O princípio da precaução no plano legislativo internacional e sua análise crítica. *Revista da Ajufergs*, Porto Alegre, n. 8, p. 21-48, 2013 e, no plano internacional, consultar sobre a aplicação do princípio da precaução e a negligência de riscos causados por ações e omissões, em: SUNSTEIN, Cass. *Laws of Fear*: Beyond the Precautionary principle. New York: Cambridge Press, 2005; e, mais especificamente, sobre a aplicação do princípio da precaução para evitar catástrofes, ver: SUNSTEIN, Cass. *Worst-Case Scenarios*. Cambridge: Harvard University Press, 2007.

[512] Sobre o tema, ver: WEDY, Gabriel. *Desenvolvimento sustentável na era das mudanças climáticas*: um direito fundamental. São Paulo: Saraiva, 2018; e, especificamente, sobre decisões dos juízes em demandas que envolvem o direito fundamental ao desenvolvimento sustentável, consultar: WEDY, Gabriel. *Sustainable Development and the Brazilian Judge*. New York: Columbia University, 2015. Disponível em: https://web.law.columbia.edu/sites/default/files/ microsites/climate-change/wedy_-_sustainable_development_and_brazilian_judges. pdf. Acesso em: 26 jan. 2020.

[513] THE NEW YORK TIMES. *7 People Killed and 200 Missing in Brazil After Dam Collapses, Officials Say*. Disponível em:https://www.nytimes.com/2019/01/25/world/americas/brazil-dam-burst-brumadinho.html. Acesso em: 26 jan. 2020.

[514] THE NEW YORK TIMES. NGOs Push to Expel Brazil Miner Vale From U.N. Pact Over Dam Disaster. Disponível em: https://www.nytimes.com/reuters/2019/02/12/world/americas/12reuters-vale-sa-disaster-ngo.html. Acesso em: 21 jan. 2020.

e as mais baratas.[515] Referida medida de gestão pública, evidentemente, não basta. O gerenciamento de riscos[516] precisa melhorar também nas barragens inativas.[517] Sobre o tema, bem refere, com notável qualidade técnica, o professor da USP, especializado em barragens, Luiz Henrique Sanchès:

> Barragens inativas precisam ser tão bem cuidadas quanto barragens em operação, independentemente do método construtivo. Em alguns casos, barragens de rejeitos são verdadeiras jazidas minerais, contendo minério de teor aproveitável. Mas outras barragens não têm esse potencial e talvez fiquem para sempre não apenas como marcas na paisagem, mas também como bombas-relógio. Barragens inativas precisam de manutenção e monitoramento por períodos longos, que se estendem além do fechamento da mina. Portanto, cuidar de uma barragem inativa tem custo para a empresa num momento em que a mina não gera mais receita. Se os custos totais de construir, operar e desativar uma barragem de rejeitos forem devidamente contabilizados, alternativas tecnológicas que têm sido evitadas pelas empresas poderiam se revelar mais baratas.[518]

Vê-se que ouve aplicação tardia do princípio da precaução[519] e foi violado o princípio da proporcionalidade, em face da vedação da proteção insuficiente de direitos fundamentais,[520] como o direito ao

---

[515] THE WALL STREET JOURNAL. Deadly Brazil Mine Accident Puts Waste Dams in Spotlight. Disponível em: https://www.wsj.com/articles/deadly-brazil-mine-accident-puts-waste-dams-in-spotlight-11548874428. Acesso em: 20 jan. 2020.

[516] Em relação a catástrofes, gerenciamento de riscos e respostas efetivas ver o clássico: POSNER, Richard. *Catastrophe*: Risk and Response. New York: Oxford Universtity Press, 2005.

[517] SANCHÈS, Luiz Henrique. É urgente gerenciar melhor riscos das barragens de rejeitos inativas. *Jornal da USP*. https://jornal.usp.br/artigos/e-urgente-gerenciar-melhor-riscos-das-barragens-de-rejeitos-inativas. Acesso: 21 fev. 2019.

[518] SANCHÈS, Luiz Henrique. É urgente gerenciar melhor riscos das barragens de rejeitos inativas. *Jornal da USP*. https://jornal.usp.br/artigos/e-urgente-gerenciar-melhor-riscos-das-barragens-de-rejeitos-inativas. Acesso: 21 fev. 2019.

[519] Sobre uma visão aprofundada e crítica do princípio da precaução consultar o professor da Harvard Law School Cass Sunstein em sua clássica obra: SUNSTEIN, Cass. *Laws of Fear*: Beyond the Precautionary Principle. New York: Cambridge Press, 2005. E sobre a análise dos riscos e do custo-benefício na adoção de medidas anti-catástrofe e precautórias consultar obra do mesmo autor: SUNSTEIN, Cass. *Worst-Case Scenarios*. Cambridge: Harvard University Press, 2007.

[520] Relevante observar artigos sobre o tema: SARLET, Ingo Wolfgang. Constituição e proporcionalidade: o Direito Penal e os direitos fundamentais entre proibição de excesso e de insuficiência. *Revista da Ajuris*, Porto Alegre, ano XXXII, n. 98, jun. 2005; STRECK, Lenio. A dupla face do princípio da proporcionalidade: da proibição de excesso (*übermassverbot*)

meio ambiente ecologicamente equilibrado, o direito à vida, para não se mencionar outros, como o direito à propriedade privada, em face dos bilionários danos decorrentes dessa catástrofe previamente anunciada pela própria tragédia de Mariana.

É sabido e consabido, não se pode ignorar, que aumentaram *as falhas sérias e muito sérias*, que já não eram poucas, em barragens nos últimos anos,[521] o que faz ainda mais graves as evidentes omissões e ações, privadas e estatais no caso de Brumadinho. Deve ser observado com atenção o gráfico que demonstra o aumento de falhas em barragens em todo o mundo:

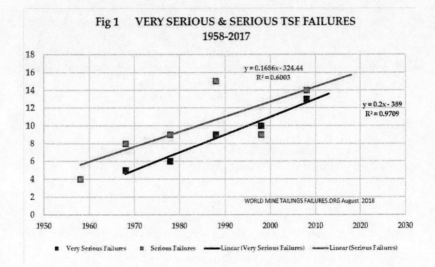

A ausência da adoção de efetivas medidas precautórias pelo Estado brasileiro e por empresas privadas se agrava em um cenário real de aumento de *falhas* em barragens. Resta cada vez mais evidenciado que a não adoção de medidas de precaução gera mais prejuízos do que lucros. Nesse sentido são os dados da NYSE, que apontam para o despencar das ações da Vale após a catástrofe de Brumadinho:

à proibição de proteção deficiente (*untermassverbot*) ou de como não há blindagem contra normas penais inconstitucionais. *Revista da Ajuris*, Porto Alegre, Ano XXXII, n. 97, p. 201-2, mar. 2005; e, FREITAS, Juarez. Princípio da precaução: vedação de excesso e de inoperância. *Revista Interesse Público*, Sapucaia do Sul, ano VII, n. 35, 2006.

[521] WORLD MINE TAILING FAILURES. Disponível em: https://worldminetailingsfailures.org. Acesso em: 20 jan. 2020.

O Brasil, por outro lado, está desatualizado em matéria de gestão de riscos[522] de barragens – como demonstrado, de modo dramático, no caso comentado e, também, no de Mariana –, uma vez que sequer avalia o impacto das mudanças climáticas.[523] O aquecimento global possui como uma das consequências o aumento das chuvas, além de outros eventos extremos, que são um sério risco a ser considerado na segurança das barragens.[524]

O tema demonstra relevo na medida em que o número, a intensidade e o impacto das diversas formas de desastres,[525] não apenas em barragens, aumentam, como o fogo nas macegas em dias de vento. Tudo no alucinante ritmo do aquecimento global e do desenvolvimento insustentável, frutos da sanha utilitarista, negacionista e obscurantista.

---

[522] CNBC. *Shares of Vale Plunge After a Company Owned Dam Breaks*. Disponível em: https://www.cnbc.com/2019/01/25/shares-of-vale-plunge-after-a-company-owned-dam-breaks.html. Acesso em: 20 jan. 2020.

[523] Sobre o tema, Direito das Mudanças Climáticas, importante consultar uma das obras mais relevantes nos Estados Unidos e no mundo sobre o assunto: GERRARD, Michael; FREEMAN, Jody (Ed.). *Global Climate Change and U.S Law*. New York: American Bar Association, 2014.

[524] THE NEW YORK TIMES. *Brazil's Lethal Environmental Negligence*. Disponível em: https://www.nytimes.com/2019/01/31/opinion/brazil-dam-break-environment-bolsonaro.html. Acesso em: 21 fev. 2019.

[525] Em relação ao *Direito dos Desastres* ver: FARBER, Daniel. Disaster Law and Inequality. *Law and Inequality*, Minneapolis, v. 25, n. 2, p. 297-322, 2007 e, igualmente, CARVALHO, Délton. *Desastres ambientais e sua regulação jurídica*. São Paulo: Revista dos Tribunais, 2015.

De outro lado, é geradora de esperança a melhoria e o incremento qualitativo das ações preparatórias e precautórias para catástrofes. Elas estão em voga, como demonstra o documento referência sobre o tema *Sendai Framework for Disaster Risk Reduction 2015-2030*,[526] central para um melhor entendimento no âmbito do direito do que seja a administração dos riscos de desastres e a sua correspondente mitigação. Referida Convenção-Quadro defende uma implementação inovadora, multissetorial e coerente com a multiplicidade dos riscos de desastres, como exposto, aliás, na mais moderna doutrina sobre o tema.[527]

O sistema jurídico brasileiro, por sua vez, possui uma extensa normativa precautória a regular a matéria, que deve ser observada na regulação jurídica em casos de desastre.[528] Sobre esse conjunto de

---

[526] UNITED NATIONS OFFICE FOR DISASTER RISK REDUCTION. *Sendai Framework for Disaster Risk Reduction*. Disponível em: https://www.unisdr.org/we/coordinate/sendai-framework. Acesso em: 10 jan. 2020.

[527] SAMUEL, Katja L.H; ARONSON-STORRIER, Marie; BOOKMILLER, Kirsten Nakjavani. *The Cambridge Handbook of Disaster Risk Reduction and International Law*. Cambridge University Press, 2019.

[528] Uma destas, específica, é a Lei nº 12.608/2012, que instituiu a Política Nacional de Proteção e Defesa Civil (PNPDEC) e dispõe sobre o Sistema Nacional de Proteção e Defesa Civil (SINPDEC) e o Conselho Nacional de Proteção e Defesa Civil (CONPDEC) e ao mesmo tempo autoriza a criação de sistema de informações e monitoramento de desastres, além de outras providências. Referida lei prevê em seu art. 2º que é dever da União, dos Estados, do Distrito Federal e dos Municípios adotar as medidas necessárias à redução dos riscos de desastre. E no §1º refere que as medidas previstas no *caput* poderão ser adotadas com a colaboração de entidades públicas ou privadas e da sociedade em geral. Acaba, sem deixar expresso, elegendo o princípio da precaução quando menciona, sem boa técnica, em seu §2º, que a incerteza quanto ao risco de desastre não constituirá óbice para a adoção das medidas preventivas e mitigadoras da situação de risco. Ou seja, ao mencionar incerteza, deveria o legislador ter mencionado logicamente o princípio da precaução, e não *medidas preventivas*, trata-se estas, bafejadas pela incerteza científica e pelo risco de dano, de medidas classicamente definidas como de precaução. O equívoco técnico é reafirmado no art. 3º, quando fica expresso que a PNPDEC abrange as ações de prevenção, mitigação, preparação, resposta e recuperação voltadas à proteção e defesa civil. A lei adota males da doutrina minoritária e faz lamentável confusão entre o princípio da precaução e da prevenção. De outra banda, é positiva a lei quando refere, no parágrafo único do mesmo artigo, que a PNPDEC deve integrar-se às políticas de ordenamento territorial, desenvolvimento urbano, saúde, meio ambiente, mudanças climáticas, gestão de recursos hídricos, geologia, infraestrutura, educação, ciência e tecnologia e às demais políticas setoriais, tendo em vista a promoção do desenvolvimento sustentável. E, igualmente, alvissareiros são os seus objetivos da PNDCE, estampados no art. 5º – reduzir os riscos de desastres; prestar socorro e assistência às populações atingidas por desastres; recuperar as áreas afetadas por desastres; incorporar a redução do risco de desastre e as ações de proteção e defesa civil entre os elementos da gestão territorial e do planejamento das políticas setoriais; promover a continuidade das ações de proteção e defesa civil; estimular o desenvolvimento de cidades resilientes e os processos sustentáveis de urbanização; promover a identificação e avaliação das ameaças, suscetibilidades e vulnerabilidades a desastres, de modo a evitar ou reduzir sua ocorrência; monitorar os eventos meteorológicos, hidrológicos, geológicos, biológicos, nucleares, químicos e outros potencialmente causadores de

normas é que serão mencionadas algumas constatações que apontam, em face da falha na aplicação do princípio da precaução, para a necessária indenização das vítimas, para a reparação *in natura* do meio ambiente e, também, para a punição dos culpados na seara criminal.

5.2 Da Política Nacional de Segurança de Barragens

Necessária é a implementação, em face da observância do princípio constitucional da precaução, nos termos da Lei nº 12.334/2010, da Política Nacional de Segurança de Barragens (PNSB) destinada à acumulação de água para quaisquer usos, à disposição final ou temporária de rejeitos e à acumulação de resíduos industriais. Referida legislação, por sinal, também cria o necessário Sistema Nacional de Informações sobre Segurança de Barragens atendendo ao princípio da informação ambiental. Observa-se, no país, no entanto, uma evidente falta de vontade política para a concretização de uma efetiva ação precautória na gestão de barragens.

Não se pode esquecer, contudo, que são objetivos da PNSB, previstos no art. 3º da lei: garantir a observância de padrões de segurança de barragens de maneira a reduzir a possibilidade de acidentes e as suas consequências; regulamentar as ações de segurança a serem adotadas nas fases de planejamento, projeto, construção, primeiro enchimento e primeiro vertimento, operação, desativação e de usos futuros de barragens em todo o território nacional; promover o monitoramento e o acompanhamento das ações de segurança empregadas pelos responsáveis por barragens; criar condições para que se amplie o universo de controle de barragens pelo poder público, com base na fiscalização, orientação e correção das ações de segurança; coligir informações que subsidiem o gerenciamento da segurança de barragens

---

desastres; produzir alertas antecipados sobre a possibilidade de ocorrência de desastres naturais; estimular o ordenamento da ocupação do solo urbano e rural, tendo em vista sua conservação e a proteção da vegetação nativa, dos recursos hídricos e da vida humana; combater a ocupação de áreas ambientalmente vulneráveis e de risco e promover a realocação da população residente nessas áreas; estimular iniciativas que resultem na destinação de moradia em local seguro; desenvolver consciência nacional acerca dos riscos de desastre; orientar as comunidades a adotar comportamentos adequados de prevenção e de resposta em situação de desastre e promover a autoproteção; e, integrar informações em sistema capazes de subsidiar os órgãos do SINPDEC na previsão e no controle dos efeitos negativos de eventos adversos sobre a população, os bens e serviços e o meio ambiente. No mesmo sentido, relevante é a proposição nitidamente de precaução do art. 23, quando veda a concessão de licença ou alvará de construção em áreas de risco indicadas como não edificáveis no plano diretor ou legislação dele derivada.

pelos governos; estabelecer conformidades de natureza técnica que permitam a avaliação da adequação aos parâmetros estabelecidos pelo poder público; e, fomentar a cultura de segurança de barragens e gestão de riscos. Referidos objetivos, como se nota, foram solenemente ignorados no caso de Brumadinho.

A lei impõe um conceito precautório de segurança de barragem, que é a condição que visa à manutenção da sua integridade estrutural, operacional e à preservação da vida, da saúde, da propriedade e do meio ambiente. Na mesma toada, a tão falada gestão de riscos no que se refere às barragens são as ações de caráter normativo, bem como a aplicação de medidas para precaução, controle e mitigação da álea. O dano potencial associado à barragem também possui definição jurídica, sendo aquele que pode ocorrer devido ao rompimento, vazamento e à infiltração no solo ou mau funcionamento desta (art. 2º). Não é a falta de conceitos jurídicos, portanto, a causa da má gestão de riscos nas barragens no Brasil e da eventual impunidade dos seus gestores em acidentes.

São fundamentos da PNSB, que deveriam ter sido observados, por precaução, antes da tragédia: I – segurança de uma barragem deve ser considerada nas suas fases de planejamento, projeto, construção, primeiro enchimento e primeiro vertimento, operação, desativação e de usos futuros; II – a população deve ser informada e estimulada a participar, direta ou indiretamente, das ações preventivas e emergenciais; III – o empreendedor é o responsável legal pela segurança da barragem, cabendo-lhe o desenvolvimento de ações para garanti-la; IV – a promoção de mecanismos de participação e controle social; V – a segurança de uma barragem influi diretamente na sua sustentabilidade e no alcance de seus potenciais efeitos sociais e ambientais.

Observa-se que, em face da aplicação insuficiente do princípio da precaução, não foram poucas as violações das razões fundantes da PNSB em Brumadinho e também em Mariana.

A fiscalização da segurança de barragens – e da observância do princípio constitucional da precaução – é bem definida no aspecto legal, e caberá, de acordo com o art. 5º, sem prejuízo das ações fiscalizatórias dos órgãos ambientais integrantes do Sistema Nacional do Meio Ambiente (Sisnama): à entidade que outorgou o direito de uso dos recursos hídricos, observado o domínio do corpo hídrico, quando o objeto for de acumulação de água, exceto para fins de aproveitamento hidrelétrico; à entidade que concedeu ou autorizou o uso do potencial hidráulico, quando se tratar de uso preponderante para fins de geração hidrelétrica; à entidade outorgante de direitos minerários para fins de disposição final ou temporária de rejeitos; e à entidade que forneceu a licença ambiental de instalação e operação para fins de disposição de resíduos industriais.

A PNSB necessita, no entanto, fundamentalmente, estar articulada com as sete metas globais da Convenção Quadro de Sendai para a Redução do Risco de Desastres. São estas:

> (a) Reduzir substancialmente a mortalidade global por desastres até 2030, com o objetivo de reduzir a média de mortalidade global por 100.000 habitantes entre 2020-2030, em comparação com 2005-2015. (b) Reduzir substancialmente o número de pessoas afetadas em todo o mundo até 2030, com o objetivo de reduzir a média global por 100.000 habitantes entre 2020-2030, em comparação com 2005-2015. 7 (c) Reduzir as perdas econômicas diretas por desastres em relação ao produto interno bruto (PIB) global até 2030. (d) Reduzir substancialmente os danos causados por desastres em infraestrutura básica e a interrupção de serviços básicos, como unidades de saúde e educação, inclusive por meio do aumento de sua resiliência até 2030. (e) Aumentar substancialmente o número de países com estratégias nacionais e locais de redução do risco de desastres até 2020. (f) Intensificar substancialmente a cooperação internacional com os países em desenvolvimento por meio de apoio adequado e sustentável para complementar suas ações nacionais para a implementação deste quadro até 2030.[529]

Nesse cenário, parece que o Estado, nos âmbitos Federal, Estadual e Municipal, e os particulares não poderiam ter se eximido de adotar medidas precautórias anticatástrofe para evitar os danos ocorridos no rompimento das barragens em Mariana e em Brumadinho. Igualmente, não podem ficar alheios à reparação, em virtude de ações ou omissões, a serem apuradas, sob o crivo do devido processo legal, dos danos materiais e morais sofridos pelas vítimas e pelo meio ambiente.

5.3 A Agência Nacional de Mineração e a nova lei

É de rigor que o início da atividade mineradora seja precedido de licenciamento. Referido procedimento, quando bem realizado

---

[529] UNITED NATIONS OFFICE FOR DISASTER RISK REDUCTION. *Sendai Framework for Disaster Risk Reduction*. Disponível em: https://www.unisdr.org/we/coordinate/sendai-framework. Acesso em: 10 jan. 2020.

tecnicamente (e acompanhado pelas partes potencialmente afetadas, devidamente empoderadas), pode prevenir desastres ambientais, como em Mariana e Brumadinho. A base legal do mesmo está no art. 225, §2º da Constituição Federal e no art. 10 da Lei nº 6.9381/1981. Porém, como bem assevera Antunes:

> Há, entretanto, direito especial quanto ao regime jurídico do licenciamento das atividades minerárias, estabelecido pela Lei 7.805/1989, que altera o Decreto-lei 227, de 28 de fevereiro de 1967, cria o regime de permissão de lavra garimpeira, extingue o regime de matrículas e dá outras providências. Tanto a permissão de lavra garimpeira, tratada no Art. 3º da Lei 7.805/1989, quanto a concessão de lavra, tratada no art. 16, dependem de prévio licenciamento pelo órgão ambiental integrante do Sisnama.[530]

A Resolução nº 01/1986 do CONAMA determina, no art. 2º, que o licenciamento ambiental dependerá da elaboração de Estudo de Impacto Ambiental para atividades modificadoras do meio ambiente consistentes em "Portos e terminais de minério, petróleo e produtos químicos" (inc. III), "Extração de combustível fóssil (petróleo, xisto, carvão)" (inc. VIII) e "Extração de minério, inclusive os da classe II, definidas no Código de Mineração"[531] (inc. IX). Importante notar que, de acordo com a Portaria nº 155/2016, que revogou a Portaria nº 266/2008, do extinto DNPM, há necessidade de prévio licenciamento ambiental antes da autorização de pesquisa ou concessão de lavra.[532]

---

[530] ANTUNES, Paulo de Bessa. *Direito ambiental*. 18 ed. São Paulo: Atlas, 2016, p. 1347.

[531] O Decreto-Lei nº 227/67 (Código de Mineração) conceituava, em sua redação original, as jazidas de classe II como "jazidas de substâncias minerais de emprêgo imediato na construção civil". O dispositivo foi revogado pela Lei nº 9.314/96 e, atualmente, a classificação das jazidas obedece a regulamentação pelo Decreto nº 62.934/68, o qual, no art. 7º, traz idêntica prescrição. A Resolução nº 10/1990 veicula normas específicas para licenciamento ambiental de extração mineral classe II (emprego imediato na construção civil), sendo que, pelo art. 3º, o EIA pode ser dispensado em determinados casos.

[532] Portaria nº 155/2016 do DNPM, "art. 126. Para a outorga da concessão de lavra, o interessado deverá instruir o processo minerário com licença ambiental nos termos do art. 16 da Lei nº 7.805, de 1989. §1º Diante da inobservância do disposto no caput o DNPM formulará exigência ao interessado para apresentação da licença ambiental no prazo de 180 (cento e oitenta) dias, contados da sua publicação. §2º O prazo de que trata o caput poderá ser prorrogado, a juízo do DNPM, desde que o pedido, devidamente justificado, tenha sido protocolizado dentro do prazo fixado para cumprimento da exigência. §3º O pedido de prorrogação apresentado fora do prazo não será conhecido e o não cumprimento da exigência ou seu cumprimento intempestivo ensejará o encaminhamento dos autos à autoridade competente com sugestão de indeferimento do requerimento de lavra com fundamento no §4º do art. 41 do Código de Mineração".

Relevante grifar que o Decreto nº 97.632/1989 regulamenta o artigo 2º, inciso VIII, da Lei nº 6.938/1981 e disciplina de modo específico a recuperação de áreas degradadas por atividades minerárias, chegando a estabelecer um conceito de degradação,[533] estabelecendo a necessidade da apresentação de um plano de recuperação da área degradada.[534] Consta no decreto, outrossim, que a recuperação deverá ter por objetivo o retorno do sítio degradado a uma forma de utilização, de acordo com um plano preestabelecido para o uso do solo, visando à obtenção de uma estabilidade do meio ambiente.[535]

Não é demais grifar que a nova Lei de Mineração (Lei nº 13.575/17) consigna que à Agência Nacional de Mineração (ANM)[536], entre outras atribuições, compete estabelecer normas e exercer fiscalização, em caráter complementar, sobre controle ambiental, higiene e segurança das atividades de mineração, atuando em articulação com os demais órgãos responsáveis pelo meio ambiente e pela higiene, segurança e saúde ocupacional dos trabalhadores (art. 2º, inc. XXII).

Isso, por certo, não afasta a competência dos órgãos integrantes do SISNAMA para fiscalizar a observância pelo explorador de mineração das normas ambientais. De todo modo, a expedição de

---

[533] O Decreto nº 97.632/1989, em seu Art. 2º, dispõe que "Para efeito deste Decreto são considerados como degradação os processos resultantes dos danos ao meio ambiente, pelos quais se perdem ou se reduzem algumas de suas propriedades, tais como, a qualidade ou capacidade produtiva dos recursos ambientais".

[534] "Art. 1º Os empreendimentos que se destinam à exploração de recursos minerais deverão, quando da apresentação do Estudo de Impacto Ambiental – EIA e do Relatório do Impacto Ambiental – RIMA, submeter à aprovação do órgão ambiental competente, plano de recuperação de área degradada.
Parágrafo único. Para os empreendimentos já existentes, deverá ser apresentado ao órgão ambiental competente, no prazo máximo de 180 (cento e oitenta) dias, a partir da data de publicação deste Decreto, um plano de recuperação da área degradada.

[535] Art. 3º do Decreto nº 97.632/1989.

[536] A Lei nº 13.575/17 cria, assim, a Agência Nacional de Mineração (ANM), que sucede o extinto DNPM, integrante da Administração Pública federal indireta, submetida ao regime autárquico especial e vinculada ao Ministério de Minas e Energia. A ANM, no exercício de suas competências, observará e implementará as orientações e diretrizes fixadas no Decreto-Lei nº 227/67 (Código de Mineração), em legislação correlata e nas políticas estabelecidas pelo Ministério de Minas e Energia, e terá como finalidade promover a gestão dos recursos minerais da União, bem como a regulação e a fiscalização das atividades para o aproveitamento dos recursos minerais no País, sendo-lhe atribuídas competências no art. 2º da Lei nº 13.575/17. A ANM, outrossim, detém competência para a prática dos atos antes atribuídos ao DNPM (art. 11, §3º), de modo que a ela são transferidos o acervo técnico, documental e patrimonial do DNPM (art. 32). Ademais, a ANM será sucessora das obrigações, dos direitos, das receitas do DNPM, das lides em curso e daquelas ajuizadas posteriormente à entrada em vigor da novel legislação, ficando afastada a legitimidade passiva da União (art. 32, parágrafo único).

títulos minerários e a outorga de concessões de lavra pela ANM não substituem a necessidade de obter licença ambiental por parte do interessado. Difícil de se afastar, igualmente, a responsabilidade da referida autarquia na adoção de medidas de precaução e de prevenção para evitar catástrofes ambientais em barragens que ela tem por obrigação legal fiscalizar, como, aliás, é a tendência consolidada no direito internacional da mineração.[537]

5.4 Princípios constitucionais da educação ambiental e da precaução como norteadores da segurança das barragens

Importante observar, outrossim, que mesmo após a tragédia de Mariana, não se desenvolveu no âmbito do Poder Público e nem na iniciativa privada uma cultura de educação ambiental, aliás, um princípio constitucional a ser observado em todos os níveis de ensino (art. 225, inciso VI). Referido princípio está regulamentado pela Lei nº 9.795/99. Nos termos desta, entende-se por educação ambiental "os processos por meio dos quais o indivíduo e a coletividade constroem valores sociais, conhecimentos, habilidades, atitudes e competências voltadas para a conservação do meio ambiente, bem de uso comum do povo, essencial à sadia qualidade de vida e sua sustentabilidade".

No mesmo sentido o acidente poderia ter sido evitado se tivesse sido observado o princípio constitucional da precaução previsto no art. 225, inc. V, da CF de 1988. É de se observar, no *direito constitucional ambiental*, que o dever do Poder Público e de toda a sociedade em preservar o meio ambiente, a fim de proteger as gerações atuais e futuras, está estritamente ligado à adoção de medidas de precaução contra atos que possam causar o desequilíbrio do meio ambiente que, consequentemente, podem gerar riscos à vida humana. É dever não apenas do Estado, mas das mineradoras, portanto, por atos de precaução positivos, defender e preservar o meio ambiente de empreendimentos lesivos e potencialmente lesivos aos bens naturais que, por força de expressa disposição constitucional, são de uso comum do povo.

No plano infraconstitucional, a Lei nº 6.938/81, que dispõe sobre a "Política Nacional do Meio Ambiente", a que as mineradoras devem

---

[537] Sobre o tema, ver: SOUTHALAN, John. *Mining Law and Policy*: International Perspectives. Sydney: The Federation Press, 2012.

obediência, adotou a seguinte definição de meio ambiente, em seu art. 1º, inc. I: "o conjunto de condições, leis, influências e interações, de ordem física, química e biológica, que permite, abriga e rege a vida em todas as suas formas". A referida legislação ainda definiu o meio ambiente como patrimônio público a ser necessariamente assegurado e protegido, tendo em vista o uso coletivo (art. 2º, inc. I). A Política Nacional do Meio Ambiente está sistematizada no sentido de precaver a sociedade contra possíveis danos, inclusive os decorrentes da atividade minerária, que possam ser causados ao meio ambiente e tem como objetivo a preservação e a recuperação da qualidade ambiental propícia à vida.

Não resta dúvida de que a legislação constitucional e infraconstitucional brasileira adotou o princípio da precaução como instrumento de tutela do meio ambiente acompanhando uma tendência internacional de implementação do princípio e este deve ser aplicado, logicamente, no gerenciamento dos riscos de catástrofes causados pelas barragens.

O STF e o STJ, por sinal, como já demonstrado no Capítulo 3,[538] têm aplicado o princípio constitucional da precaução nos seus julgados ambientais. Estando presentes o risco de dano e a incerteza científica, relacionados à atividade potencialmente danosa, esta deve ser suspensa para a tutela do meio ambiente, inclusive com a inversão do ônus da prova contra o potencial poluidor-degradador. Ademais, quando o princípio da precaução não é aplicado pelo Poder Público e não é observado pelo particular de modo suficiente, presente estará o dever de indenizar se danos forem causados e o nexo de causalidade demonstrado.[539]

E, mais especificamente, no caso de barragens, o egrégio STJ já determinou a realização de obras, com base no princípio da precaução, para se evitar o rompimento destas.[540]

---

[538] Ver tópicos 3.3.1 e 3.3.2.
[539] Ver tópico 3.2.
[540] "ADMINISTRATIVO. PROCESSUAL CIVIL. AÇÃO CIVIL PÚBLICA. LIMINAR CONCEDIDA, EXCEPCIONALMENTE, SEM OITIVA PRÉVIA DA PESSOA JURÍDICA DE DIREITO PÚBLICO. ART. 2º DA LEI 8.437/1992. POSSIBILIDADE. AUSÊNCIA DE PREQUESTIONAMENTO. SÚMULA 282/STF. MATÉRIA FÁTICO-PROBATÓRIA. SÚMULA 7/STJ. 1. Trata-se, na origem, de Ação Civil Pública ajuizada contra o Estado do Piauí e o Instituto de Desenvolvimento do Piauí a fim de compeli-los a realizar obras emergenciais na Barragem de Poços, no município de Itaueira, em razão do risco iminente de ruptura, ocasionado pelas péssimas condições estruturais da obra. 2. O Tribunal local concluiu pela excepcionalidade da situação, apta a autorizar a concessão da tutela de urgência, tendo consignado: "entendo que o iminente risco de rompimento da

É de se grifar que o princípio constitucional da precaução deve sempre estar presente na gestão de riscos necessária nas atividades de mineração, como potente instrumento para se evitar danos humanos, ambientais, sociais e econômicos. Presente o risco de dano e a incerteza científica, deve ser implementado o princípio da precaução, pautado pela melhor e mais moderna tecnologia e pelos recursos financeiros disponíveis.

5.5 Desastre de Brumadinho e a responsabilidade ambiental civil, penal e administrativa

A Constituição Federal, no art. 225, §3º, preconizou a tríplice responsabilidade administrativa, civil e penal por infrações às normas ambientais. O Poder Público e as mineradoras não estão isentos de responsabilização. Pela letra desse dispositivo, as "condutas e atividades consideradas lesivas ao meio ambiente sujeitarão os infratores, pessoas físicas ou jurídicas, a sanções penais e administrativas, independentemente da obrigação de reparar os danos causados". Assim, não há falar em exclusividade de determinada espécie de responsabilidade, sendo que as três esferas são independentes. É dizer, a punição administrativa não afasta a penal, e a aplicação de sanções criminais

---

barragem, o que poderia causar prejuízos e danos irreparáveis a um incontável número de pessoas, autoriza a concessão da liminar em detrimento do formalismo processual, garantindo a efetividade da atividade jurisdicional, e resguardando interesses e a segurança coletivos". Acrescentou que "das provas colacionadas infere-se que a barragem de Poços, localizada no município de Itaueira-PI, se encontrava em péssimas condições de manutenção, e, aproximando-se o período de chuvas, seria possível que a estrutura, diante das avarias constatadas, não suportasse a pressão causada pelo aumento do nível da água represada". 3. O entendimento jurisprudencial do Superior Tribunal de Justiça permite, excepcionalmente, em especial para resguardar bens maiores, a possibilidade de concessão de liminar, sem prévia oitiva da pessoa jurídica de direito público, quando presentes os requisitos legais para a concessão de medida liminar em Ação Civil Pública. Precedentes: AgRg no AREsp 580.269/SE, Rel. Ministro HUMBERTO MARTINS, SEGUNDA TURMA, DJe 17/11/2014; AgRg no REsp 1.372.950/PB, Rel. Min. Humberto Martins, Segunda Turma; AgRg no Ag 1.314.453/RS, Rel. Min. Herman Benjamin, Segunda Turma; REsp 1.018.614/PR, Rel. Min. Eliana Calmon, Segunda Turma; REsp 439.833/SP, Rel. Min. Denise Arruda, Primeira Turma. 4. Não se conhece do Recurso Especial quanto a matéria não especificamente enfrentada pelo Tribunal de origem, dada a ausência de prequestionamento. Incidência, por analogia, da Súmula 282/STF. 5. No que tange à apontada ofensa ao art. 1º, §3º, da Lei 8.437/1992 e 273 do Código de Processo Civil de 1973, a instância de origem decidiu a controvérsia com fundamento no suporte fático-probatório dos autos. Desse modo, verifica-se que a análise da controvérsia demanda o reexame do contexto fático-probatório, o que é inviável no Superior Tribunal de Justiça, ante o óbice da Súmula 7/STJ: "A pretensão de simples reexame de prova não enseja Recurso Especial." 6. Agravo Interno não provido" (AgInt no AREsp nº 958.718/PI, Rel. Ministro Herman Benjamin, Segunda Turma, julgado em 21.02.2017, DJe 18.04.2017).

e administrativas não impede a responsabilidade civil pelos danos ambientais causados, sem prejuízo, ainda, de eventual persecução por ato de improbidade ambiental.[541]

Não é demais fazer algumas considerações sobre o nexo de causalidade, a responsabilidade civil, ambiental e eventuais excludentes de responsabilização.

Para se estabelecer a responsabilização, basta a existência da relação de causa e efeito entre a atividade e o dano. Na visão do STJ, uma vez comprovado o nexo de causalidade entre o evento e o dano, afigura-se descabida a alegação de excludente de responsabilidade.[542] Por isso, já se decidiu, em posição que se guarda reservas, *v.g.*, que é irrelevante "qualquer indagação acerca de caso fortuito ou força maior, assim como sobre a boa ou a má-fé do titular atual do bem imóvel ou móvel em que recaiu a degradação".[543]

Em julgado emblemático sobre o tema, o STJ afirmou que, para o fim de apuração do nexo de causalidade no dano ambiental, "equiparam-se quem faz, quem não faz quando deveria fazer, quem deixa fazer, quem não se importa que façam, quem financia para que façam, e quem se beneficia quando outros fazem".[544] Comprovar o nexo de causalidade na esfera da degradação ambiental, contudo, esbarra no que se convencionou denominar de "dispersão do nexo causal". De acordo com o Ministro Herman Benjamin:

> O dano ambiental, como de resto em outros domínios, pode ser resultado de várias causas concorrentes, simultâneas ou sucessivas, dificilmente tendo uma única e linear fonte. É desafiador relacionar causa e efeito na maioria dos problemas ambientais (efeitos sinergéticos, transporte de poluição a longas distância, efeitos demorados, levando à pulverização da própria idéia de nexo de causalidade). (...) É o império da dispersão do nexo causal, com o dano podendo ser atribuído a uma multiplicidade de causas, fontes e comportamentos, procurando normalmente o degradador lucrar com o fato de terceiro ou mesmo da própria vítima, com isso exonerando-se. Há certas atividades que, tomadas solitariamente, são até bem inocentes, incapazes de causar, per se, prejuízo ambiental. Mas em contato com outros fatores ou

---

[541] STJ, 2ª T., REsp nº 1260923/RS, Rel. Min. Herman Benjamin, j. 15.12.2016, *DJe* 19.04.2017.
[542] STJ, 4ª T., AgRg no AREsp nº 232.494/PR, Rel. Min. Marco Buzzi, j. 20.10.2015, *DJe* 26/10/2015; 4ª T., AgRg no AREsp nº 258.263/PR, Rel. Min. Antonio Carlos Ferreira, j. 12/03/2013, *DJe* 20.03.2013; 4ª T., REsp nº 1346430/PR, Rel. Min. Luis Felipe Salomão, j. 18/10/2012, *DJe* 21.11.2012.
[543] STJ, 2ª T., REsp nº 1644195/SC, Rel. Min. Herman Benjamin, j. 27.04.2017, *DJe* 08.05.2017.
[544] STJ, 2ª T. REsp nº 650.728/SC, Rel. Min. Herman Benjamin, j. 23/10/2007, *DJe* 02.12.2009.

substâncias, esses agentes transformam-se, de imediato, em vilões, por um processo de reação em cadeia (1998, p. 50).[545]

Para o referido e eminente Ministro, a prova do nexo causal no campo ambiental pode ser facilitada de inúmeras maneiras:

Primeiro, com as presunções de causalidade, principalmente levando em conta que, como regra, estamos "na presença de uma atividade perigosa", onde, com maior razão, presume-se iuris tantum o nexo. Segundo, com a inversão mais ampla do ônus da prova, uma vez verificada a multiplicidade de potenciais fontes degradadoras e a situação de fragilidade das vítimas. Terceiro, com a previsão de sistemas inovadores de causalidade, como o da a responsabilidade civil alternativa ou baseada em "parcela de mercado" (market share liability).[546]

Assim, pela doutrina predominante, como consequência mesmo do risco integral, tem-se utilizado a teoria da equivalência das condições ou *conditio sine qua non* para a definição do nexo causal. No ponto, segundo Steigleder, havendo "mais de uma causa provável do dano, todas serão reputadas eficientes para produzi-lo, não se distinguindo entre causa principal e causas secundárias, pelo que a própria existência da atividade é reputada causa do evento lesivo".[547]

Logo, de acordo com a orientação majoritária, em sede de doutrina, não são aplicadas, no campo da responsabilidade civil ambiental, a teoria da causalidade adequada,[548] defendida pelos adeptos da teoria do risco criado,[549] nem a teoria dos riscos diretos e imediatos (também denominada causalidade direta ou imediata),[550] preconizada no art. 403[551] do novo Código Civil.

---

[545] BENJAMIN, Antonio Herman de Vasconcellos e. Responsabilidade civil pelo dano ambiental. *Revista de Direito Ambiental*, v. 9, p. 5-52, jan./mar. 1998, p. 50.
[546] BENJAMIN, Antonio Herman de Vasconcellos e. Responsabilidade civil pelo dano ambiental. *Revista de Direito Ambiental*, v. 9, p. 5-52, jan./mar. 1998, p. 51.
[547] STEIGLEDER, Annelise Monteiro. *Responsabilidade civil ambiental*: as dimensões do dano ambiental no direito brasileiro. Porto Alegre: Livraria do Advogado, 2004, p. 201.
[548] CAVALIERI FILHO, Sérgio. *Programa de responsabilidade civil*. 9. ed. São Paulo: Atlas, 2010, p. 49.
[549] STEIGLEDER, Annelise Monteiro. *Responsabilidade civil ambiental*: as dimensões do dano ambiental no direito brasileiro. Porto Alegre: Livraria do Advogado, 2004, p. 202.
[550] CAVALIERI FILHO, Sérgio. *Programa de responsabilidade civil*. 9. ed. São Paulo: Atlas, 2010, p. 52.
[551] Código Civil, "art. 403. Ainda que a inexecução resulte de dolo do devedor, as perdas e danos só incluem os prejuízos efetivos e os lucros cessantes por efeito dela direto e imediato, sem prejuízo do disposto na lei processual".

Em tempo, não se pode olvidar que o Poder Judiciário já aplicou a responsabilidade objetiva e a teoria do risco integral em caso específico de rompimento de barragens decorrentes de atividades de mineração.[552]

O dano moral, em matéria ambiental, também tem sido reconhecido para compensação das vítimas em casos específicos de rompimentos de barragens administradas por mineradoras.[553]

---

[552] "RESPONSABILIDADE CIVIL POR DANO AMBIENTAL. RECURSO ESPECIAL REPRESENTATIVO DE CONTROVÉRSIA. ART. 543-C DO CPC. DANOS DECORRENTES DO ROMPIMENTO DE BARRAGEM. ACIDENTE AMBIENTAL OCORRIDO, EM JANEIRO DE 2007, NOS MUNICÍPIOS DE MIRAÍ E MURIAÉ, ESTADO DE MINAS GERAIS. TEORIA DO RISCO INTEGRAL. NEXO DE CAUSALIDADE. 1. Para fins do art. 543-C do Código de Processo Civil: a) a responsabilidade por dano ambiental é objetiva, informada pela teoria do risco integral, sendo o nexo de causalidade o fator aglutinante que permite que o risco se integre na unidade do ato, sendo descabida a invocação, pela empresa responsável pelo dano ambiental, de excludentes de responsabilidade civil para afastar sua obrigação de indenizar; b) em decorrência do acidente, a empresa deve recompor os danos materiais e morais causados e c) na fixação da indenização por danos morais, recomendável que o arbitramento seja feito caso a caso e com moderação, proporcionalmente ao grau de culpa, ao nível socioeconômico do autor, e, ainda, ao porte da empresa, orientando-se o juiz pelos critérios sugeridos pela doutrina e jurisprudência, com razoabilidade, valendo-se de sua experiência e bom senso, atento à realidade da vida e às peculiaridades de cada caso, de modo que, de um lado, não haja enriquecimento sem causa de quem recebe a indenização e, de outro, haja efetiva compensação pelos danos morais experimentados por aquele que fora lesado. 2. No caso concreto, recurso especial a que se nega provimento. (REsp nº 1374284/MG, Rel. Ministro Luis Felipe Salomão, Segunda Seção, julgado em 27.08.2014, DJe 05.09.2014)

[553] "PROCESSUAL CIVIL. AGRAVO REGIMENTAL NO AGRAVO EM RECURSO ESPECIAL. RESPONSABILIDADE CIVIL. ROMPIMENTO DE BARRAGEM. NEXO DE CAUSALIDADE. SÚMULA N. 7/STJ. VIOLAÇÃO DO ART. 130 DO CPC. SUFICIÊNCIA DAS PROVAS. REVISÃO. IMPOSSIBILIDADE. 1. O recurso especial não comporta o exame de questões que impliquem revolvimento do contexto fático-probatório dos autos, a teor do que dispõe a Súmula n. 7/STJ. 2. No caso concreto, o Tribunal de origem entendeu pela comprovação do nexo de causalidade entre o rompimento da barragem e os danos sofridos pelo autor, uma vez que: "o real motivo pelos danos ocorridos foi sim o rompimento da barragem da requerida, que caso não tivesse ocorrido, não teria inundado as cidades da região nem causado o aumento do volume de água do Rio Muriaé, provocando com isso danos à população" (e-STJ fl. 403). Destacou, ainda, ser suficiente, como elemento probatório do dano, além do depoimento do autor, o ofício do Corpo de Bombeiros, cujas informações retratam os acontecimentos que geraram os danos narrados na inicial. Ademais, concluiu o acórdão, "a própria apelante já se submetera anteriormente a fazer a reparação dos danos em termo de ajustamento de conduta avençado junto ao Ministério Público (f. 68), ainda em março de 2006, o que indica que a vida útil da barragem já estava comprometida" (e-STJ fl. 404).3. O magistrado é o destinatário da prova, competindo às instâncias ordinárias exercer juízo acerca da suficiência das que foram produzidas, nos termos do art. 130 do CPC. 4. Em hipóteses excepcionais, quando manifestamente evidenciado ser irrisório ou exorbitante o arbitramento de indenização, a jurisprudência desta Corte permite o afastamento do referido óbice, para possibilitar a revisão. 5. No caso concreto, o Tribunal a quo manteve em R$ 8.000,00 (oito mil reais) a indenização fixada pelos danos morais decorrentes dos danos causados à residência do autor pelo rompimento da barragem e consequente derramamento de lama com rejeitos da mineração de bauxita, quantia que não se revela ínfima ou exorbitante. 6. Agravo regimental desprovido.(AgRg no AREsp nº 173.000/MG, Rel. Ministro Antonio Carlos Ferreira, Quarta Turma, julgado em 25.09.2012, DJe 01.10.2012).

A jurisprudência, portanto, é firme no sentido do reconhecimento da responsabilização civil dos particulares e do Poder Público em demandas envolvendo o rompimento de barragens a serviço das atividades de mineração. Em face de não observância do princípio constitucional da precaução, presente igualmente estará o dever de indenizar dos entes públicos e privados responsáveis por atividade de mineração, e até mesmo de sua má fiscalização. Referida atividade é, por si só, geradora de consideráveis e evidentes riscos.

CAPÍTULO 6

O PRINCÍPIO CONSTITUCIONAL DA PRECAUÇÃO E A POLÍTICA NACIONAL DA MUDANÇA DO CLIMA

Nas últimas décadas, tratados internacionais, constituições, legislações infraconstitucionais e políticas públicas têm abordado, com uma perspectiva notadamente precautória, as mudanças climáticas causadas por fatores antrópicos como um grande desafio a ser enfrentando, seja pela necessidade do corte das emissões de gases de efeito estufa nos parâmetros acordados em Paris, no ano de 2015, seja para a adoção imediata de medidas de adaptação e de resiliência com a finalidade de proteger a vida humana e não humana, o meio ambiente, a economia e os bens públicos e privados.

Esse arcabouço normativo, combinado com uma recente doutrina e, especialmente, jurisprudência, relativa ao direito das mudanças climáticas, tem criado direitos e obrigações para governos e entes privados que ultrapassam as fronteiras do Direito Ambiental. A importância dos litígios climáticos, de cunho precautório, aliás, resta estampada, com destaque, no Objetivo 13 da *Agenda 2030* da ONU *para o Desenvolvimento Sustentável,* consubstanciada na necessária "ação climática".

Ação climática, desnecessária maior avaliação, pressupõe como um dos seus principais elementos concretizadores os litígios climáticos nos quais pode ser invocado pelas partes e aplicado pelo Estado Juiz, nas suas decisões, o princípio constitucional da precaução para se evitar desmatamentos, queimadas, construções irregulares em mangues, instalações de fábricas, construções de aeroportos ou de usinas termelétricas, ou seja, com a finalidade de obstar emissões desproporcionais ou ilegais de gases de efeito estufa de todo e qualquer empreendimento ou atividade.[554]

Os impactos gerados pelas ondas de calor e tempestades de grandes dimensões têm atingindo zonas costeiras do Brasil e, relevante grifar, estão aumentando em frequência e intensidade, necessitando a contenção ou minoração dos seus efeitos com a adoção de medidas precautórias. São fenômenos causados pela ação humana, no caso brasileiro, especialmente em virtude do desmatamento e do descontrole da atividade agropecuária, que emprega técnicas rudimentares e ultrapassadas, como as queimadas.

O Brasil, no ano de 2018, liderou o *ranking* mundial do desmatamento de florestas primárias do *Global Forest Watch*, com um equivalente de 1,3 milhões de hectares de florestas colocados a baixo.[555] De acordo com o Instituto Nacional de Pesquisas Espaciais (INPE), por exemplo, houve um aumento de 183% no desmatamento da Amazônia em dezembro de 2019, se comparado o mesmo período em 2018. Entre agosto de 2018 e julho de 2019 foram devastados 9.762 km quadrados de Floresta, o maior número desde a última década.[556]

Em relação às queimadas, o ano de 2019 teve um aumento de 30% nos focos de incêndio na Amazônia se comparado ao ano anterior. Foram precisamente registrados 89.178 focos de incêndio na Floresta, o maior número registrado desde 2017.[557]

Os custos para o governo, para a sociedade e para a iniciativa privada, gerados pelos extremos climáticos e retrocessos ambientais, são significativos e podem chegar a 5 trilhões de reais no ano 2050.[558]

---

[554] Sobre o tema, ver: WEDY, Gabriel: *Litígios climáticos*: de acordo com o direito brasileiro, norte-americano e alemão. Salvador: Juspodivm, 2019.

[555] O GLOBO. Brasil liderou desmatamento de florestas primárias no mundo em 2018. Disponível em: https://g1.globo.com/natureza/noticia/2019/04/25/brasil-liderou-desmatamento-de-florestas-primarias-no-mundo-em-2018-mostra-relatorio.ghtml. Acesso em: 20 jan. 2020.

[556] FOLHA DE SÃO PAULO. Desmatamento na Amazônia cresce 183% em relação ao mesmo mês de 2018. Disponível em: https://www1.folha.uol.com.br/ambiente/2020/01/desmatamento-na-amazonia-cresce-183-em-dezembro-em-relacao-ao-mesmo-mes-de-2018.shtml. Acesso em: 10 jan. 2020.

[557] O GLOBO. Disponível em: https://oglobo.globo.com/sociedade/focos-de-queimadas-na-amazonia-crescem-30-em-2019-1-24176803. Acesso em: 20 jan. 2020.

[558] No pior cenário, o recuo ambiental pode ter impacto financeiro de US$5 trilhões até 2050. É o quadro em que a governança é fragilizada ao extremo, o desmatamento explode e o Brasil tem que comprar créditos de carbono no exterior para cumprir sua parte no esforço global de reduzir emissão de gases-estufa. Este estudo foi assinado por 10 destacados pesquisadores brasileiros e publicado na *Nature Climate Change*, uma das mais renomadas publicações científicas sobre mudança do clima. O trabalho, portanto, estima o custo do retrocesso ambiental. Disponível em: https://www.valor.com.br/brasil/5647915/retrocesso-ambiental-pode-custar-us-5-tri-ao-brasil-

E, globalmente, importante frisar, um milhão de espécies correm o riscos de extinção em virtude do aquecimento global.[559] O Brasil não conseguiu desenvolver instrumentos precautórios para combater as causas e os efeitos do aquecimento global (externalidades negativas). Nesse cenário de incertezas e de riscos, que ampliam-se em virtude do discurso cético e obscurantista assumido pelo governo Bolsonaro em relação a mudanças do clima, é importante que se busque a estabilização climática em níveis que não superem um aumento de 2,0 °C e se aproximem dos 1,5 °C, no ano de 2100, como já acordado no âmbito da COP 21, tendo como marco inicial o período pré-Revolução Industrial (1750). Aliás, o Brasil é signatário desse acordo e não pode abandoná-lo antes de novembro de 2020, *a fortiori*, após a elaboração do livro de regras para o cumprimento do Acordo de Paris na COP 24, realizada em Katowice, no ano de 2018[560] e, tampouco, após o que se definiu em Madrid, na COP 25, ou seja, o adiamento para 2020 do processo de tomada de decisões sobre ações coordenadas dos países signatários contra o aquecimento global.[561]

O governo brasileiro, outrossim, não pode ignorar o relatório sobre o clima da ONU, *Global Warming of 1,5 °C*, que demonstra que o mundo já superou a barreira de 1 grau Celsius de aquecimento em relação aos níveis pré-industriais, e que seres humanos e não humanos estão sofrendo os efeitos negativos das mudanças climáticas. Furacões nos EUA, tufões sem precedentes na Ásia, crises hídricas em grandes metrópoles, secas na Europa e inusitados incêndios nas tundras no Ártico foram registrados nos últimos anos.[562]

---

ate-2050-diz estudo?fbclid=IwAR1Cx9jSMxzW0hyaEEMvW7lEabIu70lX3vmKOGJUOST2XqaPDIyy9USKXjA. Acesso em: 20 jan. 2020. Apenas a título de exemplo comparativo, recente relatório emitido por 13 agências federais norte-americanas constatou que a economia daquele país terá uma diminuição de 10% até o final do século em virtude do aquecimento global (THE NEW YORK TIMES. U.S. Climate report warns of damaged environment and shrinking economy. Disponível em: https://www.nytimes.com/2018/11/23/climate/us-climate-report.html. Acesso em: 10 jan. 2020).

[559] ORGANIZAÇÃO DAS NAÇÕES UNIDAS. Relatório da ONU mostra que 1 milhão de espécies de animais e plantas enfrentam riscos de extinção. Disponível em: https://nacoesunidas.org/relatorio-da-onu-mostra-que-1-milhao-de-especies-de-animais-e-plantas-enfrentam-risco-de-extincao/. Acesso em: 23 jul. 2019.

[560] UNITED NATIONS. *United Nations Climate Change Conference (COP24)*. Disponível em: https://cop24.gov.pl. Acesso em: 20 jan. 2020.

[561] UNITED NATIONS. *United Nations Climate Change Conference (COP25)*. Disponível em: https://unfccc.int/cop25. Acesso em: 20 jan. 2020.

[562] UNITED NATIONS ENVIRONMENTAL PROGRAMME (UNEP). Intergovernmental Panel on Climate Change. Global Warming of 1,5C. Disponível em: http://www.ipcc.ch/report/sr15/. Acesso em: 22 out. 2018.

De acordo com o relatório, a temperatura média da superfície do planeta subiu cerca de 0,6 grau Celsius desde o final do século XIX, existindo 95% de possibilidade de que a atividade humana esteja ligada ao aquecimento global. Essa mudança é causada principalmente pelo aumento do dióxido de carbono (CO_2) e outras emissões produzidas pelo homem na atmosfera. O CO_2, como já referido, é liberado pelo desmatamento e queima de combustíveis fósseis, bem como processos naturais, como respiração e erupções vulcânicas. Outra constatação estarrecedora é que 18 dos 19 anos mais quentes, desde o início das medições das temperaturas, foram registrados no século XXI.[563]

Ao final do ano de 2019, a comunidade científica descobriu dois novos fatos estarrecedores, o primeiro foi que o referido ano foi o segundo mais quente na história das medições de temperaturas (apenas com temperaturas mais baixas do que 2016)[564] e, igualmente, foi o ano em que os Oceanos tiveram as mais altas temperaturas já registradas, sendo a década, igualmente, mais quente desde o início das medições.[565]

Se o aquecimento seguir o ritmo atual, as temperaturas médias mundiais atingirão o patamar de 1,5 grau Celsius entre 2030 e 2052. Para limitar o aquecimento em 2 graus Celsius até 2100 será necessário cortar em 20% as emissões de gases-estufa até 2030, em relação aos níveis de 2010, e zerar as emissões em 2075.[566]

Nesse contexto, foi elaborado o mais completo e inovador relatório realizado sobre litígios climáticos no mundo, divulgado pela *United Nations Environment Programme*, em cooperação com o mais importante Centro de Direito das Mudanças Climáticas em nível mundial, o *Sabin Center for Climate Change Law, da Columbia Law School*, capitaneado pelo professor Michael B. Gerrard, divulgado em maio de 2017, com imensa repercussão entre os operadores do direito. De acordo com

---

[563] UNITED NATIONS ENVIRONMENTAL PROGRAMME (UNEP). Intergovernmental Panel on Climate Change. Global Warming of 1,5C. Disponível em: http://www.ipcc.ch/report/sr15/. Acesso em: 22 out. 2018.

[564] THE NEW YORK TIMES. *2019* Was Second Hottest Year on Record. Disponível em: https://www.nytimes.com/2020/01/08/climate/2019-temperatures.html?fbclid=IwAR3uMQtSA_Zvcf5rq6H7iVuJAGia-7EfMykVSVlArOt4JnwC-iIhtEyI1tM. Acesso em: 20 jan. 2020.

[565] THE NEW YORK TIMES. 2019 Was a Record Year for Ocean Temperatures, Data Show. Disponível em: https://www.nytimes.com/2020/01/13/climate/ocean-temperatures-climate-change.html?fbclid=IwAR2OaKoZM3MlnvrVId8L97_Opd7pxjsKXNAxd8-iWRH6uiUhgR1uo4ASeMg. Acesso em: 20 jan. 2020.

[566] UNITED NATIONS ENVIRONMENTAL PROGRAMME (UNEP). Intergovernmental Panel on Climate Change. Global Warming of 1,5C. Disponível em: http://www.ipcc.ch/report/sr15/. Acesso em: 22 out. 2018.

a detalhada pesquisa, as maiores ocorrências de litígios climáticos estão nos países desenvolvidos no hemisfério norte, na Austrália e na Nova Zelândia.[567] No hemisfério sul, embora autores estejam instaurando litígios climáticos, não existe uma doutrina consistente em nível local, especificamente no Brasil, a fim de servir de referência e que, em especial, sugira a aplicação do princípio constitucional da precaução em sede de litigância climática. Este paradigma, de fato, precisa ser quebrado pela doutrina nacional.

Partindo do direito ambiental nacional, importante não deslembrar, segundo advertem Sarlet e Fensterseifer, que a CF/1988 (art. 225 e art. 5º, §2º), por sua vez, seguindo a influência do direito constitucional comparado e mesmo do direito internacional, sedimentou e positivou, ao longo do seu texto, os alicerces normativos de um constitucionalismo ecológico, atribuindo ao direito ao ambiente o *status* de direito fundamental, em sentido formal e material, orientado pelo princípio da solidariedade.[568]

Dentro dessa moldura constitucional-ambiental, que traz a previsão do princípio da precaução, ainda assim, será preciso governança e transparência na gestão dos recursos que serão alocados pelos fundos verdes ao Brasil para a proteção do clima. O país precisa, por sua vez, superar a cultura da corrupção, do patrimonialismo, do obscurantismo pseudoconservador e da má gestão dos recursos públicos por políticos e burocratas. O Estado e todos os setores da sociedade têm uma grande responsabilidade a assumir. A título de exemplo, a Amazônia é, em parte, brasileira, mas vital para toda a humanidade. O princípio constitucional da precaução, neste cenário, é instituto hábil para protegê-la, assim como a todo o meio ambiente em suas múltiplas acepções.

Existe, neste contexto, com muitas omissões e imperfeições técnicas, a Lei nº 12.187/09, que cria a Política Nacional da Mudança do Clima (PNMC). É preciso implementá-la onde for possível, suprindo suas evidentes lacunas, complementando-a. Os instrumentos reconhecidamente mais eficazes para o combate às mudanças

---

[567] UNITED NATIONS. *The Status of Climate Litigation:* a Global Review, 2017. Disponível em: https://www.unenvironment.org/resources/publication/status-climate-change-litigation-global-review. Acesso em: 01 fev. 2018.

[568] SARLET, Ingo; FENSTERSEIFER, Tiago. *Direito constitucional ambiental*: Constituição, direitos fundamentais e proteção do meio ambiente. São Paulo: Revista dos Tribunais, 2014, p. 50.

climáticas estão longe de ser implementados, mas precisam ainda ser regulamentados, como a tributação do carbono e o *cap-and-trade* (esse último por uma legislação que possa lhe dar concretude).[569]

De acordo com o art. 3º da lei, a PNMC e as ações dela decorrentes, executadas sob a responsabilidade dos entes políticos e dos órgãos da administração pública, observarão os princípios da precaução, da prevenção, da participação cidadã, do desenvolvimento sustentável e o das responsabilidades comuns, porém diferenciadas, este último no âmbito internacional. Quanto às medidas a serem adotadas na execução da PNMC, será considerado o seguinte: I – todos têm o dever de atuar, em benefício das presentes e futuras gerações, para a redução dos impactos decorrentes das interferências antrópicas sobre o sistema climático; II – serão tomadas medidas para prever, evitar ou minimizar as causas identificadas da mudança climática com origem antrópica no território nacional, sobre as quais haja razoável consenso por parte dos meios científicos e técnicos ocupados no estudo dos fenômenos envolvidos; III – as medidas tomadas devem levar em consideração os diferentes contextos socioeconômicos de sua aplicação, distribuir os ônus e encargos decorrentes entre os setores econômicos e as populações e comunidades interessadas de modo equitativo e equilibrado e sopesar as responsabilidades individuais quanto à origem das fontes emissoras e dos efeitos ocasionados sobre o clima; IV – o desenvolvimento sustentável é a condição para enfrentar as alterações climáticas e conciliar o atendimento às necessidades comuns e particulares das populações e comunidades que vivem no território nacional; V – as ações de âmbito nacional para o enfrentamento das alterações climáticas, atuais, presentes e futuras, devem considerar e integrar as ações promovidas no âmbito estadual e municipal por entidades públicas e privadas.

O princípio da precaução, portanto, foi expressamente acolhido pela Lei nº 12.187/2009,[570] que oferece, inclusive, parâmetros

---

[569] Sobre o tema, ver: WEDY, Gabriel. *Sustainable Development and the Brazilian Judge*. New York: Columbia Law School, 2015. Disponível em: https://web.law.columbia.edu/sites/default/files/microsites/climate-change/wedy_-_sustainable_development_and_brazilian_judges.pdf. Acesso em: 20 jan. 2020, p. 18. Neste ponto, aliás, a COP 25 foi uma grande decepção, frustrando uma expectativa mundial, ao não propor e sistematizar o *cap-and-trade* em níveis nacionais, regionais e global.

Sobre o tema, ver: WEDY, Gabriel. *Sustainable Development and the Brazilian Judge*. New York: Columbia Law School.

[570] Sobre as omissões e imperfeições da Lei da Política Nacional da Mudança do Clima brasileira, ver: WEDY, Gabriel. *Climate Change and Sustainable Development in Brazilian Law*.

complementares para sua aplicação, que se extraem da simples leitura do texto do referido artigo. Nitidamente, sob outro prisma, a legislação absorveu o conceito do princípio da precaução dos diplomas internacionais, fato, aliás, que é extremamente positivo.

A legislação, norteada pelo princípio da precaução, está regulamentada pelo Decreto nº 7.390/2010, que dispõe, entre outros pontos importantes, que a linha base de emissões de gases de efeito estufa para 2020 foi estimada em 3,236 GtCO2-eq. Assim, a redução absoluta correspondente ficou estabelecida entre 1,168 Gt-CO2-eq e 1,259 GtCO2-eq, 36,1% e 38,9% de redução de emissões, respectivamente.

O Brasil, no entanto, comprometeu-se, perante a Conferência das Nações Unidas para a Agenda 2030 para o Desenvolvimento Sustentável, realizada em Nova York em setembro de 2015, a apresentar reduções de 37% até 2025 e de 43% até 2030,[571] superando o previsto no decreto. Resta saber, evidentemente, se o país possuirá estrutura, capacidade técnica e seriedade política para cumprir meta tão arrojada. Evidente que essas metas, para que possam ser atingidas, exigem a observância do princípio constitucional da precaução.

Estabelece a Lei nº 12.187, além dos princípios, também os objetivos, as diretrizes e os instrumentos da PNMC (art. 1º). Torna legais conceitos técnicos importantes que fazem parte do direito das mudanças climáticas, como de adaptação, de efeitos adversos da mudança do clima, de emissões, de fonte emissora, de gases de efeito estufa, de impacto, de mitigação, de mudança do clima, de sumidouro e de vulnerabilidade (art. 2º, inc. I, II, III, IV, V, VI, VIII, IX e X). Essas definições técnicas, de extrema utilidade para uma aplicação tecnicamente segura do princípio constitucional da precaução, precisam estar traduzidas de modo claro para o Direito. Esses conceitos devem ser empregados na formulação e na execução das políticas públicas, sempre atentas ao princípio da precaução, e também nas decisões judiciais e administrativas, com a maior segurança e precisão possível. A lei dispõe, entre outros objetivos,

---

New York: Columbia Law School, 2016. Disponível em: https://web.law.columbia.edu/sites/default/files/microsites/climate-change/files/Publications/Collaborations-Visiting-Scholars/wedy_-_cc_sustainable_development_in_brazilian_law.pdf. Acesso em: 20 jan. 2017. Em matéria de mudanças do clima e de regulação, complementam a Política Nacional da Mudança do Clima a Lei nº 12.305/10, que institui a Política Nacional de Resíduos Sólidos (PNRS); a Lei nº 13.123/2015 e o Decreto nº 8.772/2016, que regulamentam a biodiversidade.

[571] THE GUARDIAN. Brazil Pledges to Cut Carbon Emissions 37% by 2025 and 43% by 2030, 2015. Disponível em: www.theguardian.com/environment/2015/sep/28/brazil-pledges-to-cut-carbon-emissions-37-by-2025. Acesso em: 30 out. 2019.

que deve haver compatibilização do desenvolvimento econômico e social com a proteção do sistema climático (art. 4º, inc. I), aí mais uma vez manifestando-se o princípio constitucional da precaução como instrumento de tutela do clima estável e dos direitos fundamentais ameaçados pelos extremos climáticos.

A PNMC estabelece que são diretrizes a serem observadas "todos os compromissos assumidos pelo Brasil na Convenção-Quadro das Nações Unidas sobre Mudança do Clima, no Protocolo de Quioto e nos demais documentos sobre mudanças do clima dos quais o país vier a ser signatário (art. 5º. inc. I)", como no caso da COP 21.[572] É importante que o Brasil, logo que aprovados novos documentos internacionais sobre mudanças do clima, imediatamente, por precaução, adote-os como diretrizes, a fim de não necessitar esperar todo o lento processo de internalização desses diplomas previsto na Constituição. Evidentemente que, mesmo enquanto não internalizados, os Tratados ou as Convenções, para que tenham valor legislativo interno, podem ser adotados na condição de diretrizes das políticas públicas internas brasileiras de combate às mudanças do clima e para a adoção de medidas de resiliência com base jurídica no princípio constitucional da precaução.

No diploma restam eleitos os instrumentos da PNMC, entre as quais o *Plano Nacional sobre Mudança do Clima*, o *Fundo Nacional sobre Mudança do Clima* e, em especial, a avaliação de impactos ambientais sobre o microclima e o macroclima (art. 6º, inc. I ao XVIII), todos com evidente cunho precautório. Entre os instrumentos institucionais para a atuação da Política Nacional de Mudança do Clima estão inclusos o Comitê Interministerial sobre Mudança do Clima, a Comissão Interministerial de Mudança do Clima, a Rede Brasileira de Pesquisas sobre Mudanças Climáticas e a Comissão de Coordenação das Atividades de Meteorologia, Climatologia e Hidrologia que podem fornecer e apurar informações importantes para aplicação do princípio da precaução. Importante medida foi incluir no art. 8º que as instituições financeiras oficiais disponibilizarão linhas de crédito e de financiamento

---

[572] Em 12 de setembro de 2016, o Presidente Michel Temer assinou a ratificação pelo Brasil dos termos do Acordo de Paris (COP21), após aprovação na Câmara dos Deputados e no Senado da República. Cf. BRASIL. Palácio da República. Temer ratifica Acordo de Paris, que estabelece metas para a redução de gases de efeito estufa. Portal Planalto, Brasília, DF, 12 set. 2016. Disponível em: http://www2.planalto. gov.br/acompanhe-planalto/noticias/2016/09/temer-ratifica-acordo-de-paris-que-estabelece-metas-para-a-reducao-de-gases-de-efeito-estufa. Acesso em: 13 set. 2017.

específicas para desenvolver ações e atividades que atendam aos objetivos da lei e, concomitantemente, estejam voltadas à indução da conduta dos agentes privados à observância e à execução da PNMC no âmbito de suas ações e responsabilidades sociais sempre atentas ante incertezas científicas e riscos de danos. Observa-se que a legislação oferece mecanismos de financiamento e crédito, também por precaução, para a produção de energia limpa.[573]

Princípios, objetivos, diretrizes, instrumentos das políticas públicas e programas governamentais deverão ser compatibilizados com os princípios (em especial com o princípio da precaução), os objetivos, as diretrizes e os instrumentos da *Política Nacional sobre Mudança do Clima*. Resta previsto na lei que decreto do Poder Executivo estabelecerá, em consonância com a *Política Nacional sobre Mudança do Clima*, os planos setoriais de mitigação e de adaptação às mudanças climáticas, visando à consolidação de uma economia de baixo consumo de carbono, na geração e distribuição de energia elétrica, no transporte público urbano e nos sistemas modais de transporte interestadual de cargas e passageiros, na indústria de transformação e na de bens de consumo duráveis, nas indústrias químicas, fina e de base, na indústria de papel e celulose, na mineração, na indústria da construção civil, nos serviços de saúde e na agropecuária),[574] com vistas a atender metas gradativas de redução de emissões antrópicas quantificáveis e verificáveis, considerando as especificidades de cada setor, inclusive por meio do *Mecanismo de Desenvolvimento Limpo* (MDL) e das *Ações de Mitigação Nacionalmente Apropriadas* (NAMAs) (art. 11, parágrafo único).

O sistema processual brasileiro, por sua vez, recepcionado e posteriormente construído sob a égide da Constituição Federal de 1988, possui vasto arcabouço instrumental para a tutela jurisdicional do clima e dos seres humanos e não humanos afetados pelo aquecimento global. Grifa-se o problema da falta de um Código de Processo Civil Coletivo,[575]

---

[573] Quanto a exemplos e sugestões de modelos mais abrangentes de financiamento e crédito para a produção de energia renovável que bem poderiam servir para o Brasil, ver: RUSCUS, Stephen; EDENS, Geraldine; GRAY, Peter. Government Purchasing of Efficient Products and Renewable Energy. *In*: GERRARD, Michael. *The Law of Clean Energy*: Efficiency and Renewables. New York: American Bar Association, 2011, p. 117-138.

[574] Sobre a regulação na agropecuária e a necessária conservação energética na era das mudanças climáticas, ver: REDICK, Thomas; ENDRESS, Bryan. Conservation of Energy in Agriculture and Forestry. *In*: GERRARD, Michael. *The Law of Clean Energy*: Efficiency and Renewables. New York: American Bar Association, 2011, p. 263-276.

[575] Gidi defende a necessária adoção de um Código de Processo Civil Coletivo para a tutela dos direitos metaindividuais. Ver: GIDI, Antônio. *Rumo a um código de processo coletivo*. Rio de Janeiro: GZ, 2008.

que tem sido superado, em parte, pela construção jurisprudencial em matéria ambiental.

São instrumentos processuais, nos quais pode ser invocado o princípio constitucional da precaução para a defesa de um clima estável, para a tutela dos direitos fundamentais dos seres humanos afetados por eventos climáticos extremos e para a tutela dos demais seres: a ação popular climática; a ação civil pública climática; a ação direta de inconstitucionalidade climática, de lei ou ato normativo; o mandado de segurança coletivo climático; o mandado de injunção climático; a ação declaratória de constitucionalidade climática; e a ação de arguição de descumprimento de preceito fundamental climático. Todas essas ações climáticas podem ser manejadas, com a invocação do princípio constitucional da precaução, para a tutela desses bens, valores e direitos fundamentais, de certo modo, como tem reconhecido a jurisprudência dos Tribunais Superiores para outros temas de Direito Ambiental. Sendo o clima elemento ambiental vital, por consequência, pode ser tutelado, em termos amplos, pelas ações ambientais, hoje de cunho climático-precautório, previstas em nosso ordenamento jurídico.[576]

---

[576] Sobre o tema, ver: WEDY, Gabriel. *Litígios climáticos*: de acordo com o direito brasileiro, norte-americano e alemão. Salvador: Juspodivm, 2019. E, igualmente, sobre litígios climáticos no Brasil, ver: WEDY, Gabriel. *Climate Legislation and Litigation in Brazil*. New York: Columbia Law School (Sabin Center for Climate Change Law), 2017. Disponível em: http://columbiaclimatelaw.com/files/2017/10/Wedy-2017-10-Climate-Legislation-and-Litigation-in-Brazil.pdf. Acesso em: 20 jan. 2020. Relevante consultar sobre litigância climática, também: SETZER, Joana; CUNHA, Kamyla; BOTTER, Amália. *Litigância climática*: novas fronteiras para o direito ambiental no Brasil. São Paulo: Revista dos Tribunais, 2019.

CONCLUSÃO

Ao final da presente obra, sem a pretensão de esgotar-se o debate acerca do tema, pode se chegar a determinadas conclusões. O princípio constitucional da precaução é um instrumento de tutela efetiva da saúde pública e do meio ambiente e como princípio deve ser observado no direito brasileiro pelo Estado em suas funções legislativa, executiva e judiciária, estando os particulares, pessoas físicas e jurídicas, também vinculados à sua observância.

O princípio da precaução teve o seu nascedouro no final da década de 60 na Suécia, com a Lei de Proteção Ambiental, e na República Federal Alemã, no início dos anos 70 (século XX), já denominado *Vorsorgeprinzip*. A sua evolução legislativa culminou com a sua definição mais aceita atualmente, que é a exposta pelo princípio 15, constante na Conferência sobre o Meio Ambiente e o Desenvolvimento, realizada no Rio de Janeiro, a chamada Rio 92.[577]

A conceituação do princípio da precaução deve levar em consideração os seus elementos: risco de dano, incerteza científica e inversão do ônus da prova. Assim, ele deve ser aplicado quando houver um risco de dano à saúde pública ou ao meio ambiente. Não basta apenas o risco de dano, este deve ser somado a uma incerteza científica constatada.

---

[577] Com o fim de proteger o meio ambiente, o princípio da precaução deve ser amplamente observado pelos Estados, de acordo com suas capacidades. Quando houver ameaça de danos graves ou irreversíveis, a ausência de certeza científica absoluta não será utilizada como razão para o adiamento de medidas economicamente viáveis para prevenir a degradação ambiental (UNITED NATIONS. *Report of the United Nations Conference on Environment and Development*. Annex 1: Rio Declaration on Environment and Development. Rio de Janeiro: 1992. Disponível em: http://www.un.org/documents/ga/conf151/aconfl5126-1 annex1.htm. Acesso em: 2 mar. 2006).

A inversão do ônus da prova compõe o princípio como elemento, pois sem ela o princípio fica inviabilizado na prática, porque, em uma sociedade de riscos, o proponente da atividade potencialmente danosa é quem geralmente possui melhores informações acerca desta, e a coletividade, ante a ausência de informações, fica impossibilitada de demonstrar a presença do risco de dano e da própria incerteza científica.

O conceito do princípio da precaução não pode ser dissociado da análise do custo-benefício entre a adoção da medida e os benefícios agregados a ela. O Brasil, aliás, é um dos únicos países do mundo que carece de um procedimento de análise do custo-benefício regulamentado seja por lei, seja por ato administrativo. No mesmo sentido, o proponente da atividade deve recorrer à melhor tecnologia disponível para evitar os riscos de danos à saúde pública e ao meio ambiente.

O princípio da precaução não se confunde com o princípio da prevenção, pois o princípio da precaução possui como elemento constitutivo a incerteza científica, e o princípio da prevenção, em oposição, a certeza científica. Ambos, contudo, visam a afastar o dano em sentido lato. O princípio da precaução, porém, visa a afastar o risco de dano, e o princípio da prevenção, o dano propriamente dito. Essa distinção possui efeitos práticos, pois, quando o aplicador do princípio estiver diante de uma incerteza científica, deverá abordar o caso sob uma ótica de precaução, e quando estiver diante de uma certeza científica deverá abordar o caso sob o pálio da prevenção.

As críticas ao princípio da precaução, principalmente as formuladas por Sunstein, em *Laws of Fear* e *Worst-Case Scenarios*, são procedentes e necessárias quando entendidas como uma espécie de alerta para que, quando da análise do princípio, não se ignore a relação custo-benefício da medida e não se proceda de modo dissociado de um juízo de avaliação da probabilidade e da dimensão dos danos. Todavia as propostas de Sunstein de criação de versões do princípio da precaução, como um princípio anticatástrofe ou um *Catastrophic Harm Precautionary Principle*, nada mais são do que uma forma de restrição à implementação do princípio da precaução que não satisfazem, porque a adoção dessas propostas não leva em consideração que as catástrofes, principalmente ambientais, acontecem quase instantaneamente, sendo impossível avaliar precisamente a dimensão do risco de dano e a sua extensão. O ideal é adotar a máxima do princípio da precaução "é melhor prevenir do que remediar" (*better safe than sorry*), pois um pequeno risco de dano pode se transformar em poucos minutos em uma catástrofe, como foi exemplificado no caso do furacão Katrina.

A investigação da causalidade natural demonstra que a ciência hoje não está baseada em certezas absolutas e, portanto, a causalidade natural está vinculada a juízos de mera probabilidade. Essas meras probabilidades a serem consideradas estão sempre presentes nos elementos do princípio da precaução, em especial, no risco de dano e na incerteza científica. A análise das teorias do nexo causal, de grande valia quando o princípio da precaução não for aplicado na medida de evitar o risco de dano, aponta a teoria da causalidade alternativa como a que melhor responde aos anseios de uma dinâmica sociedade de riscos e que proporciona uma reparação mais efetiva aos danos causados à saúde pública e ao meio ambiente.

O princípio da precaução deve ser aplicado, como instrumento de tutela do meio ambiente e da saúde pública, sempre com a observância do princípio da proporcionalidade e dos seus vetores da vedação de excesso e de inoperância. A ponderação de valores deve ser realizada quando, na aplicação do princípio, estiverem em conflito bens constitucionalmente protegidos. A tutela do meio ambiente e da saúde pública não pode ser levada ao extremo a ponto de anular bens e valores constitucionalmente relevantes, como a propriedade privada, a livre iniciativa e o desenvolvimento econômico.

No caso de aplicação por parte do Estado do princípio da precaução, de forma excessiva ou inoperante, causando danos à saúde pública, ao meio ambiente ou a particulares, ele deve ser responsabilizado pelos prejuízos causados. A responsabilização do Estado deve ser analisada pelo prisma da responsabilidade objetiva, como previsto no art. 37, §6º, da Constituição Federal de 1988, porque a teoria da responsabilidade objetiva responde mais satisfatoriamente a uma sociedade que está constantemente gerenciando riscos de danos.

O Poder Judiciário brasileiro está aplicando o princípio da precaução como instrumento de tutela do meio ambiente e da saúde pública e tem identificado com precisão os seus elementos: incerteza científica, risco de dano e inversão do ônus da prova. A atuação do Poder Judiciário tem evitado uma série de danos à saúde pública e ao meio ambiente mediante a aplicação do princípio da precaução, valendo-se, especialmente, do elemento da inversão do ônus da prova. Por outro lado, o Estado-Juiz deve policiar-se, a todo o momento, para aplicar o princípio da precaução de forma proporcional e não violar os vetores da vedação do excesso e de inoperância, sob pena de paralisar empreendimentos privados e públicos relevantes, assim como impedir descobertas científicas benéficas à humanidade.

O princípio da precaução é reconhecido no Mercosul pela doutrina mercosulina e por sua aplicação pelo Tribunal *ad hoc* e pelo Tribunal Permanente em laudos arbitrais. No âmbito do Mercosul, o desafio da implementação do princípio da precaução, como instrumento de tutela da saúde pública e do meio ambiente, que precisa ser enfrentado é, justamente, a sua compatibilização com o livre comércio. Para que isso ocorra, é necessária a observância do princípio da proporcionalidade de forma concomitante com o diálogo das fontes legislativas que afetam o direito interno dos países-membros, sem descurar as normas, regras e princípios de direito internacional. O princípio da precaução deve ser aplicado não como uma forma de protecionismo disfarçado, o que acarretaria um desvio de finalidade, mas, exclusivamente, com o fim de tutelar a saúde pública e o meio ambiente.

Após as catástrofes ambientais ocorridas em *Mariana e Brumadinho*, com imensas e negativas consequências ambientais, sociais, econômicas e humanas, parece certo que o Brasil possui em seu sistema jurídico normas suficientes para a responsabilização dos culpados administrativa e penalmente e, também, para a reparação dos danos materiais e morais sofridos pelas vítimas, além da reparação do meio ambiente *in natura* e do pagamento de indenização para repará-lo, como um direito fundamental de terceira geração ou de novíssima dimensão, a ser preservado no interesse das presentes e das futuras gerações.

É de se grifar, no entanto, a necessidade de observância da Lei nº 12.334/2010 e a concretização de uma moderna e eficiente Política Nacional de Segurança de Barragens pautada pelo princípio constitucional da precaução. Do mesmo modo, relevante é educar ambientalmente entes públicos, privados e a sociedade como um todo sobre os riscos de catástrofes e as ameaças decorrentes da gestão de barragens, sem prejuízo do fortalecimento e da estruturação da Agência Nacional de Mineração, como já regulamentado, aliás, pela Lei nº 12.315/2017.

Mas isso não basta, o país precisa estar articulado com a 3ª Conferência Mundial das Nações Unidas sobre a Redução do Risco de Catástrofes, que adotou o Quadro de Sendai 2015-2030, articulado em torno de quatro prioridades, a saber: a) aprofundar o conhecimento sobre o risco de catástrofes; b) fortalecer a componente de gestão do risco de catástrofes; c) investir na componente de redução do risco de catástrofes para uma melhor resiliência; e d) reforçar a componente de preparação para uma resposta efetiva.

O Estado Socioambiental de Direito, nas suas três funções, precisa integrar o sistema jurídico pátrio de modo efetivo e não retórico, observado o princípio constitucional da precaução e essas quatro prioridades construídas no âmbito do *Gabinete das Nações Unidas para a Redução dos Riscos de Desastres*.

O princípio constitucional da precaução, outrossim, pode e deve ser aplicado no âmbito dos litígios climáticos para evitar emissões de gases de efeito estufa desproporcionais que emanam de fontes poluentes, desmatamentos, queimadas, entre outras. Igualmente, pode ser aplicado para a implementação de medidas protetivas do direito à vida em sentido amplo (de seres humanos e não humanos), à propriedade (privada e pública), à saúde pública e para a concretização de medidas de adaptação e de resiliência. A aplicação do princípio pelo tomador de decisões deve observar, tecnicamente, a existência do risco de dano e da incerteza científica com a necessária determinação, evidentemente, da inversão do ônus da prova no contencioso climático em face de sua complexidade.

A importância do princípio constitucional da precaução, na tutela da saúde pública e do meio ambiente, está justamente no fato de que a humanidade jamais poderá relegá-lo ao esquecimento, tendo em vista que as constantes do desenvolvimento econômico,[578] dos avanços tecnológicos e das pesquisas científicas, em especial no campo da saúde pública, oferecem riscos de danos que necessitam ser gerenciados pela aplicação proporcional e responsável do princípio da precaução.

---

[578] No Fórum Econômico Mundial, realizado em Davos, em janeiro de 2020, foi manifestada forte preocupação com a realidade das mudanças climáticas ficando estabelecido que a economia mundial deve desenvolver-se de modo sustentável, tendo como matriz as energias renováveis. Referido entendimento é salutar, pois de acordo com o *Global Risks Report 2020*, em 2018, os desastres naturais causaram um prejuízo global de US$165 bilhões de dólares. WORLD ECONOMIC FORUM. *Global Risks Report 2020*. Disponível em: http://reports.weforum.org/global-risks-report-2020/chapter-one-risks-landscape/. Acesso em: 06 fev. 2020.

À GUISA DE POSFÁCIO: O DEVER FUNDAMENTAL DE PRECAUÇÃO

A Constituição do Brasil faz uma autêntica explicitação das promessas da modernidade. Tudo aquilo que a modernidade prometeu parece ter sido absorvido pelo legislador constituinte. Mais do que isso, a Constituição aceitou o vaticínio da Revolução Francesa: *liberté, égalité, fraternité*. Liberdade, igualdade e fraternidade.

Com efeito. Se examinarmos a história que "inicia" no final do século XVIII, temos um interessante modo de compreender os direitos que hoje chamamos de quarta dimensão. O legado da liberdade é a primeira promessa revolucionária. É o que podemos chamar de direitos de primeira dimensão. O indivíduo não dividido que precisa se impor frente aos abusos do absolutismo.

Todavia, o transcurso do século XIX mostrou que a liberdade não pode ser vivida sem um mínimo de igualdade. Era preciso um direito de segunda dimensão. É o século das lutas sociais, como o oito por oito por oito. Trabalhava-se dezesseis ou mais horas por dia. Condições de trabalho sub-humanas. E tempos de escravidão em muitos países. A burguesia encontrava a sua antítese.

A busca pela igualdade acabou por gerar movimentos revolucionários. A revolução socialista levou a igualdade ao patamar que sufocou a liberdade. Era, então, necessário um modo de fazer conviver a igualdade com (um mínimo de) liberdade. Um ajuste de valor que pudesse tornar coerentes, uma com a outra, as melhores noções de liberdade e igualdade.

As duas grandes guerras mostraram o fracasso do direito e dos direitos. Genocídio, Holocausto. O mundo reivindicou um direito pós-bélico. *Auschwitz* nunca mais, eis o lema que gerou um novo tipo de direito: o constitucionalismo pós-Segunda Guerra, com cláusulas pétreas e um novo patamar: a Constituição passou a ser norma jurídica. O direito passava a ser transformador. Não mais meramente regulador, como no século XIX; tampouco apenas promovedor de políticas de *welfare state*. Sim, o caráter transformador da realidade.

Eis aí a terceira "fase" da Revolução Francesa: a fraternidade, que só se dá quando cuidamos dos direitos de terceira e quarta dimensões. Para além da liberdade e igualdade, o mundo passou a querer fraternidade, com o cuidado (precaução) de termos condições de legar para as gerações futuras um mundo melhor, habitável.

Esse tipo de direito é transcendente. Na Constituição do Brasil de 1988 passou a constar que somos uma República que visa a erradicar a pobreza, fazer justiça social, reduzir a desigualdade regional. Tudo isso sem mencionar os direitos e garantias fundamentais-individuais do artigo 5º. Nos direitos sociais (6º e 7º), colocamos um lugar especial para essa transcendência: o cuidado, a precaução com o meio ambiente.

A Constituição foi pioneira nesse sentido. Eis o berço, eis o modo como floresceu o que hoje se denomina de "princípio da precaução". É um legado. É uma determinação. É uma norma cogente. É, afinal, princípio. Princípio autêntico: um princípio de moralidade política consagrado e ajustado institucionalmente. Um princípio, pois, moral e *jurídico*.

É nesse contexto que se enquadra o belo livro de Gabriel Wedy, ao qual tenho a honra de "encostar" este posfácio. Ele diz, já na introdução, que, nesta era de mudanças climáticas em que o mundo, em face das metas estipuladas em Paris, pretende limitar as emissões de gases de efeito estufa, o princípio da precaução desempenha um importante papel no combate ao aquecimento global e as suas já conhecidas consequências. No âmbito doméstico, a Política Nacional da Mudança do Clima (PNMC), instituída pela Lei nº 12.187/2009, elencou como seu princípio norteador, de modo expresso, o princípio da precaução que pode e deve, sem dúvida alguma, ser aplicado em decisões judiciais nos chamados litígios climáticos, como será defendido na obra em capítulo específico.

Perfeito. A precaução é como o cuidado, a *Sorge* de que fala Heidegger. Devemos nos preocupar com esses direitos de quarta dimensão, como o direito a um meio ambiente saudável. Temos o direito fundamental de as futuras gerações poderem respirar, beber água potável e não sofrer com o aquecimento global, perigo que já está em nosso horizonte cotidiano.

Devemos nos preocupar. Preocupar significa uma pré-ocupação com um problema. Se não nos pré-ocupamos, com certeza não nos preocuparemos com essa problemática do meio ambiente. *Sorge* também é traduzido como cura. Algo que vem sendo filtrado, curado, separando o joio do trigo.

Essa é a tarefa do jurista pré-ocupado e preocupado com o futuro. Precaver. Precaução. No fundo, temos de estabelecer ou fazer uma pré-caução. Caucionar o direito futuro. Garantir que ele existirá. Preocuparmo-nos no sentido de que não seja destruído. O papel do jurista, enfim: justamente o de separar o joio do trigo. Porque essa é a insistência do jurista autêntico, que contraria toda uma inautêntica tradição segundo a qual *não importa à teoria separar joio e trigo*. Importa, sob pena de joio virar trigo.

O encontro de Davos, de 2020, já mostra que sem o cuidado, a *Sorge* com o meio ambiente, não haverá futuro para o comércio internacional entre países. Governos que não se preocupam com o meio ambiente não terão facilidades no âmbito das transações comerciais internacionais. Que fiquem com o argumento econômico, pois, aqueles para quem nem a tradução de *Sorge* ao português parece fazer sentido.

Eis o caráter cogente da precaução. Por isso, ele passa a ser elemento filtrante de todo o processo de interpretação do arcabouço jurídico pátrio. Não fosse a legislação internacional apontando para isso, nossa Constituição determina os cuidados que devemos ter. Por isso, podemos falar, hoje, de uma filtragem hermenêutico-precaucional. Qualquer norma do sistema deve passar por esse banho de imersão. Os sentidos das leis e atos normativos devem receber esses *inputs* do dever fundamental de precaução. Porque é princípio, autêntico, moral, jurídico. E o princípio é o que sustenta a regra. Não há regra jurídica que faça sentido, moral ou institucional, sem um *standard* deontológico que lhe dê sustentação. O direito é mais do que aquilo que uma fonte social diz que é. É condição de possibilidade para que a fonte social possa dizer qualquer coisa.

Eis a importância de um livro como o de Gabriel Wedy. Assim como no direito criminal construiu-se o garantismo, pelo qual só é legítima uma lei que passe pelo filtro da Constituição, no direito ambiental passamos a ter uma espécie de visão garantística do meio ambiente a partir do dever de precaução.

Nesse sentido, o livro de Gabriel cumpre a função de doutrinar. A doutrina doutrina. Todo escrito jurídico tem de ter a pretensão normativa. Prescrever – eis a função doutrinária. Mais do que isso, nestes tempos de desdém para com as questões climáticas e (meio) ambientais, é necessário criarmos constrangimentos epistemológicos para fazer valer a Constituição e os tratados internacionais que tratam da matéria. O jurista alemão Bernd Rüthers escreveu um livro chamado *Die unbegrenzte Auslegung* – uma interpretação não constrangida, nome bem sugestivo para mostrar o perigo de a doutrina não estabelecer limites aos tribunais e à aplicação do direito na cotidianidade.

Vejamos o título do livro de Rüthers: *Die unbegrenzte Auslegung*. *Grenzte* é fronteira, cerca, limite. *Und* é o contrário, é ausência. *Begrenzte* é "limitado", "cercado". *Auslegung* é interpretação. Assim, a falta de críticas, a leniência da doutrina naquele momento histórico da Alemanha fez com que se tivesse uma interpretação sem constrangimentos, sem limites. Por isso o alerta de Rüthers sobre interpretações não constrangidas, não limitadas, não questionadas.

Esse fenômeno é facilmente perceptível no Brasil, em que a doutrina, dia a dia, mostra-se cada vez mais caudatária de decisões tribunalícias. Faltam limites à interpretação que os juízes, membros do Ministério, fazem. Faltam constrangimentos à própria atividade do legislador e do Poder Executivo.

Esse problema é agravado pelo fato de a própria doutrina não criticar a doutrina que não constrange. É rara a doutrina que constranja a própria doutrina. A falta de constrangimento, nesses diversos âmbitos, fez crescer o arbítrio e provocou o esvaziamento do caráter normativo da Constituição. *Unbegrenzte Auslegung* – eis a perfeita definição de Rüthers para o que acontece hoje na dogmática jurídica brasileira. Onde faltam limites, o poder se expande. E vai eliminando os focos de resistência, que estão exatamente no âmbito do direito. Nesse exato sentido é que construí, no meu *Dicionário de Hermenêutica*, o verbete *Constrangimento Epistemológico*. Para mostrar o papel que deve ter a doutrina e a academia. O papel que bem cumpre Gabriel Wedy.

Aqui é possível fazer essa relação entre o dever de precaução e o seu uso na interpretação-aplicação do direito. Devemos cuidar disso.

Devemos nos precaver. Devemos ter essa pré-ocupação. Nenhuma norma jurídica será constitucional se não passar pelo esse filtro do dever de precaução. Pré-ocupemo-nos. Por uma questão de princípio.

Escrito na Dacha de São José do Herval,
em mais um escaldante verão que parece ser
um *outdoor* do aquecimento global,
protegido e acarinhado pela generosa brisa
que só a montanha pode proporcionar.

Lenio Luiz Streck
Jurista. Pós-doutor em Direito.
Professor no Programa de Pós-Graduação
em Direito na Universidade
do Vale do Rio dos Sinos (Unisinos).

REFERÊNCIAS

A PAPER settlement. *The Economist*, 22 abr. 2010. Disponível em: http://www.economist.com/node/15977211. Acesso em: 20 jan. 2017.

ACPO – Associação de Combate aos Poluentes. *Os fundamentos do princípio da precaução*. Disponível em: http://www.acpo.org.br/princ_precaucao.htm. Acesso em: 20 fev. 2008.

ADLER, Matthew. *Well-Being and Fair Distribution*: Beyond Cost-Benefit Analysis. Oxford: Oxford University Press, 2012.

ADLER, Matthew; POSNER, Eric. *New Foundations of Cost-Benefit Analysis*. Cambridge: Harvard University Press, 2006.

ANTUNES, Paulo de Bessa. *Direito ambiental*. 18 ed. São Paulo: Atlas, 2016.

ALBUQUERQUE, Fabíola Santos. O meio ambiente como objeto de direito no Mercosul. *Revista de Informação Legislativa*, Brasília, ano 37, n. 148, out./dez. 2000.

ALEXY, Robert. *Teoria da Argumentação Jurídica*. Tradução Zilda Hutchinson Silva. São Paulo: Landy, 2001.

ALEXY, Robert. *Teoria de Los Derechos Fundamentales*. Madrid: Centro de Estúdios Constitucionales, 1997.

ALVES, Wagner Antônio. *Princípios da precaução e da prevenção no direito ambiental brasileiro*. São Paulo: Juarez Oliveira, 2005.

ANDRADE, José Carlos Vieira de. *Os direitos fundamentais na Constituição portuguesa de 1976*. Coimbra: Almedina, 1987.

ARISTOTLE. *Politics*. Oxford: Oxford Classic Texts, 1988.

ATHIAS, Jorge Alex Nunes. Responsabilidade civil e meio-ambiente: breve panorama do direito brasileiro. *In*: BENJAMIN, Antônio Herman V. (Coord.). *Dano ambiental*: prevenção, reparação e repressão. São Paulo: Revista dos Tribunais, 1993.

AURVALLE, Luís Alberto D'Azevedo. Importação de pneus usados e remoldados. *Revista de Direito Ambiental*, São Paulo, n. 41, p. 156-166, 2006.

ÁVILA, Humberto. *Teoria dos princípios*: da definição à aplicação dos princípios jurídicos. 5. ed. rev. e ampl. São Paulo: Malheiros, 2006.

BANDEIRA DE MELLO, Celso Antônio. *Conteúdo jurídico do princípio da igualdade*. 3. ed. São Paulo: Malheiros, 1995.

BARROS, Suzana de Toledo. *O princípio da proporcionalidade e o controle da constitucionalidade das leis restritivas de direitos fundamentais.* 2. ed. Brasília: Brasília Jurídica, 2000.

BARTON, Charmian. The Status of the Precautionary Principle in Australia: its Emergence in Legislation and as a Common Law Doctrine. *HERL,* v. 22, p. 509-550, 1998.

BASEL ACTION NETWORK. Disponível em: http://www.ban.org/Library/bamako_treaty.html. Acesso em: 5 set. 2006.

BASTOS, Celso Ribeiro. *Curso de direito constitucional.* São Paulo: Celso Bastos, 2007.

BEARDSWORTH, Alan; KEIL, Teresa. *Sociology on the Menu:* an Invitation to the Study of Food and Society. Londres: Routledge, 1997.

BECK, Ulrich. *La Sociedad del Riesgo:* Hacia una Nueva Modernidad. Barcelona: Surcos, 2006.

BECK, Ulrich. *Risk Society:* Towards a New Modernity. London: Sage, 1997.

BELTRÁN DE FELIPE, Miguel. *Originalismo e Interpretacion.* Dworkin vs. Bork: una polémica constitucional. Madrid: Civitas, 1989.

BENJAMIN, Antônio Herman. Responsabilidade civil pelo dano ambiental. *Revista de Direito Ambiental,* São Paulo, ano 3, v. 9, p. 5-52, jan./mar. 1998.

BETTI, Emilio. *Teoria Generale della Interpretazione.* Milano: Giuffrè, 1997.

BEURIER J. P.; NOIVILLE, C. *La Convention sur les Droits de la Mer et la Diversité Biologique.* Hommages à C. de Klemm. Estrasburgo: Conselho da Europa, 2001.

BITTAR, Eduardo. Hans-Georg Gadamer: a experiência hermenêutica e a experiência jurídica. *In:* BOUCAULT, Carlos de Abreu; RODRIGUEZ, José Rodrigo. *Hermenêutica plural.* São Paulo: Martins Fontes, 2005.

BONAVIDES, Paulo. *Curso de direito constitucional.* 15. ed. São Paulo: Malheiros, 2004.

BORK, Robert. *The Tempting of America:* the Political Seduction of the Law. New York: Touchstone, 1991.

BRASIL. Ministério da Saúde. Portal da Saúde. Disponível em: http://www.saude.gov.br. Acesso em: 7 jan. 2008.

BRASIL. Ministério do Meio Ambiente. *Biodiversidade.* Disponível em: http://www.mma.gov.br/biodiversidade/doc/cdbport.pdf. Acesso em: 5 jun. 2006.

BRASIL. Palácio da República. Temer ratifica Acordo de Paris, que estabelece metas para a redução de gases de efeito estufa. Portal Planalto, Brasília, DF, 12 set. 2016. Disponível em: http://www2.planalto.gov.br/acompanhe-planalto/noticias/2016/09/temer-ratifica-acordo-de-paris-que-estabelece-metas-para-a-reducao-de-gases-de-efeito-estufa. Acesso em: 13 set. 2017.

BUECHELE, Paulo Arminio Tavares. *O princípio da proporcionalidade e a interpretação da Constituição.* Rio de Janeiro: Renovar, 1999.

CAFFERATTA, Néstor. *Introducción al Derecho Ambiental*. México: Instituto Nacional de Ecologia, 2004.

CAFFERATTA, Néstor. Princípio Precautório em el Derecho argentino y brasileño. *Revista de Derecho Ambiental*, Buenos Aires, n. 5, p. 68-97, jan./mar. 2006.

CAFFERATTA, Néstor; GOLDENBERG, Isidoro. *Daño Ambiental*: Problemática de su Determinanción Causal. Buenos Aires: Abeledo-Perrot, 2003.

CAHALI, Yussef Said. *Responsabilidade Civil do Estado*. 2. ed. rev., atual. e ampl. São Paulo: Malheiros, 1995.

CANARIS, Claus-Wilhelm. *Pensamento sistemático e conceito de sistema na ciência do direito*. 3. ed. Tradução A. Menezes Cordeiro. Lisboa: Fundação Calouste Guilbenkian, 2002.

CANOTILHO, José Joaquim Gomes. A esponsabilidade por danos ambientais: aproximação jurpublicística. *In*: AMARAL, Diogo Freitas do (Coord.). *Direito do ambiente*. Oeiras: Instituto de Administração, 1994.

CANOTILHO, José Joaquim Gomes. *Direito constitucional e teoria da Constituição*. Coimbra: Almedina, 1997.

CARVALHO, Délton. *Desastres ambientais e sua regulação jurídica*. São Paulo: Revista dos Tribunais, 2015.

CASABONA, Carlos Maria Romeo. Contribuições do princípio da precaução ao direito penal. *Revista de Estudos Criminais*, ano 2, n. 5, p. 37-60, 2002.

CAVALIERI FILHO, Sérgio. *Programa de responsabilidade civil*. 2. ed. rev., ampl. e atual. São Paulo: Malheiros, 2001.

CEZAR, Frederico Gonçalves; ABRANTES, Paulo César Coelho. Princípio da precaução: considerações epistemológicas sobre o princípio e sua relação com o processo de análise de risco. *Cadernos de Ciência e Tecnologia*, v. 20, n. 2, p. 225-262, maio/ago. 2003.

CHRISTIE, Edward. The Eternal Triangle: the Biodiversity Convention, Endangered Species Legislation and the Precautinary Principle. *Environmental Planning and Law Journal*, p. 470, Dec. 1993.

CNBC. Shares of Vale Plunge After a Company Owned Dam Breaks. Disponível em: https://www.cnbc.com/2019/01/25/shares-of-vale-plunge-after-a-company-owned-dam-breaks.html. Acesso em: 20/1/2020.

COLLMAN, James. *Naturally Dangerous*: surprising facts about food, health and environmental. Sausalito: University Science Book, 2001.

CRANOR, Carl. Asymmetric Information, the Precautionary Principle, and Burdens of Proof. *In*: RAFFENSPERGER, Carolyn; TICKNER, Joel. *Protecting Public Health and the Environment*: Implementing the Precautionary Principle. Washington: Island Press, 1999.

CROSS, Frank. Paradoxical Perils of the Precautionary Principle. *Washington and Lee Law Review*, n. 851, p. 851-863, 1996.

CRUZ, Gisela Sampaio da. *O problema do nexo causal na responsabilidade civil*. Rio de Janeiro: Renovar, 2005.

DALLARI, Sueli Gandolfi; VENTURA, Deysy de Freitas Lima. O princípio da precaução. Dever do Estado ou protecionismo disfarçado? *São Paulo em Perspectiva*, v. 16, n. 2, p. 53-63, jun. 2002.

DARNAS DE CLÉMENT, Zlata. El Diferendo de las Celulósicas de Fray Bentos a la Ley del Derecho Internacional. *Revista de Derecho Ambiental*, Buenos Aires, n. 6, 2006.

DAVID, René. *Les grands Systèmes de Droit Contemporains*. Paris: Dalloz, 1964.

DAVIDSON, Donald. *Causal Relations*: Essays on Actions and Events. Oxford: Clarendon Press, 1980.

DI PIETRO, Maria Sylvia Zanella. *Direito administrativo*. 13. ed. São Paulo: Atlas, 2001.

DIAS, Aguiar. *Da responsabilidade civil*. 11. ed. rev., atual. de acordo com o Código Civil de 2002, e ampl. por Rui Berford Dias. Rio de Janeiro: Renovar, 2006.

DOUMA, Wybe. The Beef Hormone Dispute: Does WTO Law Preclude Precautionary Health Standards? *In:* HEERE, Wyho P. (Org.). *International Law ant the Hague's 75th anniversary*. The Hague: [s.n.], 1999.

DUGUIT, Leon. *Traité de droit costitutionnel*. Paris: Ancienne Libraire Fonemoing e Cie Éditeurs, 1928. v. 2.

DURNIL, Gordon K. How Much Information do We Need Before Exercising Precaution? *In:* RAFFENSPERGER, Carolyn; TICKNER, Joel (Org.). *Protecting Public Health and the Environment*: Implementing the Precautionary Principle. Washington: Island Press, 1999.

DWORKIN, Ronald. *Taking Rights Seriously*. London: Gerald Duckworth, 1977.

DWORKIN, Ronald. *Justice in Robes*. Cambridge: Harvard University Press, 2006.

EURLEX. 1999/800/CE: *Decisão do Conselho, de 22 de outubro de 1999, relativa à conclusão do protocolo respeitante às áreas especialmente protegidas e à diversidade biológica no Mediterrâneo, bem como à aceitação dos anexos do referido protocolo* (Convenção de Barcelona). Disponível em: http://www.eurlex.europa.eu/LexUriServ/LexUriServ.do?uri=CELEX:31999D0800:PT:NOT. Acesso em: 20 fev. 2008.

EWALD, François. Philosophie de la Précaution. *L'Année sociologique*, Paris, v. 46, n. 2, p. 402, 1996.

FACCIANO, Luiz A. La Agricultura Transgénica y las Regulaciones sobre Bioseguridad en la Argentina y en el Orden internacional. Protocolo de Cartagena de 2000. *In:* ENCUENTRO DE COLÉGIOS DE ABOGADOS SOBRE TEMAS DE DERECHO AGRÁRIO, III. Rosário: Instituto de Derecho Agrário del Colégio de Abogados de Rosário, 2000.

FARBER, Daniel. Disaster Law and Inequality. *Law and Inequality*, Minneapolis, v. 25, n. 2, p. 297-322, 2007.

FERRAZ, Sérgio. Direito ecológico, perspectivas e sugestões. *Revista da Consultoria-Geral do Estado do Rio Grande do Sul*, Porto Alegre, v. 2, n. 4, p. 43-52, 1972.

FIORILLO, Celso Antônio Pacheco. *Curso de direito ambiental brasileiro*. 7. ed. atual. e ampl. São Paulo: Saraiva, 2006.

FISCHER, Hans Albercht Fischer. *Reparação de danos no direito civil*. Tradução Antônio de Arruda Ferrer Correa. São Paulo: Saraiva, 1938.

FOLHA DE SÃO PAULO. Desmatamento na Amazônia cresce 183% em relação ao mesmo mês de 2018. Disponível em: https://www1.folha.uol.com.br/ambiente/2020/01/desmatamento-na-amazonia-cresce-183-em-dezembro-em-relacao-ao-mesmo-mes-de-2018.shtml. Acesso em: 10 jan. 2020.

FORRESTER, Viviane. *L'Horreur Économique*. Paris: Libraire Arthème Fayard, 1996.

FREESTONE, D.; MAKUCH, Z. The New International Environmental Law of Fisheries: The 1995 United Nations Straddling Stocks Agreement. *Yearbook of International Environmental Law*, v. 7, p. 30, 1996.

FREITAS, Juarez. *A interpretação sistemática do direito*. 3. ed. São Paulo: Malheiros, 2004.

FREITAS, Juarez. *Discricionariedade administrativa e o direito fundamental à boa administração pública*. São Paulo: Malheiros, 2007.

FREITAS, Juarez. *Estudos de direito administrativo*. 2. ed. São Paulo: Malheiros, 1997.

FREITAS, Juarez. Hermenêutica jurídica e a ciência do cérebro: como lidar com automatismos mentais. *Revista da Ajuris*, Porto Alegre, v. 40, n. 130, p. 223-244, jun. 2013.

FREITAS, Juarez. O intérprete e o poder de dar vida à Constituição: preceitos de exegese constitucional. *Revista do Tribunal de Contas de Minas Gerais*, v. 35, n. 2, p. 50-80, abr./jun. 2000.

FREITAS, Juarez. Princípio da precaução: vedação de excesso e de inoperância. *Revista Interesse Público*, Sapucaia do Sul, ano VII, n. 35, 2006.

FREITAS, Vladimir Passos de. *A Constituição Federal e a efetividade das normas ambientais*. 3. ed. rev., atual. e ampl. São Paulo: Revista dos Tribunais, 2005.

FREITAS, Vladimir Passos de. Matas ciliares. *In:* FREITAS, Vladimir Passos de (Org.). *Direito ambiental em evolução*. Curitiba: Juruá, 2000. v. 2.

FREITAS, Vladimir Passos de. Mercosul e meio ambiente. *In:* FREITAS, Vladimir Passos de (Org.). *Direito ambiental em evolução*. Curitiba: Juruá, 2002. v. 3.

FUNDAÇÃO GAIA. *Princípio de precaução*: uma maneira sensata de proteger a saúde pública e o meio-ambiente. Disponível em: http://www.fgaia.org.br/texts/t-precau.html. Acesso em: 20 fev. 2008.

GALBRAITH, John Kenneth. *The Good Society*. New York: Houghton Mifflin Company, 1996.

GALIA, Susana Sbrogio. *Mutações constitucionais e direitos fundamentais*. Porto Alegre: Livraria do Advogado, 2007.

GERRARD, Michael; FREEMAN, Jody (Ed.). *Global Climate Change and U.S Law*. New York: American Bar Association, 2014.

GERRARD, Michael. *The Law of Clean Energy*: Efficiency and Renewables. New York: American Bar Association, 2011.

GIDI, Antônio. *Rumo a um código de processo coletivo*. Rio de Janeiro: GZ, 2008.

GIDDENS, Anthony. Risk and Responsability. *The Modern Law Review*, Oxford, p. 3, 1999.

GILLAND, Tony. Precaution. GM Crops and Farmland Birds. In: MORRIS, Julian. *Rething Risk and the Precautionary Principle*. Oxford: Butterworth-Heinemann, 2000.

GIRAUD, Catherine. Le Droit et le Príncipe de Précaution: Leçons d'Australie. *Revue juridique de l'environnemen*, n. 1, p. 15-16, 1997.

GOMES, Carla Amado. Dar o duvidoso pelo (in)certo? In: JORNADA LUSO-BRASILEIRA DE DIREITO DO AMBIENTE, 1. *Anais*... Lisboa, 2002.

GORE, Albert. *An Inconvenient Truth*. Emmaus: Rodale Books, 2006.

GRAU, Eros Roberto. *O direito e o direito pressuposto*. 2. ed. São Paulo: Malheiros, 1998.

GROS, Manuel; DENARBE, Davis. Chronique Administrative. *Revue du Droit Public*, Tome cent six-huit, n. 3, p. 821-845, maio/jun. 2002.

GUASTINI, Riccardo *Distinguendo*: Studi di Teoria e Metateoria del Diritto. Torino: Giappichelli, 1992.

GUASTINI, Riccardo. *Dalle Fonti alle Norme*. Torino: Giappichelli, 1992.

HABERMAS, Jurgen. *Truth and Justification*. Boston: The Massachusetts Institute of Technology Press, 2003.

HAMMERSCHIMIDT, Denise. O risco na sociedade contemporânea e o princípio da precaução no direito ambiental. *Revista de Direito Ambiental*, v. 31, ano 8, p. 147-160, jul./set. 2004.

HARRMOËS, Poul; KRAUSS, Martin Krayer Von. MTBE in Petrol as a Substitute for Lead. In: HARRMOËS, Poul et al. *The Precautionary Principle in the 20th Century*: Late Lessons from Early Warnings. London: Earthscan Publications, 2002.

HART, Herbert; HONORÉ, Tony. *Causation in the Law*. 2. ed. Oxford: Clarendon, 1985.

HEY, Elen. The Precautionary Concept in Environmental Policy and Law: Institutionalizing Caution. *Georgetown International Enmviromental Law Review*, Washington, n. 4, p. 303-12, 1992.

HOLANDA, Aurélio Buarque de. *Novo Dicionário Aurélio de Língua Portuguesa*. 2. ed. rev. e ampl. Rio de Janeiro: Nova Fronteira, 1986.

HONORÉ, Tony. Causation and Remoteness of Damage. *International Encyclopedia of Comparative Law*. Oxford: The Hague, 1971. v. XI.

HONORÉ, Tony. Necessary and Sufficient Conditions in Tort Law. *Philosophical Foundations of Tort Law Review*, Oxford, v. 73, p. 323-410, 1985.

HOONG, Ng Kwan. *Radiation, Móbile Phones, Base Stations and Your Health*. Malásia: Comissão de Comunicações e Multimídia da Malásia, 2003.

HUTTON, Will; GIDDENS, Anthony. *Global Capitalism*. New York: The New Press, 2001.

IRIBAREN, Federico J. La Inclusión del Principio Precautório en la Ley General del Ambiente. *Revista de Derecho Ambiental*, Buenos Aires, p. 87-97, n. 1, jan./mar. 2005.

JUKOVSKY, Vera Lúcia Rocha Souza. Estado, ambiente e danos ecológicos: Brasil e Portugal. *Revista de Direito Ambiental*, São Paulo, ano 3, v. 11, p. 93-151, jul./set. 1998.

KELSEN, Hans. *Pure Theory of Law*. Berkeley and Los Angeles: University of California Press, 1967.

KELSEN, Hans. *What is Justice?* Berkeley and Los Angeles: University of California Press, 1957.

KELSEN, Hans. *General Theory of Law and State*. Cambridge: The President and Fellows of Harvard College, 1945.

KISS, Alexandre. Os direitos e interesses das gerações futuras e o princípio da precaução. In: PLATIAU, Ana Flávia Barros; VARELLA, Marcelo Dias (Orgs.). *Princípio da precaução*. Belo Horizonte: Del Rey, 2004.

KOURILSKY, Philippe; VINEY, Geneviève. *Le Príncipe de Précaution*: Rapport au Premier Ministre. La Documentation Française. Paris: Odile Jacob, 1999.

LAFER, Celso. Argentina, Uruguai e as "papeleras". *O Estado de São Paulo*, São Paulo, 20 ago. 2008. Disponível em: http://www.estado.com.br/editorias/2006/08/20/opi-1_93.29.20060820.1.1.xml. Acesso em: 20 fev. 2008.

LAMBERTI, Alicia Morales. Campos Electromagnéticos, Poder de Polícia Ambiental y Princípio Precautório en la Reciente Doctrina Judicial de la Província de Córdoba. *Revista de Derecho Ambiental*, p. 108-28, jul./sept. 2007.

LARENZ, Karl. *Metodologia da ciência do direito*. 4. ed. Introdução e tradução José Lamego. Lisboa: Fundação Calouste Gulbenkian, 2005.

LEINER, Fritz. *Les Principles Généraux du Droit Administratif Allemand*. Paris: Dalagrave, 1933.

LEITE, José Rubens Morato. *Dano ambiental*: do individual ao coletivo extrapatrimonial. 2. ed. rev., atual e ampl. São Paulo: Revista dos Tribunais, 2003.

LIMA, Ruy Cirne. *Princípios de direito administrativo*. São Paulo: Revista dos Tribunais, 1987.

LOPERENA ROTA, Demetrio. *Los Principios del Derecho Ambiental*. Madrid: Civitas, 1998.

LUHMANN, Niklas. *Por uma teoria dos sistemas*. Dialética e liberdade. Petrópolis: Vozes/ UFGRS, 1993.

LUHMANN, Niklas. *Risk*: a Sociological Theory. Berlin: Suhrkamp, 1993.

LUHMANN, Niklas. *Sociologia do direito II*. Tradução Gustavo Bayer. Rio de Janeiro: Tempo Brasileiro, 1985.

LYRA, Marcos Mendes. Dano ambiental. *Revista de Direito Ambiental*, São Paulo, ano 2, v. 8, p. 49-83, out./dez. 1997.

MACHADO, Paulo Afonso Leme. *Direito ambiental brasileiro*. 13. ed. São Paulo: Malheiros, 2005.

MACHADO, Paulo Afonso Leme. *Direito ambiental brasileiro*. 8. ed. rev., atual. e ampl. São Paulo: Malheiros, 2006.

MACHADO, Paulo Afonso Leme. O princípio da precaução e a avaliação dos riscos. *Revista dos Tribunais*, São Paulo, v. 856, p. 37-50, fev. 2007.

MACHADO, Paulo Afonso Leme. O princípio da precaução e o direito ambiental. *Revista de Direitos Difusos*, São Paulo, v. 8, p. 1092, ago. 2001.

MACINTYRE, Owen; MOSEDALE, Thomas. The Precautionary Principle as a Norm of Customary International Law. *Journal of Environmental Law*, n. 9, v. 2, p. 221, 1997.

MALONE, Linda. *Environmental Law*. 4. ed. New York: Wolters Kluwer, 2014.

MANCUSO, Rodolfo de Camargo. *Ação civil pública*. São Paulo: Revista dos Tribunais, 1989.

MANDEL, Gregory N.; GATI, James Thuo. Cost-Benefit Analysis vs. The Precautionary principle: Beyond Cass Sunstein's Laws of Fear. *University of Illinois Law Review*, Illinois, v. 5, p. 1037-1079, 2006.

MAQUIAVEL, Nicolau. *O príncipe*: escritos políticos. Tradução Lívio Xavier. 3. ed. São Paulo: Abril Cultural, 1983.

MARCHISIO, Sérgio. Gli atti di Rio nel diritto internazionale. *Rivista di Diritto Internazionale*, Milano, n. 3, p. 581-621, 1992.

MARGOULIS, Howard. *Dealing with Risk*. Chicago: Chicago University Press, 1996.

MARQUES, Cláudia Lima *et al*. *Comentários ao Código de Defesa do Consumidor*. 2. ed. São Paulo: Revista dos Tribunais, 2006.

MARTINS, Paula Lígia. Direito ambiental brasileiro, direito ambiental internacional e direito de integração. *In*: CASELLA, Paulo Borba (Coord.). *Mercosul*: integração regional e globalização. Rio de Janeiro: Renovar, 2000.

MASI, Domenico di. *Il Futuro del Lavoro*: Fatica e Ozio Nella Societá Postindustriale. Milão: RCS Libri S.p.A, 1999.

MAZZILI, Hugo Nigro. *Interesses difusos em juízo*. 6. ed. rev., ampl. e atual. São Paulo: Revista dos Tribunais, 1994.

MCHUGHEIN, Alan. *Pandora's Picnic Basket*: the Potential and Hazards of Genetically Modified Foods. New York: Oxford University Press, 2000.

MENDES, Gilmar Ferreira. *Direitos fundamentais e controle de constitucionalidade*. 2. ed. São Paulo: Celso Bastos, 1999.

MILARÉ, Edis. *Direito do ambiente*. 4. ed. rev. e ampl. São Paulo: Revista dos Tribunais, 2005.

MILARÉ, Edis. *Direito do ambiente*. São Paulo: Revista dos Tribunais, 2000.

MILARÉ, Edis; SETZER, Joana. Aplicação do princípio da precaução em áreas de incerteza científica: exposição a campos eletromagnéticos gerados por estação de rádio base. *Revista de Direito Ambiental*, São Paulo, ano 11, v. 41, p. 6-25, jan./mar. 2006.

MIRANDA, Jorge. *Manual de direito constitucional*. 3. ed. rev. e atual. Coimbra: Coimbra, 2000. v. 4.

MOLINARO, Carlos Alberto. *Direito ambiental*: proibição de retrocesso. Porto Alegre: Livraria do Advogado, 2007.

MOROSINI, Fábio; MARQUES, Cláudia Lima. *Trade and Environment*: in Re-Trade Practices Maintained by Brazil in Relation to Imports of Retired Tires. p. 504. Disponível em: http://www.planetaverde.org/modules/piCal/teses2006/pos_graduados2.pdf. Acesso em: 2 jan. 2008.

MORRIS, Julian. Defining the Precautionary Principle. *In:* MORRIS, Julian. *Rethinking Risk and the Precautionary Principle*. Oxford: Butterworth-Heinemann, 2000.

MOTA, Maurício. Princípio da precaução no direito ambiental: uma construção a partir da razoabilidade e da proporcionalidade. *Revista de Direito do Estado*, n. 4, ano 1, p. 245-276, out./dez. 2006.

MUKAI, Toshio. *Direito ambiental sistematizado*. 4. ed. Rio de Janeiro: Forense Universitária, 2002.

MUSIL, Robert K. Arsenic on Tap. *In:* The *New York. Times*, p. A18, Apr. 24, 2001.

MYERS, Norman. Biodiversity and the Precautionary Principle. *Ambio Revue*, n. 2-3, v. 22, 1993.

NERY JÚNIOR, Nelson; NERY, Rosa Maria B. B. de Andrade. Responsabilidade civil, meio ambiente e ação coletiva ambiental. *In:* BENJAMIN, Antônio Herman V. (Coord.) *Dano ambiental*: prevenção, reparação e repressão. São Paulo: Revista dos Tribunais, 1993.

NOGUEIRA, Ana Carolina Casagrande. O conteúdo do princípio da precaução, no direito ambiental brasileiro. *In:* CONGRESSO INTERNACIONAL DE DIREITO AMBIENTAL, 6. *Anais*... São Paulo: IMESP, 2002.

NORONHA, Fernando. O nexo de causalidade na responsabilidade civil. *Revista da Escola Superior da Magistratura de Santa Catarina*, v. 15, p. 125-147, jun. 2003.

ORGANIZATION MONDIALE DE LA SANTE. *Recueil International de Législation Sanitaire*, v. 45, n. 1, 1994. Disponível em: http://www.ec.europa.eu/environment/docum/20001_fr.htm. Acesso em: 20 fev. 2008.

ORGANIZATION MONDIALE DE LA SANTE. *Recueil International de Législation Sanitaire*, v. 44, n. 1, 1993. Disponível em: http://www.ec.europa.eu/environment/docum/20001_fr.htm. Acesso em: 20 fev. 2008.

ORGANIZAÇÃO DAS NAÇÕES UNIDAS. Relatório da ONU mostra que 1 milhão de espécies de animais e plantas enfrentam riscos de extinção. Disponível em: https://nacoesunidas.org/relatorio-da-onu-mostra-que-1-milhao-de-especies-de-animais-e-plantas-enfrentam-risco-de-extincao/. Acesso em:23.07.2019.

OST, François. *Le Temps du Droit*. Paris: Odile Jacob, 1999.

O GLOBO. Brasil liderou desmatamento de florestas primárias no mundo em 2018. Disponível em: https://g1.globo.com/natureza/noticia/2019/04/25/brasil-liderou-desmatamento-de-florestas-primarias-no-mundo-em-2018-mostra-relatorio.ghtml. Acesso em: 20 jan. 2020.

PALMER, Richard E. *Hermenêutica*. Tradução Maria Luísa Ribeiro Ferreira. Lisboa: Edições 70, 1986.

PANEBIANCO, Massimo. Teoria da integração latino-americana no século XIX. *In:* LANDIN, José Francisco Paes (Coord.). *Direito e integração*. Brasília: Universidade de Brasília, 1981.

PASQUALINI, Alexandre. Hermenêutica: uma crença intersubjetiva na busca da melhor leitura possível. *In:* BOUCAULT, Carlos de Abreu; RODRIGUEZ, José Rodrigo. *Hermenêutica plural*. São Paulo: Martins Fontes, 2005.

PERALES, Carlos de Miguel. *La responsabilidad civil por daños al medio ambiente*. 2. ed. Madrid: Civitas, 1997.

PEREIRA, Caio Mário da Silva. *Instituições do direito civil*. 8. ed. Rio de Janeiro: Forense, 2001. v. 1

PEREIRA, Caio Mário da Silva. *Responsabilidade civil*. 8. ed. Rio de Janeiro: Forense, 1998.

PEREIRA, Jane Reis Gonçalves. *Interpretação constitucional e direitos fundamentais*: uma contribuição ao estudo das restrições aos direitos fundamentais na perspectiva da teoria dos princípios. Rio de Janeiro: Renovar, 2006.

PESSOA, Leonel Cesarino. A teoria da interpretação jurídica de Emílio Betti: dos métodos interpretativos à teoria hermenêutica. *Revista Trimestral de Direito Civil*, Rio de Janeiro, v. 6, abr./jun. 2001.

POLLAN, Michael. The year in ideas: A to Z. *New York Times*, Nova York, dez. 2001.

PONTES, Helenilson Cunha. *O princípio da proporcionalidade e o direito tributário*. São Paulo: Dialética, 2000.

PORTO, Mário Moacyr. Pluralidade de causas do dano e redução de indenização: força maior e dano ao meio ambiente. *Revista dos Tribunais*, São Paulo, v. 638, p. 7-9, dez. 1988.

POSNER, Richard. *Catastrophe: Risk and Response*. New York: Oxford Universtity Press, 2005.

PRIEUR, Michel. A política nuclear francesa: aspectos jurídicos. *In:* SEMINÁRIO INTERNACIONAL: O DIREITO AMBIENTAL E OS REJEITOS RADIOATIVOS, 2002. *Anais...* Brasília: Escola Superior do Ministério Público da União, 2002.

PRIEUR, Michel. Mondialisation et droit de l'environnement, publié dans "Le droit saisi par la mondialisation". *In:* MORAND, C. A. (Org.). *Colletion de droit international*. Bruxelles: De l'Université de Bruxelles, Helbing & Lichtenhahn, 2001.

PRIGOGINE, Ilya. *The End of Certainty*. New York: Free Press, 1997.

RAFFENSPERGER, Carolyn; TICKNER, Joel (Org.). *Protecting Public Health and the Environment*: Implementing the Precautionary Principle. Washington: Island Press, 1999.

RAWLS, John. *A Theory of Justice*. Cambridge: Harvard University Press, 1981.

REALE, Giovanni; ANTISERI, Dario. Hans Georg Gadamer e a teoria da hermenêutica. *In*: ANTISERI, Dario. *História da filosofia*. São Paulo: Paulus, 2004. v. 6.

REALE, Miguel. *Filosofia do direito*. 8. ed. São Paulo: Saraiva, 1978. v. 2.

RIOS, Aurélio Virgílio Veiga. O Mercosul, os agrotóxicos e o princípio da precaução. *Revista de Direito Ambiental*, São Paulo, n. 28, ano 7, p. 40-57, out./dez. 2002.

ROCHA, João Carlos de Oliveira. *Os organismos geneticamente modificados e a proteção constitucional do meio ambiente*. Dissertação (Mestrado em Direito) – Faculdade de Direito, Pontifícia Universidade Católica do Rio Grande do Sul, 2007.

ROCHA, Maria Isabel de Matos. Reparação de danos ambientais. *Revista de Direito Ambiental*, São Paulo, ano 5, v. 19, p. 129-156, jul./set. 2000.

RODRIGUEIRO, Daniela. *Dano moral ambiental*: sua defesa em juízo, em busca de vida digna e saudável. São Paulo: Juarez de Oliveira, 2004.

RUSCUS, Stephen; EDENS, Geraldine; GRAY, Peter. Government Purchasing of Efficient Products and Renewable Energy. *In*: GERRARD, Michael. *The Law of Clean Energy*: Efficiency and Renewables. New York: American Bar Association, 2011. p. 117-138.

SADELEER, Nicolas de. O estatuto do princípio da precaução no direito internacional. *In*: PLATIAU, Ana Flávia Barros; VARELLA, Marcelo Dias (Org.). *Princípio da precaução*. Belo Horizonte: Del Rey, 2004.

SALSAY, Daniel. *Las Plantas de Celulosa en el Rio Uruguai*. Buenos Aires: Comitê Farn, 2006.

SANCHÈS, Luiz Henrique. É urgente gerenciar melhor riscos das barragens de rejeitos inativas. *Jornal da USP*. https://jornal.usp.br/artigos/e-urgente-gerenciar-melhor-riscos-das-barragens-de-rejeitos-inativas. Acesso em: 21 jan. 2020.

SAMUEL, Katja L. H.; ARONSON-STORRIER, Marie; BOOKMILLER, Kirsten Nakjavani. *The Cambridge Handbook of Disaster Risk Reduction and International Law*. Cambridge University Press, 2019.

SANDEL, Michael. *What's Money Can't Buy?* The moral limits of market. New York: Farrar, Straus and Giroux, 2012.

SANDS, Philippe. O princípio da precaução. *In*: PLATIAU, Ana Flávia Barros; VARELLA, Marcelo Dias (Org.). *Princípio da precaução*. Belo Horizonte: Del Rey, 2004.

SANDS, Philippe. The Precautionary Principle: a European Perspective. *Transnational Environmental Law*, The Hague, Boston/London, p. 129-134, 1999.

SANTILLO, David; JOHNSTON, Paul; STRINGER, Ruth. The Precautionary Principle in Practice: a Mandate for Anticipatory Preventive Action. *In*: RAFFENSPERGER, Carolyn; TICKNER, Joel. *Protecting Public Health and the Environment*: Implementing the Precautionary Principle. Washington: Island Press, 1999.

SANTOS, Rodrigo Valga dos. Nexo causal e excludentes da responsabilidade extracontratual do Estado. *In:* FREITAS, Juarez (Org.). *Responsabilidade civil do Estado*. São Paulo: Malheiros, 2006.

SARLET, Ingo Wolfgang. *A eficácia dos direitos fundamentais*. 2. ed. rev. e atual. Porto Alegre: Livraria do Advogado, 2001.

SARLET, Ingo Wolfgang. *A eficácia dos direitos fundamentais*. 7. ed. rev., atual. e ampl. Porto Alegre: Livraria do Advogado, 2007.

SARLET, Ingo Wolfgang. Constituição e proporcionalidade: o direito penal e os direitos fundamentais entre proibição de excesso e de insuficiência. *Revista da Ajuris*, Porto Alegre, v. 32, n. 98, p. 105-149, jun. 2005.

SARLET, Ingo; FENSTERSEIFER, Tiago. *Direito constitucional ambiental*: Constituição, direitos fundamentais e proteção do meio ambiente. São Paulo: Revista dos Tribunais, 2014.

SCALIA, Antonin. *A Matter of Interpretation*. Princeton: Princeton University Press, 1997.

SCALIA, Antonin. Originalism: the Lesser Evil. *University of Cincinnati Law Review*, v. 57, n. 849, p. 856-857, 1989.

SCHIFFMAN, Howard. The Southern Bluefin Tuna Case: ITLOS Hears its First Fishery Dispute. *J. Int'l. Wildlife L. and Pol'y*, n. 3, p. 318, 1999.

SCHOPENHAUER, Arthur. *Como vencer um debate sem precisar ter razão*: em 38 estratagemas (Dialética Erística): introdução, notas e comentários de Olavo de Carvalho. Rio de Janeiro: Topbooks, 2003.

SETZER, Joana; CUNHA, Kamyla; BOTTER, Amália. *Litigância climática*: novas fronteiras para o direito ambiental no Brasil. São Paulo: Revista dos Tribunais, 2019.

SEVERO, Sérgio. *Os danos extrapatrimoniais*. São Paulo: Saraiva, 1996.

SHIVA, Vandana. O mundo no limite. *In:* HUTTON, Will; GIDDENS, Anthony. *No limite da racionalidade*: convivendo com o capitalismo global. Tradução Maria Beatriz de Medina. Rio de Janeiro: Record, 2004.

SILVA, José Afonso da. *Direito ambiental constitucional*. 2. ed. rev. São Paulo: Malheiros, 1995.

SILVA, Luís Virgílio Afonso da. O proporcional e o razoável. *Revista dos Tribunais*, São Paulo, v. 91, n. 798, abr. 2002.

SILVA, Solange Teles da. Princípio da precaução: uma nova postura em face dos riscos e incertezas científicas. *In:* PLATIAU, Ana Flávia Barros; VARELLA, Marcelo Dias (Org.). *Princípio da precaução*. Belo Horizonte: Del Rey, 2004.

SILVEIRA, Paulo Antônio Caliendo Velloso da. Responsabilidade civil da administração pública por dano ambiental. *Revista da Ajuris*, v. 150, p. 162-185, 2001.

SIRVINSKAS, Luís Paulo. *Manual de direito ambiental*. 4. ed. rev. e ampl. São Paulo: Saraiva, 2006.

SLOVIC, Paul. *Perception of Risk*. London: Earthscan, 2000.

SNOW, Tony. End the Phony "Asbestos Panic". *USA Today*, 11A, Sept. 13, 1993.

STEIGLEDER, Annelise Monteiro. *Responsabilidade civil ambiental*: as dimensões do dano ambiental no direito brasileiro. Porto Alegre: Livraria do Advogado, 2004.

STEIN, Paul. Are Decision-Makers too cautious with the Precautionary Principle? *Environmental and Planing Law Journal*, p. 3-6, 2000/2.

STEINMETZ, Wilson Antônio. *Colisão de direitos fundamentais e princípio da proporcionalidade*. Porto Alegre: Livraria do Advogado, 2001.

STOCCO, Rui. *Responsabilidade civil e sua interpretação jurisprudencial*. 4. ed. rev., atual. e ampl. São Paulo: Revista dos Tribunais, 1999.

STOCCO, Rui. *Tratado de responsabilidade civil*. 6. ed. rev., atual. e ampl. São Paulo: Revista dos Tribunais, 2004.

STRECK, Lenio Luiz. *Verdade e consenso*: Constituição, hermenêutica e teorias discursivas. 6. ed. São Paulo: Saraiva, 2017.

STRECK, Lenio. A dupla face do princípio da proporcionalidade: da proibição de excesso (*übermassverbot*) à proibição de proteção deficiente (*untermassverbot*) ou de como não há blindagem contra normas penais inconstitucionais. *Revista da Ajuris*, Porto Alegre, ano XXXII, n. 97, p. 201-202, mar. 2005.

STUMM, Raquel Denize. *Princípio da proporcionalidade no direito constitucional brasileiro*. Porto Alegre: Livraria do Advogado, 1995.

SUNSTEIN, Cass. *Laws of Fear*: beyond the precautionary principle. New York: Cambridge Press, 2005.

SUNSTEIN, Cass. Para além do princípio da precaução. *Interesse Público*, Sapucaia do Sul, v. 8, n. 37, p. 119-171, maio/jun. 2006.

SUNSTEIN, Cass. *Risk and Reason*. Chicago: University of Chicago Press, 2002.

SUNSTEIN, Cass. *Simpler*: the future of government. New York: Simon & Schuster, 2013.

SUNSTEIN, Cass. The Arithmetic of Arsenic. *Georgetown Law Review*, v. 90, p. 2255, 2002.

SUNSTEIN, Cass. The Paralyzing Principle. *Chicago Law Review*, Chicago, p. 3237, 2002-2003. Disponível em: http://object.cato.org/sites/cato.org/files/serials/files/regulation/2002/12/v25n4-9.pdf. Acesso em: 1º jan. 2016.

SUNSTEIN, Cass. *Valuing Life*: Humanizing the Regulatory State. Chicago: the Chicago Universtity Press, 2014.

SUNSTEIN, Cass. *Worst-Case Scenarios*. Cambridge: Harvard University Press, 2007.

SUNSTEIN, Cass; HAHN, Robert W. The Precautionary Principle as a Basis for Decision Making. *The Economist's Voice*, v. 2, n. 2, article 8, 2005. Disponível em: http://www.ssrn.com/abstract= 721122. Acesso em: 20 ago. 2007.

SUNSTEIN, Cass; HASTIE, Reid. *Wiser*: Getting Beyound Groupthink to Make Groups Smarter. Cambridge: Harvard Business Review Press, 2015.

TEPEDINO, Gustavo. *Temas de direito civil*. Rio de Janeiro: Renovar, 2006. t. II.

TESSLER, Marga Barth. O juiz e a tutela jurisdicional sanitária. *Interesse Público*, Sapucaia do Sul, v. 25, p. 51-65, jan./fev. 2005.

THE GUARDIAN. Brazil Pledges to Cut Carbon Emissions 37% by 2025 and 43% by 2030, 2015. Disponível em: www.theguardian.com/environment/2015/sep/28/brazil-pledges-to-cut-carbon-emissions-37-by-2025. Acesso em: 30 out. 2019.

THE NEW YORK TIMES. 7 People Killed and 200 Missing in Brazil After Dam Collapses, Officials Say. Disponível em: https://www.nytimes.com/2019/01/25/world/americas/brazil-dam-burst-brumadinho.html. Acesso em: 26 jan. 2020.

THE NEW YORK TIMES. NGOs Push to Expel Brazil Miner Vale From U.N. Pact Over Dam Disaster. Disponível em: https://www.nytimes.com/reuters/2019/02/12/world/americas/12reuters-vale-sa-disaster-ngo.html. Acesso em: 21 jan. 2020.

THE NEW YORK TIMES. Brazil's Lethal Environmental Negligence. Disponível em: https://www.nytimes.com/2019/01/31/opinion/brazil-dam-break-environment-bolsonaro.html. Acesso em: 21 fev. 2019.

THE NEW YORK TIMES. U.S. Climate Report Warns of Damaged Environment and Shrinking Economy. Disponível em: https://www.nytimes.com/2018/11/23/climate/us-climate-report.html. Acesso em: 10 jan. 2020.

THE NEW YORK TIMES. 2019 Was Second Hottest Year on Record. Disponível em: https://www.nytimes.com/2020/01/08/climate/2019-temperatures.html?fbclid=IwAR3uMQtSA_Zvcf5rq6H7iVuJAGia-7EfMykVSVlArOt4JnwC-iIhtEyI1tM. Acesso em: 20 jan. 2020.

THE NEW YORK TIMES. 2019 Was a Record Year for Ocean Temperatures, Data Show. Disponível em: https://www.nytimes.com/2020/01/13/climate/ocean-temperatures-climate-change.html?fbclid=IwAR2OaKoZM3MlnvrVId8L97_Opd7pxjsKXNAxd8-iWRH6uiUhgR1uo4ASeMg. Acesso em: 20 jan. 2020.

THE WALL STREET JOURNAL. *Deadly Brazil Mine Accident Puts Waste Dams in Spotlight*. Disponível em: https://www.wsj.com/articles/deadly-brazil-mine-accident-puts-waste-dams-in-spotlight-11548874428. Acesso em: 20 jan. 2020.

TRIBE, Laurence; DORF, Michael. *On Reading the Constitution*. Cambridge: Harvard University Press, 1991.

TRUBEK, David; GALANTER, Mark. Scholars in Self-Estrangement: Some Reflections on the Crisis in Law and Development Studies in the United States. *Wisconsin Law Review*, Madison, n. 4, p. 1062-1102, 1974.

TRUBEK, David; SANTOS, Alvaro. Introduction: the Third Moment in Law and Development Theory and the Emergence of a New Critical Practice. *In:* TRUBEK, David; SANTOS, Alvaro. *The New Law and Economic Development*: a Critical Appraisal. Cambridge: Cambridge University Press, 2006.

TUBIANA, Maurice. Radiation Risks in Perspectives: Radiation-Induced Cancer Among Cancer Risks. *Radiation Environmental Biophysics*, n. 39, p. 3-16, 2000.

UNITED NATIONS. Report of the United Nations Conference on Environment and Development. Annex 1: Rio Declaration on Environment and Development. Rio de Janeiro: 1992. Disponível em: http://www.un.org/documents/ga/conf151/aconfl5126-1 annex1.htm. Acesso em: 2 mar. 2006.

UNITED NATIONS. United Nations Climate Change Conference (COP24). Disponível em: https://cop24.gov.pl. Acesso em: 20 jan. 2020.

UNITED NATIONS. United Nations Climate Change Conference (COP25). Disponível em: https://unfccc.int/cop25. Acesso em: 20 jan. 2020.

UNITED NATIONS ENVIRONMENTAL PROGRAMME (UNEP). Intergovernmental Panel on Climate Change. Global warming of 1,5C. Disponível em: http://www.ipcc.ch/report/sr15/. Acesso em: 22.10.2018.

UNITED NATIONS OFFICE FOR DISASTER RISK REDUCTION. Sendai Framework for Disaster Risk Reduction. Disponível em: https://www.unisdr.org/we/coordinate/sendai-framework. Acesso em: 10 jan. 2020.

UNIVERSIDADE DE BRASÍLIA. Departamento de Engenharia Elétrica. *Sistemas de telefonia celular*: respondendo ao chamado da razão. Brasília: ACEL, 2005.

VALOR ECONÔMICO. Retrocesso ambiental pode custar 5 trilhões ao Brasil até 2050. Disponível em: https://www.valor.com.br/brasil/5647915/retrocesso-ambiental-pode-custar-us-5-tri-ao-brasil-ate-2050-diz-estudo?fbclid=IwAR1Cx9jSMxzW0hyaEEMvW7l EabIu70lX3vmKOGJUOST2XqaPDIyy9USKXjA. Acesso em: 20 jan. 2020.

VAQUÉ, Luis Gonzáles. La Aplicación del Principio de Precaución en la Legislación Alimentaria: una Nova Frontera de la Protección del Consumidor. *EsC*, n. 50, p. 19-25, 1999.

VEDEL, George. *Droit Administratif*. 3. ed. Paris: Presses Universitaires de France, 1964.

VENTURA, Deisy. *As assimetrias entre o Mercosul e a União Europeia*: os desafios de uma associação inter-regional. Barueri: Manole, 2003.

VENTURA, Deisy. O caso das "papeleras" e o papelão do Mercosul. *Revista Ponte*, São Paulo, v. 2, n. 2, 2006.

VIANNA, José Ricardo Alvarez. *Responsabilidade civil por danos ao meio ambiente*. Curitiba: Juruá, 2004.

WEDY, Ana Paula Martini Tremarin. *Análise do custo-benefício como procedimento de avaliação dos impactos das decisões públicas*. 2016. 215 f. Dissertação (Mestrado em Direito) – Faculdade de Direito, Pontifícia Universidade Católica do Rio Grande do Sul, Porto Alegre, 2016. Disponível em: http://hdl.handle.net/10923/8539. Acesso em: 20 ago. 2016.

WEDY, Gabriel. *Desenvolvimento sustentável na era das mudanças climáticas*: um direito fundamental. São Paulo: Saraiva, 2018.

WEDY, Gabriel. *Litígios climáticos*: de acordo com o direito brasileiro, norte-americano e alemão. Salvador: Juspodivm, 2019.

WEDY, Gabriel. *Climate Change and Sustainable Development in Brazilian law*. New York: Columbia University, 2016. Disponível em: https://web.law.columbia.edu/sites/default/files/microsites/climate-change/files/Publications/Collaborations-Visiting-Scholars/wedy_-_cc_sustainable_development_in_ brazilian_law.pdf. Acesso em: 20 ago. 2016.

WEDY, Gabriel. *Climate Legislation and Litigation in Brazil*. New York: Columbia Law School (Sabin Center for Climate Change Law), 2017. Disponível em: http://columbiaclimatelaw.com/files/2017/10/Wedy-2017-10-Climate-Legislation-and-Litigation-in-Brazil.pdf. Acesso em: 20 jan. 2020.

WEDY, Gabriel. *Sustainable Development and the Brazilian Judge*. New York: Columbia University, 2015. Disponível em: https://web.law.columbia.edu/sites/default/files/microsites/climate-change/wedy_-_sustainable_development_and_brazilian_judges.pdf. Acesso em: 20 ago. 2016.

WEDY, Gabriel. The Judiciary and Sustainable Development: Perspectives of a Brazilian Federal Judge. *The Journal of Sustainable Development Law and Policy*, Ado Ekiti, v. 7, p. 204-207, 2016.

WEDY, Gabriel. O princípio constitucional da precaução: origem, conceito e análise crítica. *Revista Direito Federal*, Brasília, ano 26, n. 93, p. 223-270, 2013.

WEDY, Gabriel. Ação popular ambiental. *Revista da Escola da Magistratura do Tribunal Regional Federal da Quarta Região*, Porto Alegre, ano 1, n. 1, p. 311-336, 2014.

WEDY, Gabriel. Ação popular. *RePro – Revista de Processo*, São Paulo, ano 32, n. 154, p. 37-62, 2007.

WEDY, Gabriel. Os sinais do clima e as mudanças climáticas. *Zero Hora*, Porto Alegre, p. 19, 14 fev. 2015. Caderno Opinião.

WEDY, Gabriel. Princípio da precaução, comentário ao AgRg na SLS 1.552-BA (Rel. Ministro Ary Pargendler). *Revista do Superior Tribunal de Justiça*, Brasília, ano 27, n. 237, p. 352-359, 2015.

WEDY, Gabriel. Responsabilidade civil: a responsabilidade objetiva. *Direito Federal, Revista da Associação dos Juízes Federais do Brasil*, ano 23, v. 87, p. 151-86, jan./mar. 2007.

WEDY, Gabriel. Subsídios públicos e os combustíveis fósseis. *Zero Hora*, Porto Alegre, p. 18, 17 jun. 2015. Caderno Opinião.

WEDY, Gabriel; FREITAS, Juarez. O legado dos votos vencidos na Suprema Corte dos Estados Unidos da América. *Interesse Público*, v. 87, p. 15-46, 2014.

WEISS, Edith Brown. International Environmental Law: Contemporary Issues and the Emergence of a New World Order. *Georgetown Law Journal*, n. 81, p. 675-88, 1992/1993.

WIENER, Jonathan B. Precaution in a Multirisk World. *In*: PAUSTENBACH, Dennis J. *Human and Ecological Risk Assessment 1509*. New York: John Wiley & Sons, 2002.

WILDAVSKY, Aaron. But is it True? *A Citizen's Guide to Environmental Health and Safety Issues*, v. 56, 1995.

WOLFRUM, Rüdiger. O princípio da precaução. *In*: PLATIAU, Ana Flávia Barros; VARELLA, Marcelo Dias (Org.). *Princípio da precaução*. Belo Horizonte: Del Rey, 2004.

WORLD ECONOMIC FORUM. *Global Risks Report 2020*. Disponível em: http://reports.weforum.org/global-risks-report-2020/chapter-one-risks-landscape/. Acesso em: 06 fev. 2020.

WORLD MINE TAILING FAILURES. *World Report*. Disponível em: https://worldminetailingsfailures.org. Acesso em: 20 jan. 2020.

ZAGREBELSKY, Gustavo. *Il Diritto Mite*. Torino: Einaudi, 1992.

ZANCANER, Weida. *Da responsabilidade extracontratual da Administração Pública*. São Paulo: Revista dos Tribunais, 1981.

ZAVASCKI, Teori Albino. *Processo coletivo*: tutela de direitos coletivos e tutela coletiva de direitos. São Paulo: Revista dos Tribunais, 2006.

Esta obra foi composta em fonte Palatino Linotype, corpo 10
e impressa em papel Pólen Bold 70g (miolo) e Supremo 250g (capa)
pela Laser Plus Gráfica, em Belo Horizonte/MG.